记忆中原丛书

殷商盛都 安阳

总主编 赵素萍
执行主编 苏长青
本册主编 周艳丽

河南科学技术出版社
·郑州·

图书在版编目（CIP）数据

殷商盛都：安阳 / 周艳丽主编. — 郑州：河南科学技术出版社，2018.10
（记忆中原丛书 / 赵素萍主编）
ISBN 978-7-5349-9187-5

Ⅰ. ①殷… Ⅱ. ①周… Ⅲ. ①文化史－安阳 Ⅳ. ①K296.14

中国版本图书馆CIP数据核字（2018）第109950号

出版发行： 河南科学技术出版社
地址：郑州市经五路66号　　邮编：450002
电话：（0371）65737028　65788613
网址：www.hnstp.cn
策划编辑： 李喜婷　汪林中　冯俊杰
责任编辑： 姚翔宇　杨　莉
责任校对： 刘逸群
责任印制： 张　巍
书籍设计： 赵　钧
排　　版： 蔡　凤
印　　刷： 河南博雅彩印有限公司
经　　销： 全国新华书店
开　　本： 787 mm × 1092 mm　1/16　**印张：** 16.25　**字数：** 282千字
版　　次： 2018年10月第1版　　2018年10月第1次印刷
定　　价： 108.00元

如发现印、装质量问题，影响阅读，请与出版社联系并调换。

《殷商盛都——安阳》编委会

主　任：常保利

副主任：储旭光　薛文明　史景山

成　员：师文龙　杜　芬　周艳丽　李学义

主　编：周艳丽

编　撰：周艳丽　杨林战　孔德铭　葛晓明

摄　影：郭　平　麻江盟

配　音：王若楠

不忘本来　开创未来

《诗经·小雅·吉日》曰："瞻彼中原，其祁孔有。"

中原，本意为天下至中的原野，后来逐渐演化为泛指黄河中下游地区，也称中土、中州、华夏。在某些特定的语境中，中原又是"中国"的代名词。

中原文化是中原地区，主要是河南省的物质文化和精神文化的总称。中原文化是中华文化的母体和主干，在漫长的中国历史中长期居于正统、主流地位，中原文化一定程度上代表着中国传统文化。

河南人爱说"中"。一个"中"字，尽显中原文化的正大气象和源远流长。

中原这块沃土，不仅是东亚现代人类的主要起源地，而且自上古时期就形成了发达的农业文明，并率先跨过了"文明的门槛"。

从夏代到北宋的3000多年间，先后有22个朝代、200多位帝王在河南建都。全国十大古都河南有其四。河南曾长期是全国政治、经济、军事、文化的中心，中国古代创造发明的中心，向全国和世界传播交流文明的中心。

中华文明丰富的文化景观、文化遗存、历史文物、文化典籍和艺术珍品在中原大地比比皆是，使河南如同一座浩瀚的历史博物馆，一本看得见、摸得着的中国历史文化教科书。河南的馆藏文物、国家历史文化名城和全国重点文物保护单位数量，均居全国前列。甲骨文在这里发现，四大发明与河南关系密切，连接东西享誉世界的丝绸之路从这里起步。

水有源，树有根，人有姓。河南是中国姓氏的重要发源地，依人口数量排名的100个大姓中，有70余个起源于河南。中华传统文化通过姓氏家族延续传承，跟随姓氏漂洋过海。"贵姓""仙乡何处"的寻常问候常常引起游子无限的乡思乡愁，也成为近年来河南根亲文化的"重头戏"。

天下名人，中州过半。在"二十四史"中，立传的名人共5700余人，仅汉、唐、宋、明四个朝代，河南籍名人就达912人。在耳熟能详的文化圣人当中，出生于河南或长期在河南活动的近30位。谋圣姜太公、道圣老子、墨圣墨子、商圣范蠡、医圣张仲景、科圣张衡、字圣许慎、诗圣杜甫、画圣吴道子、律圣朱载堉，等等，都是中华文化发展史上的不朽丰碑。

中原文化门类齐全，博大精深。文学星空，河南人星光璀璨；武术杂技，少林太极称双雄；婚丧嫁娶，人生礼仪在斯；梆弦声里，地方戏风靡大河南北。洋洋洒洒，中原书风千载传承；丹青妙手，河南画苑代有佳作……

中原文化之于中华文化，就内容讲，是最基础、最基本的部分；就特点讲，是最具代表性的部分；就历史发展过程讲，是最具贯穿性的部分；就地域讲，是最具影响力的部分。中原文化具有根源性、原创性、包容性、开放性等诸多特质，开放与包容使得中原文化具有绵绵不绝的生命力与创造力。

中原地处“天地之中”、华夏腹地，九州通衢的独特地理位置决定了中原文化始终处于与外部文化的交流融合当中，这种交流与融合影响到中原文化的方方面面。

早在新石器时代，中原文化便成为推动中国境内各种文化交汇的强大动力，加快了中华文明的进程。

夏、商、周三代是中国历史上的重要时期，其时中原和周边地区交流融合、相互促进，奠定了中华文明形成和发展的基础。汉代，中外贸易频繁，形成了后人熟知的丝绸之路，洛阳成为丝绸之路的东方起点。隋唐时期，洛阳是当时的国际性大都市之一，成为了东西方文化、贸易交流和传播的中心。以开封为中心的北宋文化，以丰厚的底蕴、深邃的思想、恢宏的气势、绚丽的色彩，把中原历史文化推向高峰。唐宋之际，中原文化通过丝绸之路、大运河及海上丝绸之路跨出国门，影响波及亚洲乃至世界。

古往今来，无数中原的思想家，用自己的思考深刻地影响着历史的进程，成为中国思想文化的主干，并对世界文化产生了很大影响。西方许多杰出人物如伏尔泰、狄德罗、托尔斯泰等都曾受到《道德经》的影响。而在中原的腹地嵩山脚下，儒、释、道“三教合流”，经过千百年的融汇发展，儒、释、道三种文化已经深深熔铸在我们民族的生命力、凝聚力和创造力之中。

中华文化革故鼎新、生生不息的生命力，源于中华文化与周边文化持续不断的碰撞和融合。

梁启超先生曾指出，中原的中国经过秦汉一统，成为中国的中国；中国的中国经由与印度、日本等接触，成为亚洲的中国；近世以来，中国进入世界舞台，与欧美竞争，而成为世界的中国。

从世界范围来看，不同文明之间的碰撞与交流成为世界历史发展的主要动力；从中国范围内来看，中原文化与周边文化的互动奠定了中华文化的根基；从中原范围内来看，以嵩山周围为核心的河洛文化与周边文化的融合助推中原文化茁壮成长。

八方风雨会中州。目前河南共有18个省辖市，每个市都有其独特的文化，尤其是一些与外省接壤的省辖市，更是中原文化与周边文化交流碰撞的前沿。南阳的“楚风汉韵”、信阳的“豫风楚韵”久负盛名，三门峡与秦晋文化的交汇，安阳、鹤壁与燕赵文化的融通，濮阳、商丘与齐鲁文化的交融，周口、驻马店与江淮文化的互动，焦作、济源与三晋文化的交流等，都形成了地域文化的独特小环境。这些区域文化之间的开合、融通铸就了中原文化的生命力。

冠八枢而奠中原，得中原者得天下。

中原文化，出彩千年！

习近平总书记提出，让中原更加出彩。

河南在全面建成小康社会的快车道上，始终不忘提升中原文化的整体实力和影响力。从“加快文化资源大省向文化强省跨越”，到“加快建设文化强省”，再到“加快构筑全国重要的文化高地”，这种渐次提升既契合党中央关于强化文化发展的新理念、新思想、新战略，又体现了河南省委对文化建设的高度重视。

从中原崛起到建设经济强省，博大精深的中原文化始终是河南最为倚重的资源之一；从华夏历史文明传承创新区到全球华人精神家园和心灵故乡的打造，中原文化已经、正在，而且还将要以更加丰富多彩的形式、手段被挖掘、整理，传承和创新。

党的十九大报告指出：推动中华优秀传统文化创造性转化、创新性发展，继承革命文化，发展社会主义先进文化，不忘本来、吸收外来、面向未来，更好地构筑中国精神、中国价值、中国力量，为人民提供精神指引。

多年来，依托厚重的中原文化，河南的文史研究、新闻出版、广播影视等部门进行了卓有成效的工作，取得了丰硕的成果。经过充分调研，中共河南省委宣传部决定组织全省各省辖市市委宣传部编纂大型精品文化普及读物“记忆中原”丛书，一套19卷，分为《品读中原》以及18个地市卷。丛书围绕中原文化精华这条主线，选择各地文化经典和精要，系统梳理河南地域文化特色，全面展示中原文化风貌，讲好中原故事，传播中华文化，凝聚中国力量。“记忆中原”丛书作为一种融媒体出版物，融合多种媒体形式，书籍与文创产品并重，文化与旅游资源嫁接，这种创新的出版方式是中原文化更加出彩的一种生动体现，也为中原更加出彩提供精神力量。

天下中原，老家河南。

中原是一座“文化的活态博物馆”。河南堪称全球华人的根亲文化圣地。与其在远处仰望，不如到中原走访。真诚希望读者朋友能从书中感受到中原文化的魅力，更期望朋友们以这套丛书为“路标”，到河南走走，回老家看看。厚重河南欢迎您，壮美中原欢迎您。

“记忆中原”丛书编委会

2018年7月

目录

谈古说今

——从远古走来的安阳　1

要事回放

——撑起安阳的那些事　9

名人扫描

——历史长河中的“珍珠”　43

寻根问祖

——根系中原，家在安阳　91

古城印象

——历史留下的印痕　99

考古探秘

——人类文明的瑰宝　111

胜景掠影

名品荟萃

“非遗”概览

——说不完的故事，道不尽的花活儿　199

城市名片

——安阳的骄傲和自豪　227

本书音频资源列表

音频故事	来源	页码
黍油麦秀	原创	5
七步成诗	原创	24
韩陵片石	原创	26
一碗水的故事	原创	40
完璧归赵	原创	47
徙木立信	原创	48
戴胄犯颜执法	原创	56
岳母刺字	原创	66
仁义巷的来历	原创	73
马丕瑶智断人命案	原创	76
榜样的力量	原创	84
小南海的传说	原创	138
后母戊方鼎传奇	原创	149
发现甲骨文的故事	原创	150
昼锦三绝	原创	159
王相岩的传说	原创	165
道口烧鸡的传说	原创	189
龙凤柏的传说	原创	234
除险英雄任羊成	原创	234
跪碑不跪飞的传说	原创	240

本书视频资源列表

谈古说今

——从远古走来的安阳

安阳，简称殷、邺，位于河南省最北部，地处山西、河北、河南三省交界处，西倚太行山，东连华北平原，北邻河北邯郸，南接河南的鹤壁、新乡。安阳是中国八大古都之一，历史上曾经有七个朝代在此建都，因此有“七朝古都”之美誉，安阳是华夏文明最早的中心之一，是国家历史文化名城，是豫晋冀三省交界地区区域性中心城市、京津冀协同发展区周边城市、河南北部跨区域协同发展示范市。

安阳是甲骨文最早发现地、《周易》文化的发源地，是中国唯一的文字博物馆、红旗渠、曹操高陵所在地。被考证为华夏文明最早使用的文字甲骨文、世界上最大的青铜器后母戊大方鼎均出自安阳这块古老的土地。安阳殷墟是世界公认的、当今中国所能确定的商代最早的都城遗址，安阳有“洹水帝都”“殷商故（盛）都”“文字之都”之美誉。

安阳市辖1个县级市（林州市），4个县（安阳县、汤阴县、滑县、内黄县），4个市辖区（文峰区、北关区、殷都区、龙安区），1个城乡一体化示范区（安阳新区），1个国家级高新技术产业开发区（安阳高新技术产业开发区）和1个国家经济技术开发区（红旗渠经济技术开发区），总面积为7400多平方千米，总人口500多万。

安阳城市旅游宣传片

盛都之晨

在中原，有一座古城叫安阳

在豫北平原的大地上，坐落着一座古老的城市，它就是安阳。

安阳到底有多古老呢？它的历史大约可以追溯到2.5万年前的旧石器时代。

早在2.5万年前的旧石器晚期，人类就在这里活动，创造了著名的“小南海文化”。而今，位于安阳市西南25千米的北楼顶山之腰，有一处小南海古人类洞穴遗址，该洞穴坐西朝东，是一处溶岩洞穴，

小南海古人类洞穴遗址局部（孔德铭摄）

是中原地区唯一的旧石器时代遗址。原始社会后期，传说中的颛顼、帝喾也曾经在此定居。有记载说：轩辕黄帝之孙、昌意之子颛顼帝都帝丘。帝丘就在今天的内黄县梁庄乡大城村。而黄帝曾孙、少昊之孙、颛顼之侄帝喾都今天内黄的亳城。至今，内黄仍有颛顼、帝喾陵，被人们称为“二帝陵”。

安阳之名，始于战国末期。公元前257年，秦攻克魏邑宁新中（今安阳市东南），因“宁”与“安”同义，再加上宁新中位于淇水之北、太行山余脉之南，按古人“凡山南水北皆曰阳”的规矩，将宁新中更名为安阳。关于安阳，我们可以在司马迁的《史记》中找到记载。《史记·廉颇蔺相如列传》：“廉颇攻魏之防

陵、安阳，拔之。”《史记·赵世家》：“（惠文王）二十四年，廉颇将，攻魏房子，拔之，因城而还。又攻安阳，取之。”这是目前发现的第一本提到安阳的史籍。

秦统一六国后实行郡县制，现在的安阳及所辖县市大致属于河内郡和邯郸郡，设立安阳县。

西汉初废安阳县，西晋后重置。东汉末年安阳属袁绍势力范围，204年，曹操打败袁绍，攻取安阳地区，重建邺城，使邺城成为东汉实际的政治、经济和文化中心；建安十八年（213）曹操为魏公，定魏国之都于此；220年，曹丕代汉，迁都洛阳，邺仍然是陪都，为当时的“五都”之一。

南北朝时期，公元401年，邺所辖六郡改设相州。隋、唐、宋都沿用相州一名。

公元580年，邺城被毁，州治迁至安阳城。从此安阳城代替邺城成为这一地区的政治、经济、文化中心，成为新邺城。

1192年，相州被升为彰德府。明、清一直沿用，直到民国初年。1913年，废彰德府，复置安阳县。1949年中华人民共和国成立后设立安阳市，隶属平原省。1952年，平原省建制撤销，安阳市为河南省辖市。

•“七朝古都”话安阳•

安阳，作为历史上有据可考的最古老的都城，不仅是中国八大古都之一，同时，曾经有七个朝代在此建都，所以安阳又有“七朝古都”之称。

据考证，盘庚并非在安阳建都的第一人，最早另有其人。

近代考古证明，商朝曾两次在殷建都。都城遗址一个位于洹河之北，一个位于洹河之南。

位于洹河之北的叫洹北商城遗址，洹河之南的则是殷墟。

中国的考古学家于1999年发现了位于洹河北岸的洹北商城遗址，据说这是商王河亶甲所建，商王河亶甲为商朝第13任君王，早于第二十任商王盘庚。在考古界，洹北商城遗址到底为哪位商王所建还有争议，但这是一处早于盘庚时期的都城遗址却是确定无疑的。

殷墟为商王朝第二十位君王盘庚所建。为了稳定商王朝的统治，公元前1300年，商王盘庚带领他的子民浩浩荡荡从奄（今山东省曲阜）千里迢迢来到北蒙（今河南省安阳市），建立了自己的城邦，并改北蒙为殷，从此商王朝有了固定的国都。盘庚之所以将都城选择在殷，即现在的安阳，是因为这里有着优越的建都条件。一是安阳地处中原，冬无严寒，夏无酷暑，气候条件适宜农作物生长，可以为都城大量的人口提供粮源。二是安阳一带的地理位置非常重要。殷墟甲骨卜辞中有："（今）岁商受年。王占曰：吉。东土受年。南土受年，吉。西土受年，吉。北土受年，吉。"可见当时人们把安阳视为国家的中心地带。三是安阳的地形、地貌非常适合商王朝建都。安阳西有太行山脉，是天然的防卫屏障，东、南、北三面是广阔的平原，从北至南有漳、洹、淇、卫等河流贯穿，其东面为古黄河。河流不仅便利了交通运输，更重要的是对殷都的防卫有重大作用。现代考古证实，殷都没有城墙，只是在都城西南挖有壕沟，可见从都城北、东两面流过的洹河的防御功能有多么重要。四是安阳附近的矿源为商王朝手工业尤其是青铜制造业的发展提供了便利。青铜冶炼和铸造是重要的手工业，既可为宫廷、贵族提供日常生活用品和祭祀用品，又可制造作战的武器，殷墟出土的大量青铜器就是最好的证明。五是安阳西部太行山的大量林木可以为商王朝修建宫室提供充足的用料。

自盘庚迁殷至商王朝最后一位帝王殷纣王为周武王所灭，期间历8代12王，共计254年。君王在一代代更换，但都城却从未转移。商王朝的巅峰，就是在此创造的。商王盘庚和他的后人在此开疆拓土，疆域辽阔，建立了一个繁荣昌盛的殷商时代，

洹北商城遗址

开创了中国上古史的新纪元。

除商王朝的多位君王对安阳这块土地情有独钟外，三国时期的曹操也将安阳看成他的发迹之地。东汉末年，曹操打败了袁绍，夺取了邺城，就认定邺地是他成就霸业的风水宝地，对邺城倍加爱惜。特别是曹操被汉献帝封为魏王后，地位更加显赫，在邺城大兴土木，进行改建扩建。邺城由原来的一个小城变成了东西长3.5千米、南北长2.5千米，规模宏大的一座城池，邺城也进入了前所未有的辉煌期。曹操不仅生前在邺城发展，死后也不愿离开这里。他病逝于洛阳，却遗令葬于“邺之西冈上，与西门豹祠相近”（今河南省安阳市安丰乡西高穴村即曹操墓所在地）。此后其子曹丕代汉自立，虽建都洛阳，但仍以邺城为北都。

公元4世纪初至中叶（十六国时期早期），后赵、冉魏、前燕相继在邺城建都。直到公元350年，前秦建都长安，邺城因战乱被毁，才失去了它的繁华。北魏时权臣高欢见邺城残破，便在邺城的南面，紧挨着邺城又建了一个新城池，仍叫邺城。后人为区分曹魏、后赵、冉魏、前燕所在的邺都与高欢所建邺城，就称曹魏所建的邺城为邺北城，称高欢所建的邺城为邺南城。北朝的北魏分裂为东魏和西魏，东魏仍建都邺城，这个邺城就是邺南城，后来高欢的儿子高洋建立北齐，仍都邺南城。北齐后主高纬荒淫无道，只知享乐，又杀死功臣斛律光，自毁长城，最后北齐为北周所灭。北周权臣杨坚有代周自立的野心。驻邺城的尉迟迥起兵反杨坚。杨坚派韦孝宽带兵前往镇压，尉迟迥战败。韦孝宽军攻入邺城，一把火将邺城烧毁，邺城所有的行政机构不得不南迁到20千米外的今安阳城，安阳城更名为邺城。

自公元前1300年商王盘庚在此建都始，此后，相继有三国时期的曹魏，十六国时期的后赵、冉魏、前燕，北朝时期的东魏、北齐等在此建都。安阳便由此得名“七朝古都”。

央视网

殷商密码话安阳

黍油麦秀

从远古走来的安阳

作为国家级历史文化名城，安阳有着深厚的历史和文化底蕴。整个中华上下5000年的文明史，安阳就有3300多年。作为中国七大古都之一、周易的发祥地和甲骨文的故乡，安阳是中华文明的重要发祥地之一，是祖先留下的浓墨重彩的一笔。

“洹水安阳名不虚，三千年前是帝都。”安阳历史悠久，物华天宝，人杰地灵，不愧“帝都”称号。这里有2.5万年前的原始人洞穴遗址，有后冈的仰韶、龙山、小屯三层文化叠压的遗址，有“三皇五帝”中二帝（颛顼、帝喾）的陵墓，有中国最早的文字甲骨文，有世界青铜文明的代表、世界第一大鼎“后母戊鼎”，有中国第一座监狱羑里城，有中国的庞贝古城——汉代三杨庄遗址，有号称“河朔第一古刹”的灵泉寺和“中国第一华塔”的唐修定寺。不仅如此，这里还有中国最早的女将军的墓——妇好墓，也有最后一位“皇帝”袁世凯的墓——袁林。这些灿若繁星的古迹，是历史的积淀，也是中华民族的瑰宝；是安阳的深度和厚度，也是滋养安阳历史文化的沃土。甲骨文、易经、二帝陵，分别被誉为中华民族的文字之根、文化之根、人祖之根，是维系中华民族薪火相传的生命之根。

以雄、险、奇、峻闻名于世的太行山脉，从安阳西部穿过，是大自然对安阳

殷墟车马坑（郭平摄）

宜居城市

的特殊馈赠，山雄，石奇，木秀，水灵。林虑山、天平山、黄华山、洪谷山、柏尖山、龙凤山……群峰伟岸，峭拔壁险，林木葱郁，飞瀑流泉。这些旖旎秀美的自然景色，使古老的安阳焕发着朝气和青春，充满着勃勃的生机。

此外，人工天河红旗渠被誉为中国人创造的“世界第八大奇迹”，“自力更生、艰苦创业、团结协作、无私奉献”的红旗渠精神已成为中华民族宝贵的精神财富。

有着数千年历史积淀的安阳，自古至今，民风淳朴，“士喜读书，雅尚气节。凡民亦鲜浮夸，商贾耻为不义”。这里有惩巫治邺的西门豹，有大胆改革的商鞅，有揭竿而起的瓦岗军，有忠贞不贰的诤臣魏徵，有文学家沈佺期，有贤相韩琦和郭朴，有名将岳飞，还有名臣郭朴……文治武功、彪炳史册的名臣贤士不胜枚举。

这就是集自然、文化和历史于一体，大气磅礴的安阳。

任何一座现代化的城市都会有现代的喧嚣与繁华，有高楼大厦、霓虹灯、立交桥等，但这些并不是一座城市的个性，一座城市所拥有其他城市无法拷贝的个性，就是它历史的涵养和底蕴。对于一座城市而言，涵养和底蕴不是一朝一夕就能形成的，因为底蕴是要靠时间来滋养，没个三五千年看不出它的宽度和深度，一座古老城市的内涵，也不是其他城市三五十年现代化的步伐能比得上的。就这点论，安阳绝对是佼佼者。安阳尽管没有大城市的繁华和风光，但她有源远流长的洹河，有3300多年的文明历史，有世界文化遗产殷墟，这些早已经把安阳滋润得气宇轩昂、卓尔不群。

而今，从历史深处走来的安阳，正带着历史积淀下的文化底蕴，焕发着熠熠闪光的青春。

要事回放

——撑起安阳的那些事

当你穿行在安阳的“九府十八巷七十二胡同”中，耳畔总能响起盘庚迁殷、妇好请缨、文王演“易”、信陵窃符救赵、苏秦拜相、西门豹治邺、瓦岗聚义，直至解放安阳城和林县人民修建红旗渠等故事。古今多少事，都在讲述中。

从古至今，在几千年生生不息的流传中，这些哪里还是故事？分明就是一种精神、一种文化、一种传承。

盘庚迁殷

从商汤到商王盘庚，商王朝曾多次迁都，张衡在《西京赋》中说：“此何与于殷人之屡迁，前八而后五。”可见其频繁。盘庚是商汤王的第9代孙第20位商王，在位28年。他在位时，将国都从奄（今山东省曲阜市）迁到殷（今安阳市区西北小屯一带）。据《竹书纪年》记载，商王朝时，安阳一带称北蒙，盘庚迁都北蒙后，才称殷，故此后的商王朝也称殷商。盘庚之所以要迁都到殷，原因是多方面的，但主要是出于政治方面的考虑。当时商朝统治集团内部矛盾重重，阶级矛盾也很激烈。贵族们不事劳作，生活腐败；而广大劳动者负担沉重，终年劳苦却不得温饱，生活极其悲惨，反抗情绪十分激烈。商的国力大为削弱，商王朝的统治出现了严重危机。盘庚认为，在这种情况下，只有迁都改革、重整政局，国家才有希望。

盘庚要迁都的消息传出后，引起了强烈的反响，一些不愿迁都的贵族大臣，乘机四处造谣，搬弄是非，煽动反对迁都的情绪，致使对迁都不满的人越来越多。那些煽动反对迁都的大臣，认为自己有了力决定工作量，就唆使人们到王宫去抗议。

面对群情激愤、“星火燎原”的场面，盘庚首先从大臣开始做思想工作。他指出，如果不迁都国家就要继续衰落，而迁都，就好像倒伏的树又长出了新枝、被砍伐的残枝又发出嫩芽一样。他的言辞中明确宣示着一代帝王的威严：“我的威严就像火一样猛烈，只是没有显露出来，这才造成了你们的放肆。”“我在患难的时候告诉你们，要像射箭有箭靶一样，你们不能偏离我。”他在演讲中充分注意了恩威并重：“无论远近亲疏，我都会用刑罚惩处那些恶行，用赏赐表彰那些善行。国家治理得好，是你们众人的功劳；国家治理得不好，只是我一个人的罪过。”最后他告诫众人：“你们要把我的话互相转告：从今以后，各自都应认真地对待自己的本职工作，谨言慎行。否则，惩罚就会施加到你们身上，那时后悔也来不及了！”

在平息了众人不满的情绪之后，盘庚带着商国的子民，经过将近一个月的长途跋涉，来到黄河边，面对滔滔的黄河水，不少人觉得前途未卜，不由得心中忐忑。盘庚洞察到人们的不安情绪，于是再次召集臣民训话，他反复告诫臣民们要团结："你们要听清楚我的话，不要忽视我的命令！从前我们的先王没有谁不想顺承和安定人民。而民众也能和先王忧戚与共，因此没有被天灾惩罚。""譬如已经坐在船上，你们又不愿齐心协力渡河，这将会把事情搞坏。你们不诚心合作，那就只有一起沉下去。"最后他发出有力的号召："去吧，去谋求美好的生活吧！现在我将率领你们迁徙，去建立你们永久的家园。"

渡过黄河之后，商国君民来到了洹水之滨。他们通过占卜，把城址选定在洹水河湾处一块地方，在这里建造宫殿和宗庙，而贵族和平民们便在王宫周围建筑自己的房屋。万事开头难，对于贵族来说，新的创业生活当然不如以前养尊处优的日子好，不满情绪自然重新抬头，一些本来就反对迁都的大臣一见有机可乘，就又挑动大家的不满情绪。

英明的盘庚觉察到了这一动向，便把人们召集到新建的王宫，向大家做了重要的训话。他首先劝告大家要勤劳，并告诫说："我不会惩罚你们，你们也不要心怀不满、彼此串通起来讲我一个人的坏话。"随后盘庚明确表示："各位公卿大臣，希望你们各自考虑自己的责任！我将认真对你们进行考察，看你们是否体恤我们的民众。我不会任用那些贪恋财货的人，而要任用帮助民众谋生的人。"

在盘庚这次讲话之后，那些贵族大臣终于明白自己远远不是盘庚的对手，一场风波就此平息，政治矛盾也逐渐得到缓解。从此人们在这里开始了辛勤的劳作，他们修建了制陶、制青铜器的作坊，不断丰富建筑类型，逐渐在洹河两岸建立了一座都邑，成为商代后期的政治、经济和文化中心，当时人们把这座都邑称作天邑商或者大邑商。

历史证明了盘庚的英明。从盘庚迁殷至纣王自焚、商朝灭亡，共8代12王，一直没有迁都，所以商朝又称作殷商。殷都也就成了中国历史上第一个有稳定疆域的王朝长期定居的首都。可以说盘庚迁殷之后，衰落的商朝出现了复兴的局面，为武丁盛世的到来打下了坚实的基础。

而从商朝灭亡之后，经过三千多年的风风雨雨，商朝的国都早已变为了废墟，史称"殷墟"，几乎湮没于历史的尘烟之中。

殷商景象

到了近代，人们在安阳小屯村一带发掘出大量的古代遗物，证实那里曾经是商朝国都的遗址，也就确定了“殷墟”的历史价值。

•武丁拔傅说•

武丁是商代第23位国王，子姓，名昭，在位59年，公元前1192年去世，庙号为“高宗”。在位期间，他衣食朴素，在内唯才是举，对外灭躬方、亡土方、平西羌、定荆襄，扩疆数千里，把商朝推向了鼎盛时期。故史书将武丁统治期间（前1250～前1192）称为“武丁中兴”。

“武丁中兴”和一段佳话密不可分，那就是武丁任用傅说为相。

盘庚去世后，其弟小辛和小乙相继为王，国家出现衰落景象。当时王公贵族们积习难改，又骄奢淫逸起来。他们大修宫殿，挥霍浪费，使几十年来积累的国力很快消耗殆尽。那时候，西部北部的方国看到商王国的富庶，也经常来骚扰，战争连年不断。一时间，一度兴旺的商王国又陷于重重困难之中。小乙之后，武丁即位，他不愿看到殷商衰落下去，决心让国家再度振兴。

传说，武丁即位时曾“三年不语”，即《论语》中子张引用《尚书》所说“高宗谅阴，三年不言”。按照儒家的解释是守孝三年、沉默不说话，这多少有些不合常理。不言，可理解为不言政事，据《史记·殷本纪》的说法，是因为武丁“思复兴殷，而未得其佐。三年不言，政事决定于冢宰（即宰相），以观国风”。对于“佐”者，武丁早已有了心仪之人，而对方身份低微，未必能获得文武大臣的认同。所以武丁一直保持沉默，在等待一个时机，以便让对方顺利上位。

武丁这个意中之人就是傅说。相传此人长相很奇特，面黑，枯瘦，驼背，他身为奴隶，在傅岩（今山西省平陆县北）做苦役。傅岩在虞、虢两地的交界之处，又是交通要道，因山涧的流水常常冲坏道路，奴隶们就在这里版筑护路。“版筑术”是一项了不起的发明，方法是“以两版相夹，两边置木椽，麦草缠捆，中填土以石杵夯实，筑成城墙，以遏洪水”。傅说就在版筑工之中，他技艺精湛，效率极高，得到众奴隶的赞美。

那么武丁是如何知道傅说的呢？原来武丁少年时期，父亲不让他留在王宫之内，而是让他到民间游历，行役于外，与平民一同劳作，广泛接触社会生活，了解民众疾苦和稼穑艰辛。武丁隐瞒自己的身份，不仅学会了各种劳作，更重要的是深切了解了民间的疾苦，机缘巧合，他认识了傅说。一日，武丁路过傅岩，看到傅说长相奇特，而且在以一种奇怪的方式筑墙，就上前攀谈。交谈之中，武丁发现傅说睿智博学，对天下事颇有见地，于是暗自佩服之余，脑海中就深深地留下了傅说的形象。

“三年不语”的武丁，有一天突然开口说话。武丁看着手下的百官，发话说：“上天给我托了一个梦，言说大殷兴盛之时就要到来！他要派一位贤臣来辅佐我，为我们大殷王朝做宰相！”说完，他走下台阶，把满朝文武百官“审查”了一遍，也没有找出他的意中人来——当然找不到了。武丁回到自己的宝座上，命画师上殿。画师觐见，武丁开始向画师描述他梦中所见之人的模样，命画师们多多画像，然后派人四处寻找，终于有一位官员在傅岩“发现”了和画像一致的人物——傅说。

该官员将傅说送到商王宫，武丁一见，惊喜地大叫道：“正是此人！他正是上天赐予我的贤人！”武丁和傅说彻夜交谈。次日，武丁就把傅说引见给诸位大臣，命众人尊称他为“梦父”。然后当众宣布：“既然是天赐贤人，一定不辱使命。现在我就任命他为冢宰，总领百官！”在众人拱手祝贺中，一颗政治新星从此一飞冲天。

这就是《孟子》里提到的“傅说举于版筑之间”的故事。《史记·殷本纪》认为傅说原无姓氏，唯名“说”，因为他是在傅岩这里被找到的，所以就以“傅”为他的姓氏，称为“傅说”。这是中国傅姓的起源。

武丁让傅说留在自己身边，告诉傅说：“请早晚进谏，以帮助我修德吧！就像铁器，要用你作磨石；就像渡大河，要用你作船和桨；就像年岁大旱，要用你作霖雨。就像药物不猛烈，疾病就不会好；就像赤脚而不看路，脚因此会受伤。希望你和你的同僚同心来匡扶你们的君主，使他依从先王，踏着成汤的足迹，来安定天下的人民。”傅说禀奏说：“木依从绳墨砍削就会正直，君主依从谏言行事就会圣明。君主能够圣明，臣下不必等待教命就将奉行，谁敢不恭敬顺从我王的美好教导呢？”

傅说还就任用人才提了很好的建议：“治和乱在于众官。官职不可授予亲近之人，当授予能者；爵位不可赐给坏人，当赐给贤人。”并且付诸行动，他大刀阔斧整饬吏治，消弭奢侈腐化之风，使得殷商在几年内就走上了政治稳定、经济繁荣之路，加上有妇好等人主持军事，殷商王朝终于成了一代泱泱大国。

《诗经·商颂》由衷地赞美道：

邦畿千里，
维民所止。
肇域彼四海，
四海来假，
来假祁祁。

这就是“武丁中兴”，乃商朝近600年历史上的鼎盛时期。

• 西门豹治邺 •

在今安阳市北15千米处的丰乐镇东有一座西门大夫祠，祠里供奉的就是本文的主人公西门豹。

西门豹，战国时期魏国人，魏文侯时任邺县令。

战国时，邺地处于魏国的北部边境，公元前412年，西门豹来到邺地，只见这里人烟稀少，满目荒凉。他了解到邺地百姓为两件事而苦恼：一是每年巫妪勾结廷掾、三老等，假借河伯娶妻之名搜刮民财，百姓苦不堪言；二是漳河泛滥，冲毁民居和田地，百姓无法生活。西门豹决定从这两个方面着手治理邺地。

西门豹决定先从河伯娶妻入手，一来快刀斩乱麻，见效快；二来通过这件事，能够把老百姓的心聚拢起来。

西门豹了解到，每年廷掾、三老和巫妪等人要从百姓那里敛取数百万钱，而为漳河神娶妻仅用去二三十万钱，其余都被他们私分了。为漳河神娶妻的具体过程是：巫妪先到百姓家察看，如发现年轻漂亮的女孩，就让这个女孩当漳河神的媳妇。然后，让这个女孩梳洗干净，给她置办嫁妆，并让她坐在固定的漂浮物上，任其在漳河中漂流，直至沉入河底。为躲避祸害，凡有漂亮女孩的人家，都举家外逃，致使邺地人烟稀少。西门豹了解到这些情况后，就让百姓在漳河神娶妻的那天告诉自己一声。到了这一天，西门豹前往观看，只见漳河岸边人声鼎沸，三老和乡间官吏也都来了。在仪式即将开始的时候，西门豹命令将河神新媳妇带来。他看了一眼，然后说："这个女孩不够漂亮，找到更漂亮的女孩再送来，麻烦巫妪去告诉漳河神一声。"即令随从把巫妪扔入漳河。过了一会儿，西门豹说："怎么去了这么久还不回来？让巫妪的女弟子再去一趟吧！"他命人向漳河中接连投了三个女弟子。西门豹又说："这些弟子都是女人，不会办事，还是麻烦三老去一下吧！"说完，又令随从将三老投入漳河。西门豹恭敬地站在河边等了好久，又说："巫妪师徒和三老还不回来，还得廷掾、豪长去一下。"廷掾、豪长十分害怕，叩头如捣蒜，直至满面是血。从此，邺地再也没有人敢说为漳河神娶妻了。此举惩治了地方恶势力，教育了广大百姓，杜绝了巫风恶俗，原先出走他乡的人也陆续回到了自己的家园。

第二件事也事关民生，但还没来得及办理，就出了麻烦。西门豹治邺，清廉贫苦，不谋私利，可对魏文侯身边的近臣很简慢，君主左右的人就联合起来，说西门豹的坏话。任官一年后，西门豹去魏都汇报工作时，魏文侯要收回西门豹的印信，西门豹说："臣过去不知道如何治邺，现在明白了，请大王再给我一次机会，如果再治不好，甘愿接受死刑。"魏文侯听西门豹说得恳切，不忍心收回印信，就再给他一年时间。这次西门豹上任后，一反过去的爱民作风，加重赋税，搜刮百姓，讨好魏文侯左右的人。一年之后，西门豹再去汇报工作，魏文侯亲自出来迎接他，并向他致谢。西门豹说："往年我替君主治邺，兢兢业业，君主要收回印信，今年我只为您身边的那些人治邺，君主您却向我致谢。像这样的做法，我不能再当邺令了。"魏文侯听了这句话，幡然醒悟，说："过去我不了解你，现在了解了，请你继续替寡人治邺。"

西门豹着手解决水患问题。他发动群众，修了12条渠道，既可以排水，又可以从漳河引水灌溉农田。从此邺地大量的耕地得到灌溉，旱涝保收，粮食产量大大提高，百姓生活也大大改善了。发展农业生产的同时，西门豹还推行"寓兵于农、藏粮于民"的政策，把发展农业和军事建设结合起来，可谓一举两得。西门豹在邺地民间有了崇高威望。后来，邺地百姓为西门豹修祠庙进行祭祀，并把每年农历三月初三和九月初九定为祭祀西门豹的日子。

南北朝时期的文学家庾信写了《题西门豹庙》颂扬其功德：

君子为利博，达人树德深。
苹藻由斯荐，樵苏幸未侵。
恭闻正臣祀，良识佩韦心。
容范虽年代，徽猷若可寻。
菊花随酒馥，槐影向窗临。
鹤飞疑逐舞，鱼惊似听琴。
漳流鸣磴石，铜雀影秋林。

西门大夫祠初建于东汉，北齐天保年间（550～559）重修。宋仁宗时又把西门豹塑像身着之帝王袍服冠冕，换成了古县令的衣帽，貌似降格，却还原了历史的本来面目。西门豹的故事在中国流传很广，还被收入小学教材。

苏秦合纵盟洹上

在安阳市殷都区柴库村西100米有一个3米多高的大土堆，它孤零零地矗立着，方圆不足百米，上面长着几棵老树，一切显得平平常常。但是在公元前333年秋分日，以这座土台为中心，上演了一幕改变中国历史的大戏。

可以想见，当时旌旗招展，鼓号震天，人头攒动，刀甲耀眼，一派沙场秋点兵的宏大场面。到场的乃是战国七雄中的六国政治领袖和精兵，而站在台上号令全场的就是一代谋略家、政治家苏秦。号为“合纵长”的他，意气风发，身佩六国相印，地位和当今联合国秘书长相当。在苏秦的倡议下，齐、楚、燕、韩、赵、魏等六国国君在此歃血为盟，誓言合纵，共抗强秦。这次会盟，使得“秦兵不敢窥函谷关十五年”。

苏秦少有大志，要干一番惊天动地的大事。为此，他投身于云梦山，追随纵横家鬼谷子王禅学习游学之技。游学讲究机变精明，料事如神还要有三寸不烂之舌。学成下山之后，苏秦先奔赴秦国小试牛刀，不想当时秦国正经历商鞅变法后的阵痛，上上下下都对游说之士忌惮三分。苏秦不但游说失败，连带去的一百多两黄金也消耗一空，只得狼狈回家。到家之后，妻子不理，嫂子嘲笑，连父母都不和他说话。有道是越挫越勇，苏秦连夜打开书箱，找到《太公阴符》这部兵法书，重新用功，用心分析揣摩，读书读到疲倦之时，就用锥子刺自己的大腿，刺得鲜血直流到脚上，这就是历史典故“锥刺股”的由来。经过一年闭关学习，苏秦再次抖擞精神出发，这一次他要游说六国。

第一站是远离秦国威胁的燕国，面见燕王后，苏秦一针见血地指出燕国国力不强，地域不广，但却未遭受强秦暴凌，究其原因，乃是有了赵国的屏障，所以燕国要想真正确保安全，当联合赵国。燕王当即欣然同意，并资助苏秦金帛、高车、驷马，选壮士护送他到赵国。第二站的赵国一向受到秦国直接威胁。对此，苏秦向赵肃侯指出：赵国之所以能够对抗秦国，乃是因为韩、魏在其后，一个好汉三个帮，和他国结盟，共御强秦，秦国就再不敢欺负六国了。赵肃侯频频点头称是。随后给苏秦准备了车马、黄金、玉璧、绸缎，让他去联络其他诸侯。第三站的韩国不但受秦威胁，而且受其欺负。针对这一点，苏秦大胆采用激将法，对韩王说：韩国地盘不算小，兵力不算弱，韩王阁下也不算不英明，怎么就甘心臣服于强秦呢？俗话说，宁为鸡头，不为牛后，现在韩王您竟然甘于臣服秦国而处于牛后之位，我都替贵国觉得耻辱。一席话说得韩王按剑而起，表示一心听从苏秦的安排。有了前面的铺垫，尤其获得强大的赵国的支持，第四站魏国就好办多了，被激发起豪情的魏襄王表示“敬以国从”。第五站齐国距离秦国遥远，秦国很难威胁到它，苏秦的抓住齐国的强大激发起齐王不可臣服的决心，并且以韩、魏若灭亡而齐国难以独存相警示，齐王当即表示听从苏秦安排。对待楚国，主要是“戴高帽子”，抬高对方身份：“秦之所害莫如楚，楚强则秦弱，秦强则楚弱，其势不两立。故为大王计，莫如从亲以孤秦。”一旦合纵对秦，楚国就成了天下第一。苏秦这么一说，楚王自然言听计从。

苏秦游说已毕，回到赵国，赵肃侯封他为武安君。赵肃侯询问会盟的地点，苏秦指出当在洹河之南、殷墟以西。苏秦之所以选择此地，大约有以下考虑：首先，西部、南部有山丘屏障，北有洹水东流，东有城垣，适于布防。其次，这里居天下之中，当年盘庚从远方迁都于此，足证此地乃风水宝地。再次，此地四通八达，北有燕，东有齐，南有韩、魏、楚，正好位于六国的水陆交通中心，会盟比较便利。事不宜迟，赵肃侯当即派遣使者，约燕、韩、魏、齐、楚五国，如期到达洹水。苏秦与赵肃侯先行到场，筑坛布位，等待诸侯。接着燕文公、韩宣惠公到达，不久魏惠王、齐宣王、楚威王纷纷到来。

接下来排定座次，苏秦的建议得到采纳：各国国君一律称王，赵王为东道主，居主位；然后按照国家大小排座次，楚国最大，楚王近邻着赵王而坐，后面依次为齐王、魏王、韩王、燕王。

第二天会盟，各国国君按照商定的座次入座。会上斩白马为誓，苏秦手捧白马血盆，请六王依次歃血，拜告天地及六国祖宗。写下誓书六封，每国一封。六国结盟立约，不论秦国进攻六国中的哪一国，其他五国都要全力支援被攻击国，或直接出兵助战，或从后面切断敌人粮道，或从侧面进行阻击。六国中有一国不按盟约来做，其他五国就联合起来讨伐它。

这次盟约大会上，大家一致推举苏秦任结盟六国的“纵约长”，兼佩六国相印、金牌、宝剑。因苏秦为六国之相，又有相应的印绶佩带，所以“洹上之盟”的盟誓之台，被人们称为封相台，又称为挂印台。为了纪念这次盛会，后人在台上建造了纪念亭，起名为会盟亭。时间流逝，亭子已经消失在历史烟尘中，唯独台子仍在，提醒着人们这里曾发生过一个震动华夏的大事件。

• 信陵君窃符救赵 •

战国，洹水之畔发生过一件夺兵权抗强秦的大事，故事的主人公叫信陵君。

战国有四位著名的公子，分别是魏国信陵君、赵国平原君、楚国春申君、齐国孟尝君。这个故事和前三位公子有关。信陵君名无忌，是魏国魏安釐王同父异母的弟弟，安釐王即位后，封他为信陵君。信陵君以仁义闻名于当世，而且礼贤下士，他以上宾之礼结交了魏国的隐士侯嬴，侯嬴大为感动，就向他举荐了讲义气、隐居民间以屠宰为业的朱亥，信陵君屡次施恩于朱亥，朱亥却一直没有答谢，信陵君觉得奇怪，但待他还是一如既往。赵国平原君赵胜是赵惠文王的弟弟，时任赵相，他的夫人是信陵君的姐姐。

公元前260年，秦、赵双方在长平大战，赵国误用纸上谈兵的赵括，结果秦军大败赵军，将赵军俘虏40万人活埋，赵军主力损失殆尽。此后秦派大军包围赵都邯郸。秦军的残杀，激起了赵国的义愤。赵国军民对秦军的进攻进行英勇抵抗。秦军屡遭挫折，伤亡甚重。秦国起用郑安平为进攻邯郸的主将，这一招果然奏效，赵国战事马上吃紧，邯郸被秦军紧紧包围，形势十分危急。

赵国国君孝成王见不能解秦军之围，都城邯郸将很快失守，便向魏、楚两国求救。平原君关键时刻毛遂自荐，出使楚国，使得楚王同意派发救兵。而魏国作为联姻之国，自然也发兵相助。公元前257年，魏、楚两国准备派兵救赵。魏安釐王派将军晋鄙率兵十万出发。

秦王知道以后，急忙派使者赶往魏国，告诉魏王：秦军快要把赵国灭掉了，哪个国家敢救赵国，秦军在灭掉赵国之后，一定先攻打这个国家。魏王非常害怕，就派人骑快马通知晋鄙，让晋鄙援赵的十万大军驻扎在汤阴（在今汤阴县宜沟镇将城一带），不得向前，为的是两面讨好，观望局势的变化。

晋鄙持有兵权的象征——兵符。兵符，指古代传达命令或调兵遣将所用的凭证，用铜、玉或木、石制成，虎形，又称虎符。制成两半，一半国君留存，一半交给统帅，调发军队时，必须在符验合后，方能生效。所以除非有了另一半兵符，谁否则也不能在阵前夺走晋鄙的兵权，而另一半在魏安釐王的卧室内，魏王不给另一半兵符，谁也没办法催动晋鄙向前一步。

平原君多次催促信陵君，让他劝说魏王火速救赵：“我之所以自愿高攀您结为姻亲，是因为公子义气高尚，能够关心和解救别人的困难。现在邯郸投降秦国就在旦夕之间，魏国的救兵却还没有来，公子能关心和解救别人的困难这一点又表现在哪里呢！况且，公子即使看不起我，抛弃我，让我投降秦国，难道就不可怜公子的姐姐吗？”

信陵君当然不能坐视不管，但魏王不肯听从信陵君的建议。信陵君救赵的决心已定，他准备了一百多辆车，率领众门客，要去同秦军拼命，与赵国共存亡。这时侯嬴站出来，告诉他这么做就像拿肉投向饿虎，毫无意义。信陵君让他出主意。侯嬴说，魏王有一个年轻美貌的妃子，名叫如姬，很受魏王宠爱。信陵君曾派人杀掉了如姬的杀父仇人，对如姬有恩。如姬早就想报答信陵君的恩德，只是一直找不到机会，只要信陵君开口，如姬一定可以帮信陵君盗出魏王调兵的虎符。一切果如侯嬴所料，信陵君请求如姬，如姬当即答

窃符救赵

应，并且趁魏王夜间熟睡之机，窃到了虎符。

拿到虎符以后，侯嬴又对信陵君说："将在外，国君的命令有的可以不接受，为的是对国家有利。公子合了兵符，如果晋鄙不把军队交给公子，再向魏王请求，事情就一定做不成了。晋鄙听从，那很好；不听从，就可以让朱亥击杀他。"信陵君找到朱亥，说出自己想带他到前方军营处理军国大事的想法。朱亥说："我是一个街边卖肉的屠夫，承蒙公子多次惠待，我之所以不回谢，是因为我认为小的礼节没有用处。现在公子有急难，我朱亥肝脑涂地，在所不辞！"朱亥把四十斤重的大铁锤揣在袖子里，跟随信陵君火速赶往汤阴晋鄙军营。

晋鄙接过虎符，合验察看半晌，疑心重重地说道："我肩负着国家重任，率十万大军屯于此地，现在无魏王手书指令，仅靠虎符合一，如何能信？"信陵君见晋鄙不肯发兵，便向朱亥使了个眼色，只见朱亥大吼一声，急步上前，手起椎落，将晋鄙砸死。信陵君夺得了军队的指挥权，马上选精兵八万，向北进发，进攻包围邯郸的秦军。这时，楚国的春申君黄歇也派大军前来救赵。秦军在赵、魏、楚三军的内外夹攻下，大败撤兵；秦将郑安平率二万秦军投降赵国，邯郸之围遂解。

项羽章邯盟殷墟

秦朝末年，项羽率起义军破釜沉舟，在河北一带与秦军大战九次，大败秦军，秦军死伤惨重。秦将章邯被迫率秦军投降项羽。项羽在今安阳市区西北洹河南的殷墟一带举行受降仪式，签订受降协议。这就是中国历史上著名的"殷墟会盟"。

公元前207年，秦将章邯击破了项梁的楚军主力，随后带领大军北渡黄河，攻打当时的"赵国"（不是战国时代的赵国，而是新建立的一个政权）的都城邯郸。赵王和谋臣张耳、陈馀等毫无防备，一战而溃，慌忙逃到巨鹿（今河北省邢台市）固守，并派人四处求救。

楚怀王接到求援书信，为解巨鹿之围，命宋义为上将军，项羽为次将，范增为末将，率主力北上救援。宋义率军到了安阳一带号令大军原地休息，逗留了四十多天。次将项羽多次催促宋义，宋义还是不听。盛怒之下，项羽于军帐中斩杀宋义。

项羽夺得兵权以后，急命当阳君、蒲将军率领两万人马渡过漳河，援救巨鹿。他们只是取得了一些小胜利，而陈馀又来请求增援。项羽就率领全军渡过漳河，让将士饱餐一顿，带足三天的干粮，然后将饭锅砸碎、渡船全部凿沉，表示与秦军血战到底的决心——这就是著名的成语“破釜沉舟”的由来。将士们明白已经没有退路，只有奋勇杀敌，勇往直前，自己才有生的希望。战斗开始后，他们斗志昂扬，无不以一当十、以十当百，个个如下山猛虎，奋勇拼杀。项羽军与秦军大战九次，杀声震天动地，终于以少胜多，大败秦军。秦军连续失利，秦二世派人责备章邯。章邯非常恐惧，就派司马欣去国都咸阳请示行动，当权的赵高避而不见，等司马欣返回时又派人追杀。司马欣把情况向章邯做了报告，并劝说他早做决断，与其将来受腰斩之刑、妻子儿女被杀，不如反戈一击，与诸侯携手，共抗秦国，将来还可裂土封王。

章邯就派人试探项羽，想签订合约。不料项羽不予理睬，反而引军渡过三户津（今安阳县西北），布阵于漳水之南，与秦军战，再败之。随后项羽又集结大军于汙水旁，大破秦军于汙城（今河北省磁县岳城镇）。

章邯受此重挫，走投无路，再次派人求见项羽，表示愿意与之盟约。项羽由于军粮短缺，不宜再战，便同意章邯的请求。公元前207年7月，双方在洹水南殷墟上（今安阳市西北郊区一带）举行会谈，双方订立了共同作战的盟约。项羽立章邯为雍王，置楚军中，使司马欣为上将军，率领原所部秦军向函谷关以西的秦朝腹地进发，准备彻底推翻秦王朝的统治。在行军途中，项羽得知秦军有哗变的可能，就与诸将商议在夜间将秦军20万人全部活埋。

“殷墟会盟”标志着秦军主力的覆灭，秦朝的统治从此走向土崩瓦解。

• 刘秀邺城斩谢躬 •

西汉末年，王莽篡权，群雄蜂起。公元23年二月，绿林军领导者王匡、王凤等人拥立刘氏皇族刘玄为帝，恢复汉朝国号，建立更始政权，自称玄汉王朝。刘玄派刘秀前往河北（黄河以北）地区进行招降宣抚。然而刘玄觉察到刘秀的壮大，隐隐不安，下诏封刘秀为萧王的同时，命令黄河以北的所有部队全部复员，命刘秀等有功之臣全部回到长安。

在这个关键时刻，刘秀的部下朱祜（即朱祐）、耿弇等人都劝说刘秀当皇帝。刘秀心动，于是他向刘玄报告说，黄河以北还没有完全平定，无法抽身返回首都长安。决心叛变的他只等时机，而目前最大的障碍就是玄汉的尚书令、与他合力攻取邯郸的谢躬。

双方合力拿下邯郸后，置酒庆功。在酒宴上，刘秀就图谋杀死谢躬，但是没有成功。谢躬和刘秀分地驻扎，常常发生争执，谢躬自从进入邯郸，在周边地区为更始帝布恩施惠，与刘秀争夺民心，引起刘秀的极度不满；谢躬常常想攻击刘秀，都因畏惧刘秀兵力强大，而不敢发动。谢躬处理政务非常细心，刘秀就麻痹他说："谢尚书，真吏也！"意思是："谢尚书，真是国家的栋梁啊！"这一夸奖果然奏效，谢躬稍稍松懈了戒备。他的妻子警告他："你跟刘秀的怨仇已深，势不两立，可是你却相信他表面上的那套虚情假意，终必栽在他的手里。"谢躬不相信。随后谢躬率领他的数万军队，南下驻扎邺城。

当时河北、山东地区有青犊、尤来等多股草莽势力，兵众达数百万人，对更始帝的统治产生极大的威胁。刘秀的下一步目标就是名正言顺地剿灭并收编这些武装，以壮大自己的势力。

公元24年，刘秀向南攻打青犊军，派人对谢躬说："我追击青犊军到射犬城，一定能打败他们。尤来军在山阳的人马得知后，势必因此惊逃。如果你凭借强大的兵力，攻打这些逃散之敌，必能使之束手受擒。"谢躬很认同刘秀的建议。等到刘秀击败青犊军后，尤来军果然向北逃到隆虑山（今林州市林虑山），谢躬于是留下大将军刘庆、魏郡太守陈康驻守邺城，自己亲率各路将军攻打尤来军残兵。然而尤来军穷寇死战，锐不可当，谢躬的军队竟被杀得大败，阵亡的将士有数千人。

刘秀利用谢躬领兵在外、邺城空虚之机，派偏将军吴汉和刺奸大将军岑彭袭击邺城。吴汉派遣能言善辩之士前去劝说陈康开城投降。辩士说："听说上智者不处于危险境地而仍心存侥幸，中智者能摆脱危险境地建功立业，下愚者则处危境而自取灭亡。危险和灭亡都是事在人为，你万不可执迷不悟。现在京城因战败而混乱，四方像乌云合拢，这是你所听到的；萧王现在兵力强大，谋士附会，河北的民心也已归附，这是你所见到的；谢躬在内背离萧王之意，在外失去众人之心，这是你知道的。你现在处在孤危之城，只能等待灭顶之祸，且仁义无处立，节操无处成，不如转祸为福，以避免下愚之败，收取中智之功，这才是万全之计。"陈康于是将刘庆和谢躬的妻子儿女一同拿下，然后打开城门迎接吴汉进城。谢躬从隆虑回到邺城，却不知陈康已经叛变，就率领数百名轻装骑兵入城，结果被吴汉所埋伏的士兵擒获，吴汉亲手杀死谢躬，并收降他的全数部众。

杀死谢躬就等于宣布刘秀对更始政权的正式叛变。更始三年（25）六月，北方基本平定，刘秀在鄗城（今河北省柏乡县）登基，这一年就成了东汉建武元年。

• 曹操攻占并重建邺城 •

魏武帝曹操政治生涯的后半期是在邺城度过的。他先从袁绍儿子手中夺下邺城，随后对其进行了有效的建设和管理。

公元201年官渡之战，曹操以少胜多，击败了不可一世的袁绍。从此袁绍一蹶不振，两年后郁郁而终。袁绍有三子，长子袁谭为青州刺史、次子袁熙为幽州刺史、少子袁尚资历尚浅。袁绍之位当由长子继承，但袁绍生前最为喜爱的却是小儿子。袁绍的谋士审配、逢纪等人便假借袁绍遗命，拥立袁尚在邺城继承了袁绍之位。这成了兄弟阋墙的导火索，此后内斗纷争不断。袁谭到来后，见木已成舟，只得自领人马，驻兵黎阳（今鹤壁市浚县）。

同年，曹操渡过黄河进攻袁谭，袁谭向袁尚告急，袁尚害怕袁谭得到士兵后不还，于是留审配把守邺县，自己率军队援助袁谭，与曹操在黎阳对峙。建安八年（203），曹操攻黎阳，大败袁尚、袁谭，二人退守邺城。

曹操追击袁氏兄弟到邺，收割其麦。众将想乘胜攻打邺城，谋士郭嘉认为，袁氏兄弟攻之则相合，缓之则相争。不如退军，以待其变。曹操依从郭嘉之计，先行撤军。不出郭嘉所料，曹军走后，兄弟二人矛盾骤起，大动干戈。结果袁谭败走南皮，又走平原。袁尚让审配留守邺城，自己一路追击过去。曹操一看时机成熟，就从黎阳北渡黄河，又渡过洹水，包围邺城。曹操筑土山、挖地道攻城，审配在城中做沟壕抵挡曹军。双方僵持不下。

五月，曹操扫清周边袁军势力之后，在邺城外挖沟堑。沟堑绕邺城一周，长20千米。起初沟堑很浅，城里的审配根本不以为意，觉得曹操此举如同儿戏。哪知道，曹操趁其不备，组织人马连夜迅猛挖沟，沟深、宽各两丈，并引漳河水灌满，严密围困邺城。城中军民缺粮，到六月底，已经饿死一半。

七月，袁尚率军万余从中山（今河北省定州市）来救，商量好举火为号，里应外合，解除包围。但是袁尚之举均在曹操意料之中，曹操料定袁尚从小道而来必成被擒之军。袁尚果然沿西山小道而来，和城里审配两厢举火为号，想要合兵一处。曹操分兵痛击，审配退还邺城，袁尚败退。曹操对袁尚乘胜追击，袁军大溃，袁尚只带领少数人马逃往中山。

这下邺城被彻底孤立。曹操把缴获的袁尚的印绶、节钺等向城中展示，以瓦解军心。城中果然人人沮丧，而审配却鼓励手下坚持到底，说幽州的袁熙很快来救。曹操走出军营，查看围城情况，审配赶紧命弓箭手一起射击，差点将曹操射杀。

僵持之中，审配的侄儿审荣为东门校尉，他看到袁氏兄弟终究不成气候，决心投靠曹操。八月的一个夜晚，他打开城门，迎接曹军，曹兵蜂拥而入。生擒审配，并拿下邺城。由于审配宁死不降，曹操将其斩首。

攻取邺城后，曹操把自己的据点北迁到了冀州邺城，政令军令此后皆从此出，而汉献帝的都城许县则只留些许官吏。

曹操对邺城进行了精心的设计和重建，使邺城成为东汉实际的政治、军事和文化中心。为建邺城，曹操动用了大量民力，砍伐了大片森林。他所筑的邺城，史称

七步成诗

邺北城。邺北城城墙坚固高大，城内布局严整，设计独特，在中国城建史上具有重要意义，而铜雀、冰井、金虎等三台宏伟壮观，也被后世津津乐道。正因为曹操对邺城大规模重修，才使得后世许多朝代在邺城建都。曹操还引漳河水入邺城，从铜雀台下流过，水声叮咚，不绝于耳。曹操大力治理漳河，修了天井堰和与之相应的灌溉渠道，引漳水灌田。西晋著名文人左思在《魏都赋》中描写说，曹操筑渠引水滋润着田野里的稻谷和稷黍。黑黝黝的桑树、油亮亮的苎麻，在各家良田上生长。这真是一派农业丰收的景象。

曹操特别注重对邺地的治理。他经过周密考虑，选用很有政治才能的杨沛做邺令。曹操唯才是举，他周围有很多文人学士。中国历史上著名的“建安文学”就是这一时期产生的。其中“三曹”（曹操、曹丕、曹植）和“建安七子”（孔融、陈琳、王粲、徐干、阮瑀、应玚、刘桢）是“建安文学”的领军人物，被文史学家称为“邺下文学集团”。

建安十八年（213），汉献帝册封曹操为魏公，加九锡、建魏国，定国都于邺城。魏国拥有冀州十郡之地，置丞相、太尉、大将军等百官。

建安二十一年四月，汉献帝册封曹操为魏王，邑三万户，位在诸侯王上，奏事不称臣，受诏不拜，以天子旒冕、车服、旌旗、礼乐郊祀天地，出入得称警跸，宗庙、祖、腊皆如汉制，国都邺城。王子皆为列侯。他名义上为汉臣，实际上已是皇帝。

曹操在建安二十三年六月下令在西门豹祠西原上建立陵墓，“因高为基，不封不树”。建安二十五年正月曹操率大军从汉中返回洛阳，当月二十三日去世，灵柩于二月运回邺城，随后举行了隆重的葬礼。曹植描述当时出殡的场面是“兆民号啕，仰愬上穹”“群臣奉迎，我王安厝。窈窈弦宇，三光不入。潜闼一扃，尊灵永蛰。圣上临穴，哀号靡及。群臣陪临，伫立以泣”。按照其遗令所嘱，其婢妾与伎人皆勤苦，使住铜雀台，“月旦、十五日，自朝至午，辄向帐中作伎乐”。

邺城、铜雀台和曹操墓作为文化遗存，被后人无数次凭吊，唐诗《铜雀台》写道：

昔年分鼎地，今日望陵台。
一旦雄图尽，千秋遗令开。
绮罗君不见，歌舞妾空来。
恩共漳河水，东流无重回。

• 高欢、尔朱氏大战韩陵山 •

韩陵之战发生于北魏普泰二年（532），是高欢集团与尔朱氏集团为争夺北魏朝政的控制权，在韩陵（今河南安阳市东北部）地区进行的战争。获胜的是北魏政坛后起之秀暨东魏实际创始人高欢，失败的一方则是北魏权臣尔朱荣的弟弟（一说为侄子）尔朱兆。

北魏末期，大都督天柱尔朱荣一手遮天，竟然将胡太后杀害，还发动“河阴之变”，屠杀皇族王公及大臣两千余人。永安三年（530），孝庄帝派人杀死了尔朱荣。尔朱兆闻讯，攻入洛阳，俘杀孝庄帝，立长广王元晔，次年元晔被废，尔朱氏立元恭为帝（即节闵帝）。其后，尔朱氏集团操纵了北魏朝政。

高欢本来隶属尔朱荣，但只是暂时屈身，等到目睹尔朱氏暴虐无度，自己又握有兵权之后，决定与尔朱氏决裂。普泰元年（531）六月，作为大都督、东道大行台、冀州刺史的高欢，从信都（今河北省冀县）起兵，讨伐尔朱兆。十月，高欢以朝政被尔朱氏控制为由，另立渤海太守元朗为帝。同年，高欢引兵南下攻邺城，相州刺史刘诞据城固守。

高欢猛攻邺城，将地道挖到城下，城下地道用木柱支撑，然后一起烧柱，柱倒城陷。普泰二年正月，高欢攻入邺城，生擒刘诞。三月，高欢所立魏帝元朗率百官移居邺城，与尔朱氏所立之魏帝元恭，形成对峙局面。闰三月，尔朱氏出讨高欢。尔朱天光自长安（今西安市西北）、尔朱兆自晋阳（今太原市西南）、尔朱仲远自东郡（今安阳市滑县东）、大将军尔朱度律自洛阳，分别率军会集邺城，在洹水（今安阳河）两岸布阵，号众20万。当时，高欢让吏部尚书封隆之守卫邺城，自己领兵屯于城西北的紫陌，大都督高敖曹带领自己的乡里部曲3000人听候调遣。二十六日，尔朱兆率轻骑3000夜袭邺，不克退走。

当时，面临尔朱大军压境，高欢的战马不满2000匹，步兵不足3万，与尔朱联军相比悬殊。但高欢认为，尔朱氏貌合神离，部众临时凑集，兵力分散，不难击破，遂决定背水一战。高欢把军队布置在邺

韩陵片石

南韩陵山（今安阳市东北），摆成圆阵，用绳子将牛、驴连起来，堵塞在通往邺城的路上。将士们一看退路被堵住了，只有拼命死战才有生路，于是人人都做好了战死的准备。高欢领中军，高昂领左军，高岳领右军。交战一开始，高欢失利，军队稍有退却，尔朱兆乘机追击。高岳以500骑兵冲向敌阵，别将斛律敦收拾散兵紧随其后。高昂率千余骑兵自韩陵山东北的栗园冲出，从侧翼攻击尔朱兆军队。高欢这边军士气大振，霎时间战鼓齐鸣，杀声震天；义夫奋起，壮士争先；刀光剑影，战车飞转。尔朱兆等人大败。贺拔胜和徐州刺史杜德在阵前投降高欢。尔朱兆欲甩掉散军只身逃命，慕容绍宗则挥旗鸣角，召集散兵，略一整饬，与尔朱兆一起带领残兵向西而去。高季式（高敖曹之弟）仅带7名骑兵追击，越过野马岗（今安阳北岭东端），追上尔朱兆，又厮杀了一场。直到夜深时，高季式才返回，满衣袖都是血。

尔朱联军大败而逃。尔朱兆沿漳河南岸西去，逃往秀容，高欢追击不已。普泰三年正月，尔朱兆自缢而死。尔朱仲远回到东郡，后又南走奔梁州，死于江南；尔朱天光和尔朱度律逃往洛阳，为部下所执，后被杀。

这场以少胜多的战役，乃高欢的得意之作。为纪念这场战役，东魏时期在韩陵山上修了一座寺院，今称定国寺，并在寺院内立碑纪功，北地三才之一的温子昇亲自书写碑文。这块碑叫作“韩陵山寺碑”，古人称之为“韩陵片石”，为安阳旧八景之一。

这场战役决定了历史的走向。尔朱氏势力尽被消灭。四月，高欢入洛阳，立元脩为帝（孝武帝），自任大丞相，掌握了北魏实权，为北魏分裂为东西魏、继而北齐取代东魏埋下了伏笔。

• 晋惠帝讨伐司马颖 •

这件事是西晋发生的“八王之乱”中的一环。

晋惠帝司马衷是西晋王朝第二代皇帝，有些智力障碍的他无法控制刁钻阴毒的皇后贾南风，终于酿成了历时16年之久的“八王之乱”。这皇族八王分别是：汝南王司马亮、楚王司马玮、赵王司马伦、齐王司马冏、长沙王司马乂、成都王司马颖、河间王司马颙、东海王司马越。其实，西晋皇族中参与这场动乱的王不止八个，但八王为主要参与者，故史称“八王之乱”。

291～299年，西晋皇室经过一番动荡杀伐之后，镇守邺城的司马颖正式独揽朝权。司马颖得势，朝中公卿因没有支持司马颖而到邺城谢罪，这无疑强化了他的地位。而司马颖入洛阳，权力更加膨胀。惠帝增封他20郡之地，又拜其为丞相，甚至废掉太子司马覃，立司马颖为太弟。司马颖返回邺城后，干脆将乘舆等运到邺城，并将皇宫的宿卫也换成自己的亲信。俨然目无皇帝，处处展现其夺位野心，这就给了其他藩王兴兵的借口。

永安元年（304）七月，司空、东海王司马越传檄，与左卫将军陈眕等召集四方十多万人，共讨司马颖。他让司马覃复太子位，率领人马挟着惠帝北征邺城。出发前侍中嵇绍到惠帝住所报到。嵇绍，气质非凡，初到洛阳时有人评价他“昂昂然如野鹤之在鸡群”。他的父亲更为出众，乃竹林七贤之一的嵇康，当年被司马昭杀害。嵇绍本来闲居在家，后来嵇康的朋友，同为竹林七贤的山涛劝嵇绍出仕。嵇绍官至侍中，曾被司马颖废为庶人，此时再次被征召，官复原职。出发前侍中秦淮对他说：“今日北伐，安危难定，你有好马吗？”意思是失败后可以逃得更快。嵇绍严肃地说：“作为臣子护卫皇上，应置生死于度外，有好马又怎么样？”

司马颖知道司马越挟晋惠帝前来讨伐后大为震惊，想要逃跑，经部下劝阻后，召集部下商量对策。司马王混及参军崔旷劝司马颖迎战，司马颖赞同，派遣奋武将军石超率五万兵马赴荡阴（今安阳市汤阴县）。陈眕的弟弟陈匡与陈规亲自到司马越军中，声称邺城中司马颖部下听到皇师到来已经离散。司马越信以为真，军队于是防备松懈。石超率军与司马越军于荡阴激战，司马军大败。晋惠帝脸部受伤，中三箭，百官及侍卫都纷纷溃逃，将惠帝遗于草地上。只有嵇绍庄重地端正冠带，挺身保卫天子，司马颖的军士把嵇绍按在马车前的直木上。晋惠帝说：“这是忠臣，不要杀他！”军士回答道：“奉皇太弟（司马颖）的命令，只是不伤害陛下一人而已！”于是当场杀害嵇绍，血溅到惠帝的衣服上，惠帝为他的死哀痛悲叹。等到战事平息，侍从要浣洗御衣，晋惠帝说：“这是嵇侍中的血，不要洗去。”意为要留作纪念，但是军士还是把御衣给洗掉了。后来，人们为纪念嵇绍的忠勇，把洗血衣的地方叫浣衣里，把嵇绍殒难的地方叫作殒村，并修建了祠堂。现在汤阴县南的几个云村即其所在。

元朝人王磐写《过嵇侍中庙》以赞之：

十载家艰恨未消，又持手版事昏朝。
已知定乱功难就，犹幸临危节可要。
忠血数斑沾藻火，英名千古迫云霄。
一杯欲酹祠前土，野鹤昂藏未易招。

战后，石超把晋惠帝送到邺城，司马颖独揽一切朝权，改年号为建武，邺城俨然成了首都。安北将军王浚与宁北将军东嬴公司马腾讨伐司马颖，司马颖战败，挟惠帝奔长安投司马颙。司马颙又废掉司马颖太弟称号，独揽朝纲。司马越再次起兵，讨伐司马颙，迎请惠帝返回洛阳。司马颙被害，司马颖辗转流窜，最后在朝歌被擒，并被送到邺城交范阳王司马虓处置，虓只将其父子囚禁，但是并不忍心加害司马颖等。公元306年虓暴毙，其长史刘舆想到司马颖在邺城素有威望，担忧留司马颖在邺将成为后患，假传虓的指令将其赐死。

公元306年，惠帝崩，司马越另立司马炽为怀帝，自己掌握了朝政大权。

• 尉迟迥邺城抗杨坚 •

北周是南北朝时期北方最后一个王朝，其第四任皇帝周宣帝宇文赟即位后，不理朝政，暴虐荒淫，奢靡无度，且经常派亲信监视大臣言行，北周国势日渐衰落。大象元年（579）五月，宇文赟禅位于长子宇文衍（又名宇文阐），自称天元皇帝，但仍掌控朝权。他于大象二年病逝，时年二十二岁。宇文衍登基时不过7岁，这就为权臣揽政创造了条件。这个权臣不是外人，正是宇文衍的外祖父杨坚，当时的大丞相、隋国公，后来的隋文帝。

尉迟迥是北周名臣。北周宣帝时，尉迟迥出任相州总管。相州总管衙门设于邺城（邺南城），下辖相、卫、黎、毛、洺、贝、赵等州。杨坚认为尉迟迥位高权重，又不听自己的指令，想削减他的权力，便命令尉迟迥之子魏安公尉迟惇带去诏书，以会葬名义征调尉迟迥，并以北周名将韦孝宽代尉迟迥为相州总管。

大象二年六月，尉迟迥意识到杨坚将

要对周室不利，就拒绝交出权力。七月，尉迟迥以杨坚有篡位野心为号召，谋划举兵讨伐杨坚。杨坚一方面向尉迟迥宣谕朝旨，一方面密令相州总管府长史晋昶从内部策应。由于泄密，尉迟迥斩杀晋昶，然后召集文武官员，宣誓讨伐杨坚。尉迟迥登上城楼发布命令："杨坚以平庸之才，借皇后父亲的权势，挟制幼主，号令天下，作威作福，赏罚不分，其背叛君主的行迹已暴露无遗。我身为将相，与先帝有舅甥之亲，同甘共苦，本应一体。先帝将我任命到这里，将安危大计托付给我。如今我打算与各位集合义士，匡复国家，保护百姓，进可享受荣华名望，退可保全为臣节操。各位认为怎样？"尉迟迥自称大总管，对相州城的管理和军事部署重新做了安排。尉迟迥讨伐杨坚的命令传到他所辖各地，今豫北、河北、山东等地均纷纷响应，反杨坚的总兵力达到几十万人。

杨坚见尉迟迥就要起兵，遂征调关中之兵马，派韦孝宽率领前往镇压。尉迟迥调集大军准备与杨坚展开激战。他派儿子尉迟惇率军进入武德县（今河南省焦作武陟县），屯于沁水东岸迎击敌军。大队人马驻扎的营地绵延十多千米，阵容十分壮观。恰逢河水暴涨，韦孝宽隔河与尉迟惇军相持。杨坚认为韦孝宽进兵迟缓，派人前去督战，韦孝宽只好进兵渡河。尉迟惇见韦孝宽军渡河，便命令自己的军队稍微向后退却，打算待敌军过河一半时进行痛击，这就是所谓"半渡而击"。谁知这一退却便收军不住，而韦孝宽一见对方后撤，便使劲擂动战鼓，鼓励将士奋勇进击，尉迟军大败而退，尉迟惇单骑脱逃。韦孝宽军渡河后把桥梁焚毁，以示不留退路，他们乘胜追击，一直打到相州总管衙门所在地邺城。韦孝宽率军在西门豹祠南安营扎寨。

尉迟迥感到事态严重，与他的两个儿子尉迟惇、尉迟佑及众将领率13万大军布于邺城之南。尉迟迥又另统1万多兵卒为敢死队，皆头戴绿巾，身穿锦袄，号为黄龙兵，准备与韦孝宽军决一死战。尉迟迥之弟尉迟勤率青州兵5万，也准备支援尉迟迥，并有3000骑兵先期到达。尉迟迥虽然年老，但有作战经验，他亲自披挂上阵；他的部下有许多都是关中人，善于力战，因此尉迟迥取胜是有可能的。两军刚交战时，韦孝宽军失利。这时邺城一带前来观战的老百姓很多，有几万人。韦孝宽的部将宇文忻心生一计，命令自己的部队向观战者射箭，老百姓纷纷逃走，一片大乱，声如雷霆。宇文忻乘机大喊："敌军败了！"韦孝宽军军心重振，趁着混乱猛攻尉迟迥军，而尉迟迥军听到喊声，不辨真假，纷纷逃走。尉迟迥退回邺城，在北城自保，韦孝宽率领重兵猛攻，终于攻入邺城。尉迟迥见大势已去，自杀身亡。尉迟惇和尉迟佑向青州逃走，敌军追至，将二人俘获。

杨坚灭掉尉迟迥有两个重要影响。

首先，杨坚为了永绝后患，命令韦孝宽放火将邺城城池焚毁，设于邺城的相州、魏郡及邺县衙门迁到邺城之南不远处的安阳，并称安阳为邺城。自此邺城残破，成为历史遗迹。

隋代诗人元行恭是邺城人，他目睹家园的破败之后，有感而发，写了一首《过故宅》，内容如下：

颓城百战后，荒宅四邻通。
将军树已折，步兵途转穷。
吹台有山鸟，歌庭聒野虫。
草深斜径没，水尽曲池空。
林中满明月，是处来春风。
唯余一废井，尚夹两株桐。

更为重要的是，杨坚灭掉尉迟迥，为他篡夺政权扫清了最后的障碍，仅仅一年之后，大定元年二月十三日，宇文衍就"禅让"帝位于杨坚，居于别宫。杨坚登基，国号为"隋"，改元开皇，北周宣告灭亡。五月辛未日，杨坚暗中派人害死宇文衍，其时年九岁。

• 瓦岗寨群雄聚义 •

隋朝末年，天下大乱，在今河南省安阳市滑县一带，发生了瓦岗群雄聚义的故事。

隋炀帝生活腐败，对内横征暴敛，开挖大运河，多次巡幸江南；对外多次发动战争，尤其三次对高丽的征战，旷日持久。这一切都消耗了大量人力、财力，导致社会矛盾激化，农民纷纷起义。当时起义队伍有百余支，遍及全国，翟让、李密领导的瓦岗军就是其中最大的一支。

翟让是隋末唐初东郡韦城（今安阳市滑县）人，少时父母双亡，读书不多，却练就了一身好武艺，教了不少徒弟，爱打抱不平，在百姓中声望很高，官府为利用他的武艺和威望，邀他在东郡（郡治在今滑县境内）衙门里当法曹（管理刑狱的小吏）。他为人忠厚，胸怀坦荡，光明磊落，刚直不阿，颇孚众望，接交了不少知心朋友。

翟让因事被判死刑入狱。狱吏黄君汉认为翟让骁勇不寻常，于是在夜里悄悄对翟让说："翟法司，天时人事，也许是可以预料的，哪能在监狱里等死呢？"翟让又惊又喜，说："我翟让是关在圈里的猪，生死只能听从黄曹主的吩咐了。"黄君汉当即给翟让打开枷锁，翟让再三拜谢说："我蒙受您的再生之恩得以幸免，但黄曹主您怎么办呢？"于是流下泪来。黄君汉发怒道："我本以为你是个大丈夫，可以拯救黎民百姓，所以才冒死来解救你，你怎么却像女子一样以涕泪来表示感谢呢？你就努力设法逃脱吧，不要管我了！"于是翟让就此逃走。隋大业七年（611）春，翟让同兄翟弘、侄儿摩侯、街坊王儒信等一些青壮年，奔向距离家乡20千米的瓦岗寨（今滑县东南）。他领导的起义军称瓦岗军。同郡人单雄信和翟让原是好友，听到消息，在本乡召集一些青壮年前来投奔。徐世勣本为曹州离狐人，隋朝末年，迁居到滑州卫南县，此时也率领一批青壮投至翟让麾下，加入义军。瓦岗寨附近贾家楼（今滑县赤水村西）人贾雄，虽然出身富家，但却同情贫民，不满隋王朝的黑暗统治，被翟让聘为军师。

义军在瓦岗寨修筑了养马场、兵器场、练武场、点将台等各种军事设施。翟让采纳徐世勣不要在瓦岗一带抢掠扰民的建议，利用距离隋朝转运粮食物资的大动脉通济渠比较近便的条件，在商丘到郑州这一段运河上伏击船队，经常出敌不意，缴获了大批粮食和军用物资。

由于瓦岗军劫富济贫，爱护百姓，受到广大民众的欢迎。周围贫苦农民闻讯，纷纷汇集于瓦岗，起义军队伍迅速扩大到几十万人，成为隋末最大的一支农民起义军。

大业十二年（616），贵族出身的李密投靠了瓦岗军。李密，是隋朝蒲山公李宽之子，大业初，凭借父荫，隋炀帝授予他左亲侍。有一次隋炀帝在仪卫中看见他，就告诉手下人："这个小孩顾盼的神态很不寻常，别让他在宫里担任宿卫。"李密曾参加杨玄感的反隋活动，失败后在河北、山东一带流亡，后投奔瓦岗寨，被翟让收留。李密识兵书、有谋略，很受翟让器重。此后，单雄信率军攻下浚县、汤阴等地，并在内黄北10千米筑城固守。李密

瓦岗聚义

率军东征，攻下濮阳、范县一带。

同年，翟让接受李密的建议西进，夺取隋朝重要粮仓——兴洛仓，建立稳固充足的物资基地。起义军先是攻破了今河南荥阳一带的金堤关。隋炀帝寝食不安，急命大将张须陀进攻瓦岗军。瓦岗军西征迎敌，用李密之计，在荥阳大海寺设伏，诱敌深入，最后围歼隋军两万多人，斩杀隋将张须陀，隋军士气变得非常低落。接着，起义军又巧妙地绕过了正西方由隋军重兵把守的虎牢关，绕道登封嵩山奇袭兴洛仓。夺取了兴洛仓后，起义军开仓赈济饥民，受到热烈欢迎。虎牢关隋朝守将裴仁基看到形势已变，率领部将秦叔宝、罗士信等投奔了瓦岗军。

为了团结各地义军，彻底推翻隋王朝，急需建立政权。李密自暗拉宗派，让徐世勣和王伯当劝翟让让出领导权。公元617年，翟让以大局为重，将领导权让给李密，李密称魏公，改当年大业十三年为永平元年，下发的文书落款为行军元帅魏公府。拜翟让为上柱国、司徒、东郡公。当时山东东阿县的程知节（程咬金）、武阳（今大名县东）郡守元宝藏及幕僚魏徵等相继来投。

李密、徐世勣会集了河北、山东及安阳县农民李文相的起义军，一举攻占了黎阳仓。起义军开仓放粮，贫苦农民纷纷参军，10日得兵20余万。同年，李密因翟让的亲信鼓动翟让夺取大权，设计杀死翟让。当时义军击败了劲敌王世充，翟让来到李密的营帐，李密安排菜肴招待。翟让所带领的部下一一安排在各处就餐。李密请翟让入席后，拿出一把好弓给翟让鉴赏，翟让刚刚拉满，李密派一名勇士从背后将他斩首，同时杀掉了他的哥哥翟弘及部将王儒信等。这样李密完全夺得了瓦岗军的领导权，然而瓦岗军的军事实力也因此受到重创。

随后，瓦岗军与隋军大将杨桐、王世充多次展开激战。公元618年，隋炀帝在江都被宠臣宇文化及杀死。宇文化及统领10多万大军北上，进击瓦岗军。经过激战，李密的瓦岗军重创宇文化及的隋军，但瓦岗军的损失也很大。接着，王世充在偃师北邙山一带对瓦岗军发动突然袭击，李密大败，裴仁基、程知节、秦叔宝、罗士信被俘。这时，隋朝太原留守李渊反隋，李密表示瓦岗军愿与李渊联合灭隋。瓦岗军为李渊所用。公元618年，李渊称帝，唐朝建立。李密被封为光禄卿。李密嫌官小无权，一气之下出走，被唐将盛彦师杀死，葬于今浚县大伾山下。

•九节度使兵败安阳•

唐朝“安史之乱”时，安阳一带是个大战场。唐朝著名诗人杜甫在《石壕吏》中写道：“听妇前致词：三男邺城戍。一男附书至，二男新战死。”诗里所说的邺城就是现在的安阳。

755年冬天，“安史之乱”爆发，安禄山、安庆绪父子和史思明、史朝义父子是主要领导力量。安禄山叛军自灵昌津（在今滑县西南）渡过黄河，攻陷灵昌（今河南延津县）及其他郡县，气焰极为嚣张，叛军势不可当，相继攻陷了洛阳和长安。757年，安禄山之子安庆绪命人杀死其父，继承了“大燕皇帝”之位，他的军队在与官军的几次作战中均告失利，长安和洛阳相继被朝廷收复。安庆绪于当年十一月逃到河北，以邺郡（治安阳城）为根据地，改邺郡为成安府，改元天成。

758年，唐肃宗李亨令重臣郭子仪、李光弼、李嗣业、王思礼，以及淮西节度使鲁炅、兴平节度使李奂、滑濮节度使许叔冀、平卢兵马使董秦、郑蔡节度使季广琛等九节度使率领唐军数十万，讨伐安庆绪。十月，郭子仪在获嘉大破安庆绪之子安太清军。安太清逃往黄河之北卫州（今河南省卫辉市），安庆绪率邺城之兵奔赴卫州，帮助安太清。叛军又被郭子仪大败，安庆绪的弟弟安庆和也被唐军俘获，叛军退逃邺城。郭子仪等指挥唐军追击，安庆绪将叛军主力在邺城西南愁思岗（今安阳县南岭东端）和唐军决战，被唐军击溃，兵力丧失殆尽。郭子仪等将邺城团团围住。

安庆绪向史思明求救。史思明发范阳（今北京附近）兵马13万余前往救援。十二月，史思明夺取魏州（今河北大名），作为自己的立身之地。759年正月，史思明自称大圣燕王。二月唐军重重包围邺城，筑高垒两重，挖壕沟三道，同时引平高渠（今万金渠）水灌城。城中井泉向外溢水，平地水深数尺，一片汪洋。叛军在房顶和树木上起居。城中粮尽，发生了人吃人的现象，抓一只老鼠也能卖数千钱。在此情况下，叛军仍然负隅顽抗，不肯投降。安庆绪见形势危急，又感史思明进军缓慢、有意拖延，便派儿子安太清将伪帝玉玺送给史思明，并致信愿让出帝位。史思明大喜，部下也大呼史思明为“万岁”。然后史思明指挥十多万叛军急趋邺城，与唐军在城北相遇。

史思明命众将各距邺城25千米下寨，每营布置300面战鼓，遥相呼应。每营又选500精骑，每天到城下劫掠一番，官军出，则散归本营。官军军粮乃从远郡运来，每天都损失大批物资和人马。

唐军虽然兵多将广，但唐肃宗害怕诸将拥兵自重，未在军中设主帅。唐军指挥失灵。肃宗还任命亲信宦官鱼朝恩为观军容宣慰使，到军中牵制诸将。诸将畏首畏尾，不敢大胆决策。诸将之中，北庭行营节度使李嗣业特别忠勇，他身先士卒，冲锋陷阵，最后中箭而死。九节度使指挥唐军60万人在安阳河北布阵，史思明率精兵5万迎战，双方约战于万金驿（今安阳柏庄镇万金村）。两军正准备交战，天气突变，狂风大作，飞沙走石，遮天蔽日，大树连根拔起，对面不分物色，白天如同黑夜。唐军本无斗志，见到这种情况，纷纷向南逃奔，人马互相践踏，尸横遍野，辎械满路。叛军转危为安，史思明退到沙河，收拾兵马，还屯邺城南，城中的安庆绪围困解除，打扫战场，白白得到唐军粮食几十万石。由于围困解除，安庆绪就想耍赖，推翻先前答应史思明的条件，决定紧闭城门，不让史思明军进城。众将以为不妥，安庆绪遂打算与史思明歃血结盟，于是带领300骑兵前去史思明大营拜见。史思明痛斥其弑父之罪，说今日要替太上皇讨贼，然后命人把安庆绪及随将推出斩首。随后史思明率军进入邺城，收编安庆绪兵马，让其子史朝义留守邺城，自己则率军还归范阳，然后堂而皇之地当起了皇帝。

邺城之战，唐军死伤惨重。死亡的将士尸体被埋葬在城北一个南北斜长2.5千米的大坑里，并起一大墓，名为“万人冢”。直到明代，这里还能看到“万人冢”的遗迹。而安阳城北的缑家垒、马家垒、张贺垒等地名，即是唐朝九节度使战安阳时期营垒的历史遗存。

彰德会操

1905年，袁世凯在天津小站将新式陆军练成。为了向外国人展示军力，一扫八国联军入侵带来的晦气，慈禧太后采纳袁世凯的建议，清光绪三十二年（1906）10月22～25日，清军在彰德府（今安阳市）举行了南北新军秋操大演习，这就是中国近代著名的“彰德会操”。

说到彰德会操，必须先谈一谈袁世凯的河间会操。1905年，袁世凯的北洋新军六镇正式练成。为考查这支部队的实际作战能力，清王朝练兵处让袁世凯在直隶河间主持大会操。这次演习非常成功，慈禧太后感到清朝军事实力有了提高。此时，袁世凯提出了一个建议，想再搞一次新式陆军大演习。慈禧太后非常高兴，即命袁世凯、铁良为阅兵大臣，在河南彰德举行大会操。

会操因为在秋天举行，所以又称“秋操”。史学家将河间秋操、彰德秋操和太湖秋操并称为晚清三大秋操。河间秋操人数最多，但属于北洋内部的军事演习；太湖秋操因为当年光绪皇帝和慈禧太后双双驾崩而未能举行。因此彰德秋操就成为晚清陆军的最后一次大规模军事演习，它不仅是一次开放性军事演习，而且军事“含金量”最高。

清廷外务部邀请外国军事人员和新闻记者前来观摩这次大会操，并要求各省派要员参加，充当评判员。会操主办方实施少有的开放政策，不仅《申报》《大公报》等报记者被邀请前来采访报道，就连一些没有被邀请的报社也派记者前来采访。观看彰德会操的中外各界知名人士有数百人，从全国各地赶来的其他人员也很多。彰德府城内住店成了难事，有路子的人借宿在名流或土财主家，一般人只好住在小客栈。

为使军人吃上方便可口的食品，清朝阅兵处研制了一种行军蒸米。他们将上等大米淘净，用水浸泡50分钟，待干湿相宜，再用蒸笼蒸熟阴干，需要时，用水泡20分钟即可食用。这种蒸米被人们称为“方便米”。

参加彰德会操的军队有北洋新军、湖北新军和河南新军。北洋新军共16000多人，组成北军，段祺瑞为总统官；湖北新军和河南新军共17000多人，组成南军，张彪为总统官，正式开演后，他举荐军校科班毕业的黎元洪代替自己指挥南军。南北新军共动用战马2700多匹，后勤车近900辆，操演战线长达20多千米。湖广总督张之洞十分看重彰德会操。为了会操成功，他在一个月前就将湖北新军派往河南，与河南新军合练。不肯服输的袁世凯准备更充分，演习前几天，他的部队还一边行军一边演习。

1906年10月19日，南北新军按计划到达指定地点，形成了南攻北御的对阵之势。在表演项目环节，湖北新军和黎元洪大出风头。秋操前，人们普遍认为袁世凯编练的北洋新军优于湖北新军。会操中，湖北新军军容严整，枪法精准，士气高昂，被阅操大臣们赞为“东南各省首屈一指”。

三天后会操开始。第一天的内容是南北新军骑兵冲击战。首日演习，北军占优。早上8时，南军马队北上。10时，前锋马队看到远方出现了一拨人马，误认为是北军马队，十分兴奋，很快将其包抄起来，走近时才发现是阅兵大臣卫队。结果南军前锋马队领队被骂了个狗血淋头。如此一折腾，到了将近11时，南军马队绕了一大圈才发现北军。在以逸待劳的北军面前，南军马队疲惫不堪。

第二天的会操内容是两军主力的遭遇战，双方互有得失。上午11时左右，南北两军在安阳南郊二十里铺一带均发现对方，随即调整姿态，向对方展开攻击。这一次双方旗鼓相当，打得难解难分，到下午时分，战局还呈现胶着态势。阅兵处判定：“南北军各有所得，也各有所失。”

第三天演练攻防大战。两军全部出动，战斗颇为激烈，上午9时许，南军长驱直入，其步队重兵扑向二十里铺、小营耳、马家庄。北军并没有消极待敌，一早就派出骑兵部队进行迂回。当南军进入二十里铺后，北军骑兵从左侧进行攻击，一时间南军大乱。但黎元洪随即调整阵形，下令南军正面对攻，骑兵则进行迂回包抄，猛烈反击。双方胶着，北军最后略占优势。

三天演习完毕，袁世凯和铁良在彰德城外的小张村举行了隆重的阅兵式。慈禧太后、光绪皇帝携文武大臣到场，现场检阅。当天，南北两军穿着军礼服，雄赳赳、气昂昂地齐集阅兵场，举行了分列式。四万多人的队伍步调整齐，军容壮盛，很是吸引洋人的眼球，也让国内参观者啧啧称奇。而这也正是慈禧想要达到的目的。

由于准备充分，彰德会操达到了清政府的预期目的。尽管欧美观摩者指出演习存在一定问题，但基本持肯定态度。人们评价，两军阵法当推北军为胜。北洋新军有条不紊，精神状态很好；河南新军稍次一些；湖北新军成绩欠佳。俄国和德国的武官甚至还认为，中国陆军已经可以与日本匹敌。日本参谋部松川少将也承认中国军队取得了不小的进步。

对彰德会操印象最深的是当地的老百姓。老百姓刚听说军演时，疑虑重重。因为以前的军队行动常常有抢劫行为。而这次彰德会操，军纪严明，军人买东西一律付钱，且行军中不准出队购买物品。彰德会操使袁世凯声望大为提高。

本次会操汇聚了中华民国的五位总统：袁世凯、黎元洪、冯国璋、徐世昌、曹锟。如果算上临时执政的段祺瑞，那就是六位国家元首了，内阁总理、部长有几十位，至于名将、军阀更是数不胜数。彰德秋操可谓是清朝为民国政府提前举办的政坛检阅礼。六年后，中华民国就取代了清王朝。

• 解放安阳城 •

1949年4月，中国人民解放军第四野战军四十二军，会同四十七军一六〇师等兄弟部队，在豫北5万民兵、民工的支援下，奉命解放安阳城。

安阳城防工事是日本侵略者多年前修筑的，加上国民党军多次改造，防御体系相当完整，城墙高厚，又筑有很多明碉暗堡，易守难攻。为打好这一仗，四野政委罗荣桓和四十二军军长吴瑞林亲自到北平面见朱德总司令，朱总指示，“父子兵、土匪最难打”，要求部队做好充分准备，带足弹药，一定要打好这一仗。此后吴瑞林先到河北涿县军部，召开军部会议，部署作战任务，听取敌情汇报。接着又亲自到安阳城周围察看地形，派侦察员与安阳城工部地下工作者取得联系，获得了完整的安阳城防资料。

第四十二军奉命南下，急行军60余千米，于4月16日突然将安阳城外敌人分割包围，迅速扫除城外17个据点。敌人遭到突然打击，慌忙将一部分兵力撤回城内，并调整加强城外未被解放军占领的据点，准备顽抗。

为和平解放安阳，使城内5万多群众生命财产安全得到保证，解放军连续给国民党安阳城防司令郭清、参谋长武莨仁等送去五封劝降信，但这伙匪徒决心顽抗到底，对解放军的劝降无动于衷。

在劝降无果的情况下，解放军采取四面攻击、逐步合围的战术，一周内连续攻克25个据点，歼敌近2000人，并向城关发起进攻。5月5日夜，解放军突破安阳城西北前沿阵地。5月6日晨，解放军对安阳城发起总攻击，激战1小时45分钟，攻破北门东侧，接着爆破组又将城西、城北城墙炸开。先头部队从北门奋勇冲入。早晨7时，红旗插上城内的鼓楼。解放军歼敌约14000余人，俘虏了安阳专员兼冀豫边区剿总赵质宸，国民党要员刘乐仙、程万福、王景昌、武莨仁、王三祝与特务头子苗宪吾等，击毙了敌城防司令郭清。

5月12日，安阳5万军民在飞机场隆重集会，庆祝安阳城解放。

• 林县人民修建红旗渠 •

安阳市林州市（原林县）是一个多山少雨的地方，为了改变缺水造成的穷困面貌，20世纪五六十年代，在时任中共林县县委书记杨贵的倡导下，全县动员寻找可靠的水源。

在认清林县境内没有足够保障全县旱区供应的水源这一现实后，林县县委把寻水的目光移向了林县境外，想到了水量丰富的浊漳河。1959年10月10日，林县县委召开会议，专门研究了“引漳入林”工程，会上通报了省委的支持，林县县委果断做出决定：自力更生，不等不靠，引漳入林，重新安排林县河山！从山西境内西侯壁断下引水，把漳河水引到林县的坟头岭（后改为分水岭，以下称分水岭），灌溉50万亩（1亩=666.67平方米）土地，解决48万人饮用水问题，并定于1960年2月工程正式开工。

工程第一阶段全面展开，6万群众战太行。由于低估了困难局面，全面开花，技术力量分散，用人虽多，却各自为战，效率很低，于是3月6～7日，林县“引漳入林”委员会在盘阳村召开全体会议，史称盘阳会议。会议否定了毕其功于一役的思想，提出要打持久战，决定采用分段突击的方法，先完成渠首至河口即山西境内的20千米总干渠，然后再修建河口到分水岭段工程。同时采纳杨贵建议，把“引漳入林”工程正式命名为“红旗渠”，意思是要高举红旗前进。

第一场硬仗是渠首截流。龙口越小，水流越急，投入的石块很快就被冲走，为赶工期，群众跳入水中，臂挽臂、肩并肩、手拉手，用血肉之躯筑起了一道人墙。汹涌的漳河水硬是被挡住了，岸上的人眼疾手快，大步流星地抬石头，背沙袋，一块块巨石垒起来，一筐筐碴石倒下去，经过数十个小时的奋战，终于成功合龙。1960年5月1日，漳河水终于按照林县人民的意志流进了红旗渠渠源隧道。

接下来，凤凰岭、鸻鹉岭都被一一拿下。20世纪60年代，正值中国经济最困难时期，人民群众发挥主观能动性，没有住的地方自己建，没有工具自己带，没有石灰自己烧，没有炸药自己造，没有水泥自己制，从而创造了一个又一个人间奇迹。10月1日，林县红旗渠总干渠第一期工程竣工，浊漳河水流入林县境内。

一碗水的故事

10月17日，红旗渠总干渠第二期工程开工。在河口至木家庄段的15千米长的渠线上，红旗招展，人声鼎沸，炮声隆隆，烟雾弥漫，一派热火朝天的劳动场面。第二期的明星工程非青年洞莫属。当时鉴于自然灾害极其严重，群众生活遇到暂时困难，照县委指示，多数社员于月底返回生产队休整，红旗渠工地留下300名青年组成的突击队，继续开凿青年洞。当时干部民工口粮很低，为了填饱肚子，上山挖野菜、下浊漳河捞河草充饥，很多人得了浮肿病，仍坚持战斗在工地，以愚公移山精神，终日挖山不止。为了对付坚硬的石英岩，他们创造了连环炮、瓦缸窑炮、三角炮、抬炮、立炮等新的爆破技术，使日进度由起初的0.3米提高到2米多。经过一年零五个月的奋战，1961年7月15日这条总干渠上最长的隧道凿通。为表彰青年们艰苦奋斗的业绩，此洞被命名为“青年洞”。1973年时任全国人大常委会副委员长郭沫若亲笔题写了洞名。

顶着沉重的政治压力和经济压力，在人民群众的期盼中，1961年10月1日，红旗渠总干渠第三期工程——南谷洞至分水岭段开工。按照正常的施工进程，应该为木家庄到南谷洞段，但是考虑到当时南谷洞水库产生了库存，为了让其尽早发挥效益，缓解下游各乡村的旱灾压力，更大程度地调动群众的积极性，决定本属第四期的南谷洞至分水岭段工程提前施工。这一决定无疑是务实而有效的。这一段第一项重要工程是南谷洞大渡槽，长133米，宽113米，高12米，共建有10孔桥洞，为石砌拱形结构。它是红旗渠干渠上最大的渡槽工程，共挖石方5264立方米，砌石9318立方米。而150多米的双孔分水岭隧道是本段的收尾工程，贯通后南谷洞水库就可以发挥效益，给分水岭以南的群众带来希望，因此人们亦称此洞为“希望洞”，于1962年5月1日胜利凿通。

1962年10月20日，总干渠最后一期工程——第四期工程建设拉开帷幕。在此期间，红旗渠工程被正式纳入国家基本建设项目，身份由“黑渠”变“红渠”。消息传到红旗渠工地，建渠民工欢欣鼓舞，干劲倍增。这一阶段皇后沟渡槽、白家庄空心坝是明星级工程。其中白家庄空心坝的设计颇具创造性。总干渠线穿过绵连不断的山岭沟谷，到白家庄村西时被浊河拦住去路。该河平时干涸断流，汛期洪水宣泄上千个流量。工程技术员吴祖太根据实际情况，设计了一个与河道交叉的空心坝，即中间过渠水，顶部过河水，用这种办法巧妙地解决了渠、河交叉的矛盾。1964年6月空心坝竣工，标志着红旗渠总干渠全面建成。

1965年4月5日，庆祝红旗渠总干渠通水典礼大会在分水岭隆重举行。

总干渠修成之后，林县人民马不停蹄，接着修建了三条主要干渠，1966年4月20日，全县人民隆重举行红旗渠三条干渠竣工通水典礼举行。5月5日，红旗渠“第六次战役”——41条支渠建设——打响。1969年7月8日《河南日报》、9日《人民日报》先后刊文，报道了红旗渠竣工喜讯。

十年辛苦不寻常。修渠前，林县曾流传着一首打油诗，描绘发展远景；十年之后，“预言”变成了活生生的现实：

渠道网山头，清水到处流；吃的自来水，鱼在库中游；遍地苹果笑，森林盖坡沟；走的林荫道，两旁赛花楼；点灯不用油，犁地不用牛；不缺吃和穿，不怕灾年头；生活日日好，山区人民永无忧。

央视网

红旗渠——山河让道

名人扫描

——历史长河中的『珍珠』

历经数千年历史积淀的安阳，从古至今，民风淳朴，“士喜读书，雅尚气节。凡民亦鲜浮夸，商贾耻为不义”。这里有忠贞不贰的诤臣魏徵，有大胆改革的商鞅，有惩巫治邺的西门豹，有贤相韩琦和郭朴，有“尽忠报国”的民族英雄岳飞和揭竿而起的瓦岗军，还有文学大家欧阳修和沈佺期等。文治武功、彪炳史册的名臣贤士不胜枚举……

中国第一位女将军妇好

妇好是商王武丁的妻子，即祖庚、祖甲的母辈——母辛，生于公元前12世纪前半叶武丁重整商王朝时期，是中国最早的女政治家和军事家，是中国第一位女将军。

妇好是一位军事家，她多次带兵出征，立下赫赫战功，卜辞有“登妇好三千，登旅万，乎伐羌”的记载。意思是说，商王武丁征发妇好所属三千军队和其他士兵一万人，前往征伐羌国。在出土文物中发现两把铸有“妇好”字样的青铜钺，每把重达八九千克，青铜钺在商代是王权和军权的象征，相当于后世的尚方宝剑。妇好多次受武丁派遣带兵打仗，北讨土方族，东南攻伐夷部，西南打败巴军，为商王朝开疆拓土立下了汗马功劳。

一个炎热的夏天，西北边疆的土方军队突然来犯，掳去商王朝的人畜。武丁急忙派遣将军沚𢦔迎击土方，双方激战，死伤各半，相持不下。武丁非常着急。这时候妇好挺身而出，自请出战迎敌。武丁犹豫再三，最终同意了妇好的请求，出战前，武丁还为她占卜问天。妇好杀到战场时，敌我双方战斗犹酣，根据战场形势，妇好没有正面参战，而是将军队迂回到敌军后方，与沚𢦔前后夹击，敌军大乱，土

妇好像

传奇——女将军妇好

崩瓦解。妇好凯旋，武丁又惊又喜，决定让妇好统率沚馘的队伍，还专门拨给她三千精兵、一万多名武士。

攻打巴方国，武丁和妇好一起出征，夫妻通力合作，妇好在西南方设下埋伏，武丁则率军从东面发动攻击，将敌人赶进妇好设计的包围圈，一鼓作气将其歼灭。

在征伐敌国的战役中，妇好统帅三千精兵和一万多武士出征，据估算，这相当于全国一半以上的军队，妇好不负厚望，一举歼灭敌人，从而解决了多年来商王朝西北边境的战乱骚扰。

妇好不但能带兵打仗，而且还是国家的主要祭司，经常受命主持祭天、祭先祖、祭神灵等各类祭典，宣读祭文，又任占卜之官，刻写卜辞。据殷墟出土的甲骨文卜辞记载，妇好曾多次主持各种类型和名目的祭祀活动，利用神权为商王朝统治服务。商朝把祭祀和军事视为国家的两件大事，所谓“国之大事，在祀与戎”。可见妇好有较高的文化修养。在保存下来的甲骨文中，有些是出于妇好的手刻。妇好通过主持祭祀、参与朝中的政事，成为武丁时期的一位女政治家。

武丁前后立过三个王后，妇好是他的原配。武丁有60多个妻子，妇好只是其中之一。值得注意的是，妇好并不和武丁住在一起，而是经常待在自己的封地。这种现象在后来的中国历史上再也没有出现过。武丁对妇好十分宠爱，授予她独立的封邑，并经常祈祷她健康长寿。在现存的甲骨文献中，“妇好”的名字出现次数极多，仅在安阳殷墟YH127甲骨穴中出土的10000余片甲骨中就出现过200多次。在占卜的字里行间，武丁时常向鬼神卜问她的起居、健康、生育等方面的情况。然而，妇好还是先于武丁辞世。死因有两种说法，一说是难产而死，一说是战死和创伤发作而死，前一种有甲骨文佐证，可能性更大。武丁十分痛心，把她葬在宫殿宗庙区内，就在自己处理军政大事的处所附近。妇好有独葬的巨大墓穴，而且享有独祭的隆礼，在商代也仅此一例。

• 良相蔺相如 •

蔺相如像

蔺相如是中国战国时期的著名政治家、外交家。

关于蔺相如的籍贯，司马迁在《史记·廉颇蔺相如列传》中只有一句简单交代：“蔺相如者，赵人也。”作为战国七雄之一的赵国，曾据有河北南部、山西东部、河南黄河以北的广阔区域，至于蔺相如的后裔，也在不同地区有着广泛的分布。这样一来，有关蔺相如的故里、出生地等就存在争议。河北邯郸的蔺家河村、山西古县的蔺子坪村，都被传为蔺相如的故乡。而《安阳县志》记载：“相村在水冶西南，战国时期蔺相如故里，有碑文可考。世传蔺相如生于渐平岗村，后移此村，因以相名。”明代崔铣所著《彰德府志》说：“蔺上卿庙在黄口村，上卿名相如，战国赵人。旧志云：子孙散居庙旁，岁时来祀。”今安阳县许家沟乡相村、岗西村，均有蔺氏后人宅地。蔺相如故居在岗西村有一个楼院，原庭堂宽敞，秀丽豪华。岗西村正北大路，直通蔺相如坟茔，两旁松柏成荫，石人、石马、石羊、石象成对，前有殿宇灵堂，后有莲花池塘，由玉带石桥连接。但因年久失修，现仅存楼院房基，莲花池也变成了莲花地。岗西村西头还有蔺氏祠堂，家谱是布帛挂轴，上面画着蔺相如彩色遗像，下面排列着后世宗室，现已近百代。有关蔺相如的生平事迹，司马迁为我们讲述了三个故事，即我们熟知的完璧归赵、渑池之会、将相和。

完璧归赵讲的是蔺相如在国难当头挺身而出的故事。秦国咄咄逼人，赵国朝中无人敢出使秦国，只有蔺相如自告奋勇，这份舍我其谁的精神实在可敬。蔺相如具备大智大勇。眼见秦王无意用城池交换和

完璧归赵

氏璧，他机智地把和氏璧“骗”到手，而且巧妙地逼迫秦王斋戒几日，就在这间隙，让人完璧归赵！渑池之会，蔺相如更是智勇双全。赵王稀里糊涂中了圈套，被秦王和秦国史官戏耍，本来与秦王平起平坐，却为人家鼓瑟，可谓奇耻大辱。蔺相如在对方一片嘲讽声中，再次挺身而出，以其人之道还治其人之身，逼迫秦王击缶一下——一下就够了，双方打成平手。将相和则又表现出蔺相如的公私分明、宽宏大量。蔺相如有政治能力，廉颇将军有军功，一文一武可保赵国太平。基于此，面对廉颇挑衅，蔺相如退避三舍，但是通过门客巧妙传话，这也可以看出其政治家的手段，廉颇果然“接招”，光明磊落，负荆请罪，两人成为刎颈之交，可真是赵国之幸。

完璧归赵

作为当今生活在不同地区的蔺氏后人来说，也许更能理解蔺相如那种为了国家荣誉敢于冒着生命危险智斗强敌的大无畏精神及不争个人名利的谦让品德。至于都说自己的家乡就是蔺相如的故里，这更加说明他们对先辈前贤的崇敬与追思，并以此表达家族的自豪感。

• 政治改革家商鞅 •

商鞅（约前390～前338），战国时期著名的政治家，法家代表人物。他出生于卫国（今安阳市内黄县梁庄镇大城村），内黄县二帝陵附近，原姓公孙，因系卫国公族后裔，又称卫鞅。史称商鞅是由于他的封地在商，即今陕西省商洛市一带。

商鞅年轻时喜欢刑名法术之学，受李悝、吴起的影响很大。他到魏国国相公叔痤家中当了家臣。公叔痤病重时向魏惠王（即孟子笔下的梁惠王）推荐商鞅，说：“商鞅年轻有才，可以担任国相治理国家。”又对魏惠王说：“君王如果不用商鞅，一定要杀掉他，不要让他投奔别国。”公叔痤转而让商鞅赶紧离开魏国，商鞅预料魏惠王不采纳公叔痤用他之言，也不会采纳杀他之言，所以并没有立即离开魏国。果然如商鞅所料，魏惠王认为公叔痤已经病入膏肓，语无伦次，竟然让他听命于一个籍籍无名的家臣，无疑是一场笑话，于是皆不采纳。

商鞅转而远赴秦国，寻找新的人生机会。

秦国在战国初期，贵族们垄断政权，相对于山东（崤山以东）诸国来说，其经济、政治和军事都比较落后，君权很小，国力很弱。秦孝公即位后，为振兴国家，下令求贤，商鞅闻讯入秦。商鞅通过宠臣初见孝公，说以“帝道”，孝公无兴趣，听着听着就哈欠连连；再见孝公，说以“王道”，孝公口头称善，心中却认为他只会夸夸其谈，没有任用他的意思；三见孝公，说以“霸道”，才得到孝公的赏识。原来秦孝公所需要的“贤者”，是能辅佐他尽快成就一番霸业的政治改革家。秦孝公六年（前356），商鞅被任命为左庶长，实行变法。商鞅执政18年，先后实施了两次变法，史称商鞅变法。结果秦国大治。贾谊《过秦论》说：商鞅帮助秦孝公“内立法度，务耕织，修守战之具，外连衡而斗诸侯。于是秦人拱手而取西河之外。”

战国时期，各诸侯国先后开展了变法运动，其中以商鞅的变法最为彻底，因而曾遭到以甘龙、杜挚为代表的奴隶贵族集团的强烈反对。商鞅力驳“法古”“循礼”的谬误，指出：“前世不同教，何古之法？帝王不相复，何礼之循？”“治世不一道，便国不法古。汤、武之王也，不脩古而兴；殷夏之灭也，不易礼而亡。然则反古者未必可非，循礼者未足多是也。”从而主张“当时而立法，因事而制礼”。变法伊始，非议者颇多。太子犯法获罪，但商鞅无法对一位王位继承人施刑，便以师教无方为由，对太子的老师公子虔及公孙贾进行了严厉惩处。此后，公子虔再度犯法，被处以割鼻的酷刑。这样一来，举国上下再也无人敢妄论新法的是非。

徙木立信

商鞅变法的内容主要有如下几项：一是废除井田制。国家承认田地归私人所有，准许土地自由买卖。二是废除奴隶贵族享受爵禄的特权，制定按军功大小授予爵位的制度，奖励耕战，严禁弃家经商。三是建立县制，由国君直接派官吏治理。经过商鞅变法，秦国的旧制度被废除，封建经济得到了发展，秦国逐渐成为战国七雄中实力最强的国家，为后来秦统一六国奠定了坚实的基础。

秦孝公二十一年（前341），孙膑所在的齐国大破魏军于马陵，俘获太子申，将军庞涓自杀而死。次年，商鞅劝说孝公趁着魏军刚败不久，出兵伐魏，魏国不能抵挡，必然东迁，可使“秦据河山之固，东乡以制诸侯”。孝公赞许，遂命商鞅率兵伐魏。商鞅用计大败魏军。魏惠王只好割让河西之地给秦国以讲和。而商鞅居功至伟，回国后，秦孝公封他商地十五邑，号为商君。

秦孝公驾崩后，太子继位，是为秦惠文王。受过刑的公子虔等诬告商鞅谋反，商鞅只得逃亡。逃至函谷关，关守尚不知咸阳城里发生变故，但令商鞅万万料想不到的是，他因出逃匆忙忘带身份证明而不能住店。店主告诉他：“依据商鞅大人制定的法律，留住没有证件的客人，店主要连坐治罪！”他逃至魏国，因为曾率兵攻伐魏国，魏国不准他入境。无奈之下，他只得回到自己的封地。最后，商鞅落得一个车裂的下场。

央视网
商鞅变法

商鞅以一场轰轰烈烈的变法而名垂史册，也以一幕惊心动魄的悲剧惨烈收场，引起后人的无限叹惋。

• 正直耿介的杜乔 •

杜乔（？～147），字叔荣，东汉河内林虑（今安阳市林州市）人，与名臣李固齐名，为东汉顺帝至桓帝时期的耿介之臣。

杜乔出身官宦世家，祖上累世为二千石官员。少年好学，常徒步挑担求师学习，研习《韩诗》《京氏易》《欧阳尚书》，以孝行闻名。年轻时为诸生，受司徒杨震征辟，逐渐升迁，担任南郡太守，调任东海（今山东省郯城县北）国相，入朝拜为侍中。

汉安元年（142），朝廷派八使分别到各州郡进行视察。杜乔以侍中之职代理光禄大夫，受命巡察兖州。他上表奏称太山太守李固政绩为天下第一，揭发陈留太守梁让、济阴太守汜宫、济北相崔瑗等人贪污受贿。当时大将军梁冀因为大妹妹梁妠为顺帝的皇后，独霸朝纲，飞扬跋扈。杜桥揭发的梁让乃梁冀之叔，汜宫、崔瑗二人都与梁冀有联系，所以自然不会有什么结果。杜乔回京后，拜太子太傅，升任大司农。

当时梁冀的子弟五人及一些中常侍（宫中的官员，东汉时通常由宦官担任）

都没有什么功劳却蒙受封赏，杜乔上书劝谏，希望顺帝能够优先重用忠良贤德之人，对身边的近臣大加封赏，只会助长阿谀逢迎的邪气，而伤害了良臣的心。但是奏章呈报，并没有回音，说明顺帝并未听从。

益州刺史种暠弹劾永昌太守刘君世送金蛇给梁冀，事发之后，金蛇被交付到大司农处。梁冀假意要向杜乔借了看看，意思当然是要私自藏下，杜乔不肯，梁冀开始怀恨。这时梁冀的小女儿死了，顺帝令公卿都去送丧，只有杜乔一个人不去，梁冀更加恨了他。

这期间杜乔连续升迁，从大鸿胪到光禄勋。

顺帝崩，立冲帝。不久冲帝崩，又立质帝。汉质帝因为看不惯梁冀的气势凌人，年仅8岁的他评价梁冀："此跋扈将军也！"本初元年（146），汉质帝被梁冀用毒饼毒害。在商议确定继承帝位的人选时，杜乔与李固、胡广、赵戒等群臣都归心于清河王刘蒜。但梁冀听从中常侍曹腾建议，不立刘蒜，而立年仅10岁的蠡吾侯刘志。梁冀杀气腾腾，群臣都屈服，只有李固和杜乔仍坚持原来的主张。但梁冀最终还是立刘志为帝，是为汉桓帝。

建和元年（147）六月，杜乔升为太尉，为三公之一。当时桓帝要娶梁冀的小妹梁女莹为皇后（大妹梁妠原为顺帝皇后，现在则是皇太后），梁冀要朝廷用重礼迎娶他的妹妹，而杜乔则坚持先皇留下的规矩，没有听从。后来梁冀又让杜乔举荐他的亲信为尚书，杜乔不肯答应。这样梁冀越来越把杜乔视为眼中钉。九月，洛阳地震，按照惯例，一般认为罪在三公，梁冀和梁皇后趁机将杜乔罢免。之前，李固因为多次和梁冀对抗而被罢废，群臣忌惮，只有杜乔正色不改。因此，朝廷和百姓都依赖并寄希望于他。这下子，朝廷只剩下一片黑暗。

然而，打击报复还在继续。宦官唐衡、左悺等人共同在桓帝面前诬陷杜乔说："皇上以前当即位的时候，杜乔与李固反对，说皇上不配奉祀汉朝的宗庙、继承皇位。"这下子连桓帝也恨了他。——这直接导致在杜乔受梁冀迫害时，皇帝坐视不管。不久刘鲔等人想拥立清河王蒜为帝的事情被发觉，梁冀暗示管事人弹劾杜乔、李固与刘鲔勾结。杜乔等人被逮捕法办。梁太后平素知道杜乔忠心耿耿，只免了他的官。梁冀更加发怒，派人威胁杜乔说："早自杀，妻子可得保全。"杜乔不肯。第二天梁冀派骑兵到他家，听不见哭声，就把他逮捕了，杜乔终于死在监狱中。当时杜乔与李固都暴尸于城北，家属朋友都不敢去看。

杜乔的旧吏陈留人杨匡听说此事后，号哭着星夜赶到洛阳，假装夏门亭吏，守卫尸体，驱赶苍蝇蚊子，共12天，被首都防卫人员捉了报告朝廷。梁太后认为他有义气，不论罪。杨匡于是带着刑具去朝廷上书，并且请求收敛李固与杜乔的尸体。太后答应了他的请求。杨匡用礼殡殓，送杜乔的棺椁还家，葬送守服后，隐居不仕。

• 大魏国君冉闵 •

冉闵（？～352），东晋十六国时期魏国的国君，字永曾，小字棘奴，魏郡内黄（今安阳市内黄县西北）人。

西晋末年，原为晋将的匈奴人刘渊叛晋称帝，史称前汉，传至刘曜，改国号为赵，史称前赵。316年，匈奴兵攻破长安，俘获愍帝，西晋遂灭。从此，中国历史进入十六国与东晋对峙的状态。东晋的起止年代是317～420年，“十六国”就是指当时北方先后出现过的15个主要国家，外加地处西南、建都成都的成汉。就民族性质而言，除了前凉、西凉、北燕是汉族人建立的割据政权外，其余13个国家分属于匈奴、鲜卑、羯、氐、羌五个少数民族。

前赵历三世五主，共26年，为石勒所灭。石勒，羯族人，做过强盗，曾在归附刘渊后率军侵略中原，攻克很多州郡。东晋大兴年间（318～321），石勒据襄国（今河北省邢台市），叛前赵。不久，又杀前赵王刘曜而代之，自立为帝，史称后赵。石勒死后，其子石弘继位，以石虎为丞相，封魏王。石虎乃石勒从子（堂侄），字季龙，骁勇绝伦，酷虐嗜杀，后弑弘自立，迁都于邺城。石虎称帝15年，残暴荒淫，大修宫室园林，赋重役繁，民不堪命。后赵太宁元年（349）石虎病死，其后诸子争位，互相残杀。

在这场争夺皇权的血腥斗争中，冉闵先帮助石遵推翻了太子石世，后又杀死石遵等人，助石鉴取得帝位。冉闵的父亲本为汉人，乃春秋孔门弟子冉氏之后，被石虎收为养子，在与匈奴军作战中死于阵前；冉闵作为石虎的养孙，改姓石，始称石闵。石闵小时候反应敏捷，受到石虎的宠爱，长大后更足智多谋，勇力过人，在参加后赵北方的防卫战斗中屡建奇功。

石鉴在石闵帮助下取得帝位后，一方面封石闵为将军、武德王，另一方面又怕石闵篡位，所以千方百计要除掉他。然而，其阴谋屡屡败露，反落得损兵折将。即位不久，石鉴就密令石苞等人在深夜袭击石闵，石闵奋力抵抗，将石苞等人打垮，随后连续击败石鉴亲信人马，最终石闵命令士卒砸毁首都邺城金明门，攻进皇宫，活捉石鉴。

石闵囚禁石鉴后，当时大批后赵的汉人纷纷赶往邺城，而当地的少数民族纷纷出逃，石闵遂颁“杀胡令”，欲除后患。当时石闵和手下只要见到少数名族，不分男女老少，一律杀死，共杀掉20多万人。

后赵青龙元年（350），石闵杀石鉴自立，定国号为大魏，年号永兴，称帝后恢复其汉姓，复称冉闵，后人称其国为冉魏。

两个月后，后赵新兴王石祗在襄国称帝。两国交兵，冉闵先败后胜，随后石祗大将刘显杀石祗请降，而冉闵封刘显大单于。但是刘显很快又在襄国称帝，双方再成对手。最终，冉闵亲率骑兵将刘显击垮，并攻克襄国，杀刘显及其分封的文武官员百余人，把襄国的居民全部迁到邺城，临行前，放火把襄国城烧成灰烬。

刚回到邺城，鲜卑族的前燕国君慕容儁已派人马展开攻击，拿下幽州、蓟州后，再派慕容恪向冀州进兵。冉闵马不卸鞍，率部迎敌，多次获胜，斩兵无数。最后陷入燕兵的包围之中，冉闵在马背上挥舞大刀，连斩敌首，冲出包围，不料其战马突然死掉，一代豪杰不幸被俘。慕容儁呵斥他：“就你这副奴仆相还想称帝？”冉闵扬起头，壮声道：“天下大乱，连你们都想称帝，何况我这样的英雄，为什么不能称帝？”慕容儁听后气得浑身发抖，鞭抽冉闵，之后将其送到龙城（今辽宁省朝阳市）杀害，是年为东晋永和八年（352）。据说冉闵被杀后，当地草木皆枯，蝗虫大起，半年无雨雪。前燕主慕容儁大惊，以为是冉闵的死惊动了天地，于是追封冉闵为武悼天王，并派人前往祭祀。说来也怪，祭祀当日即天降大雪，过人双膝，仿佛为大地披上了一件孝衫。

冉魏立国不到三年，不在16国之列，也无人为冉闵立传，史家多将这段历史附属于后赵。

作为汉族人，冉闵幼年无依无靠，养于羯族人石氏，并为羯人贵族政权效力疆场；身为羯赵大将与重臣却又叛赵杀羯，屡颁“杀胡令”，号召志同道合者“举义共赴戮夷，以挽吾汉之既倒，扶华夏之将倾”。冉闵的特殊身份与经历，令他忍辱负重，遭到了后世某些史学家的误解与非议。客观地说，冉闵的人生既有其英武壮烈的一面，也带有令人感叹唏嘘的悲剧色彩。但至少可以说，在当时饱受羯人贵族统治者蹂躏及“胡兵”烧杀抢掠之苦的中原百姓心中，冉闵是一位顶天立地的英雄。

• 诤臣魏徵 •

魏徵（580～643），字玄成，祖籍巨鹿下曲阳（今河北省晋州市西），出生于相州内黄（今安阳市内黄县）。在唐贞观三年（629）任秘书监，到贞观十六年致仕，共在相位13年有余，在位期间，敢于直言诤谏，为历史上最著名的谏臣之一。

魏徵出生在一个“世传儒业”之家，父亲魏长贤虽然在魏徵年幼时即辞世，但修过史书的他无疑在学问方面对魏徵有着不小的影响。魏徵自幼勤于读书习文，潜心于历代兴衰得失之道，“尤属意纵横之说”，这为他以后从政、治史奠定了良好的基础。成年后，适逢隋末天下大乱，为躲避战乱，他出家当了道士，道家的阴阳刚柔学说对他以后的处世方式也有着深刻的影响。

瓦岗军起义影响很大。隋武阳郡丞元宝藏响应起兵，招魏徵到郡府做掌书记，李密看到了元宝藏的书信后称赞写得非常好，听说是魏徵所写，急忙征召他。魏徵进献十条计策来说服李密，都没有得到采纳。后李密战败，投降唐朝，魏徵随着李密于唐武德元年（618）归唐。初默默无闻，他自己请求去山东，被授命为秘书丞后，驱驾驿车赶到黎阳（今鹤壁市浚县）。那时，李密的部将徐世勣并未追随李密投降，魏徵给徐世勣写信劝他归唐，徐世勣读过书信后，表示归顺大唐王朝。此后魏徵到达魏州，说服元宝藏也归附唐朝。从魏州回到黎阳后，正逢河北农民起义军窦建德攻占黎阳，魏徵被俘，被窦建德拜为起居舍人。后来窦建德被秦王李世民击败，魏徵再次归唐。

太子李建成钦敬魏徵的才气，召为东宫洗马，负责管理经籍和文秘工作。唐朝天下大定后，太子李建成、齐王李元吉与秦王李世民之间的矛盾日趋激化，魏徵竭力为李建成出谋划策，武德五年，窦建德残部刘黑闼勾结突厥寇犯山东。魏徵见李建成虽然是嫡长子，但是功绩不如李世民，于是建议李建成去请战立功。李建成听从魏徵的建议，上报李渊，李渊诏令李建成率军征讨刘黑闼，魏徵随军出征。魏徵向李建成建议采取镇压和安抚相结合的政策，分化瓦解刘黑闼军队，结果刘黑闼部军心涣散，主动降唐者甚多，最后刘黑闼败逃后被擒。李建成在洺州（州治在今河北省永年县一带）将刘黑闼及其弟刘十善一并斩首，平定山东。

作为李建成的手下，魏徵多次劝说李建成早下决心，除掉李世民以绝后患，但后来李世民先下手为强，发动了玄武门之变，杀死了李建成与李元吉，迫使高祖李渊立自己为太子。两个月后，即武德九年（626）八月，李世民继位，是为唐太宗。

央视网

魏徵的进谏智慧

第二年，改元贞观。

魏徵曾对太子李建成忠心耿耿，尽心尽力巩固他太子的地位，却并非他的死党。玄武门之变后，李世民对东宫官属一律宽大处理。他也曾召来魏徵责问：“你为什么要离间我们兄弟？”魏徵从容回答说：“太子如果听从我的劝告，绝不会有今日之祸。”李世民很欣赏魏徵的才华，又见他这样临危不惧，任命他做詹事主簿，掌管东宫的日常事务。称帝后，李世民又让他任谏议大夫，再升而为尚书右丞。从此，魏徵与唐太宗之间的君臣关系日渐亲密。他曾经对李世民表示：“愿陛下使臣为良臣，勿使臣为忠臣。”李世民问他良臣和忠臣有何不同，魏徵答道：“良臣身有美誉，如稷和契，君主也获得好的声誉；忠臣则不同，如商纣王时期的尤逢和比干，面折廷争，身诛国亡。”这话透着机智，令太宗非常高兴，他接着问魏徵：“人主何为而明，何为而暗？”魏徵答：“兼听则明，偏信则暗。”太宗听后欣然称善。

贞观十二年（638），魏徵晋升尚书右仆射，他的仕途达到了顶峰。

作为贞观年间（627～649）的著名诤臣，魏徵先后上疏陈事200余次，绝大多数被唐太宗接纳，其中不乏对太宗的尖锐批评，《十渐不克终疏》就是最为著名的一篇。通篇运用鲜明的对比、充分的事实论证，剖析了唐太宗自贞观建元以来渐趋奢侈的变化，其措辞十分直白，丝毫不留情面。他希望唐太宗居安思危，善始慎终，振作精神，励精图治，继续发扬贞观初年的各种优良作风。据说唐太宗看了这篇奏疏后大为震惊，遂书于屏风，朝夕阅读。有时候，唐太宗也会因魏徵言辞过激而发怒，但魏徵毫不畏惧，也幸好他所遇到的是一位知人善任、勇于纳谏的明主；倘若他为官于昏君佞臣擅权的年代，即使不遭诛杀，也难逃流贬荒州远郡的厄运。商代比干因忠谏而被剜心，中唐韩愈因忠谏而两徙岭南，就是忠臣蒙冤的典型例证。

魏徵不但是杰出的政治家，也是著名的史学家。他曾奉诏监修史书，并亲自撰写了《隋史》的绪论及周、齐、梁、陈诸史的总论，被称为“良史”，为此受太宗嘉奖，加封光禄大夫，晋爵郑国公。

贞观十六年夏秋之交，魏徵病重，唐太宗下手诏慰问，特命为他建造一个可供办理后事的厅堂。贞观十七年正月，魏徵病危，太宗又携太子前往探视。魏徵病故后，太宗亲临魏家哀悼，撰写碑文，谥“文贞”，并诏命陪葬昭陵。同年二月，李世民命阎立本画二十四功臣像置入凌烟阁，魏徵位列第四。

李世民对魏徵的去世非常悲痛，他感叹说：“以铜为鉴，可正衣冠；以古为鉴，可知兴替；以人为鉴，可明得失。朕尝保此三鉴，以防己过。今魏徵逝，一鉴亡矣！”从唐太宗的这一段感慨中，可以看出一个好的谏官与诤臣在明君圣主心目中的位置。

• 名相戴胄 •

戴胄（？～633），字玄胤，唐代相州安阳（今河南省安阳市）人。曾任大理少卿、尚书左丞、尚书仆射、谏议大夫等要职。《旧唐书》有传，言其“性贞正，有干局，明习律令，尤晓文簿”。

隋朝大业末年，戴胄任门下录事，深受纳言苏威、黄门侍郎裴矩的赏识。隋炀帝遇害后，越王杨侗在洛阳称帝，戴胄被任命为给事郎。后来戴胄成为王世充的太尉府官属。三月，王世充意欲篡位，戴胄进谏，不被采纳。不久，王世充又求取九锡殊礼，戴胄再次进谏。王世充大怒，将他贬为郑州长史，守卫虎牢关。武德四年（621），秦王李世民东征王世充，攻取虎牢关，俘获戴胄，任命他为秦王府士曹参军。李世民继位称帝后，拜戴胄为兵部郎中，封爵武昌县男。

贞观元年（627），大理少卿出缺。唐太宗道：“大理寺关乎人命，戴胄清廉正直，正是合适人选。”于是任命戴胄为大理少卿，戴胄在任大理少卿期间，处理案件能做到明察秋毫、秉公执法，面对皇亲国戚犯罪也不徇私情。例如有一次，吏部尚书长孙无忌被唐太宗召见，未解佩刀就进入皇帝所在的东上阁。按唐律，带刀见皇帝要定罪严惩。因为长孙无忌是太宗文德皇后之兄，尚书右仆射封德彝便说这是监门校尉（守门武官）失职，应被处死，而对长孙无忌罚铜20斤即可，太宗表示同意。而戴胄却据理反驳说：“长孙无忌带刀进见，校尉没有阻止，二人同样有罪，按律都应该处死。如无忌免死，有失公允。”太宗同意处二人以同样的刑罚，但封德彝固执己见。戴胄考虑到长孙无忌乃朝廷功臣，又是皇帝的内兄，量刑也应该轻重适宜，便说：“校尉因无忌有罪而获罪，罪责比无忌要轻。退一步说，如对无忌从轻，也该对校尉从轻。”戴胄的直言善谏使太宗大受感动，遂免了校尉死罪。这样，戴胄既维护了法律的尊严，又挽救了两个可以不杀之人的性命。

戴胄犯颜执法

这一年戴胄迁为尚书左丞。当时，尚书左仆射萧瑀免官，右仆射封德彝病逝，唐太宗便命戴胄和魏徵两人处理尚书省政务。戴胄善于决断，繁杂的事务也能够办理得果断而迅速，他和魏徵被人称为开国以来最称职的尚书左右丞。不久他和魏徵一同担任谏议大夫，检点朝政得失。

戴胄的可贵品质还表现在他能体谅民间疾苦，劝太宗戒奢纵、励精图治。贞观四年（630），戴胄被免去吏部尚书，以民部（后为避李世民讳，改为户部）尚书之职参与朝政，并进爵武昌郡公。贞观五年，太宗要修洛阳宫室。戴胄上书曰：大乱之后，需要恢复生产。目前的情况是人口稀少，经费缺乏，七月以来水灾频仍，黄河南北田禾无收。如征劳役，必然会加重百姓负担。现有宫室足够皇上享用，也够士兵屯驻，不如再等数年，待国富民强之后再修宫殿也不算太晚。太宗听后，认为戴胄的话说得在理，就放弃了修复洛阳宫室的打算。

安阳籍的戴胄与内黄籍的魏徵同朝为

相，同样清廉俭朴，家无余财，其生活十分清苦。贞观七年六月，戴胄病逝，太宗罢朝三日，为他办丧葬仪式，由于他“宅宇弊陋，祭享无所”，特令为其修庙，并谥号曰“忠”。

作为开创贞观之治局面的核心人物之一，戴胄不仅受到唐太宗的赏识，而且也深为同僚所钦佩。他死后，魏徵、房玄龄等朝廷重臣每临其居所，往往感泣，为国家痛失栋梁之材、自己痛失至交而深感惋惜。

• 近体诗的定型者沈佺期 •

安阳市所辖的内黄县，在初唐时期出过一位著名诗人，姓沈名佺期（约656～713），字云卿。他与初唐另一位大诗人宋之问齐名，因两人风格接近，文学史上称为“沈宋体”。旧时内黄十大景中有个“沈里文峰”，位于张龙乡小沈村，小沈村就是诗人的出生地。沈佺期名字中的“佺”，是个古仙人的名字，仙人叫偓佺。据干宝《搜神记》记载，偓佺嗜吃松子，会飞，飞得比马跑得还快。由此看来，佺期者，期成偓佺也。其名的含义从他的字也可以看出来，“云卿”，云中之卿，岂不就是得道升天的仙人吗？

然而，得道成仙只是人们的幻想，最为现实的一条路是入仕。一般的记载是，沈佺期进士及第后，于武后当政时官至给事中考功郎。因媚附权贵，投靠张易之等奸佞小人，张获罪后，他也受株连而遭流放。关于这一点，有人持不同意见，认为沈佺期被贬大概有以下三个方面的原因：一是年轻、性耿、才高、宠久，遭人妒忌。沈佺期很年轻时就中了进士，入了官场，为人耿介，得罪不少人，又因武皇时期经常跟随皇亲国戚左右作诗，锋芒毕露，遭人妒忌。二是在给事中或尚书任上犯了“后官不反前官耻”的禁忌，树了对头。按沈佺期诗中自述，他是一个性守安静、生活严谨的人，在做官时不收门生，不结朋党，缺少做高官的底层基础，对前任做错的事不瞒不隐，该纠即纠，有些一意孤行，“任直翻多毁，安身遂少徒”说的就是这些。他得宠时得罪的人太多了，以至于遭到弹劾后朝中没有一个人出来为他说话，大多数人落井下石。正如他在诗中所说的“万铄当众怒，千谤无片实。庶以白黑谗，显此泾渭质。”三是遭受了池鱼之殃，做了宫廷政治斗争的牺牲品。神龙元年（705）政变后，太子李显通过发动政变继位，时年已82岁的武后被迫移居洛阳上阳宫，她在长安的一批亲信旧臣遭到了全面的清洗，沈佺期也在清洗之列。韦后干政后，大肆捕杀武周旧臣，大“罪”者、证据确凿者多遭诏斩，余者下狱逾千之众。沈佺期之所以未遭诏斩，是中宗下了一道圣旨，内容是对武周大臣不能滥杀，“圣旨垂明德，冤囚岂滥诛”是也；再就是因为所诬之人尚无确证。

历史真相还有待继续探究，但沈佺期被流放却是事实。公元705年秋，他从长安出发，经四川、湖南、云南辗转了一年的时间，才到达贬地驩州（今越南北部），他在流放之地生活了五年，公元710年接到平反通知从驩州北上，711年到达长安，再度被起用，做过修文馆学士、太子少詹士。

沈佺期与宋之问在当时诗名甚大，但他们写的诗大都是些应制、咏物、赠别之作，点缀升平，标榜风雅，难免有形式华丽而内容比较空洞之弊。同时，宫廷生活也使他们有较为充裕的时间琢磨诗艺，在诗律方面精益求精，回忌声病，约句准篇。具体的做法是，除了一联之中轻重悉异之外，还要求上一联的对句与下联的出句平仄相粘，并把这种粘对规律贯穿全篇，从而使得一首诗的联与联之间平仄相关，通篇声律和谐。这样的努力不仅完成了由永明体的四声律到唐诗平仄律的过渡，有易于识记和掌握运用之便；而且具有推导和连类而及的作用，是一种可以推而广之的声律法则。五言律趋于定型后，沈、宋等人即成功地把这种律诗的粘对法则应用于七言体诗歌，于中宗景龙年间（707～710）完成了七言律体式的定型。沈佺期和宋之问之所以能在唐代诗坛上占有一席之地，是因为他们对格律诗的形成与发展做出了很大贡献，奠定了律诗的基础。从他们的诗开始，格律诗才得以定型，发展到完全成熟的阶段。从此以后，许多一流的诗人都把自己的才情用在这种体裁上。能不能写出对仗工整、用韵妥帖的律诗，成了当时评价一个诗人诗艺高低的重要尺度。

沈佺期长于律诗，请看《遥同杜员外审言过岭》：

天长地阔岭头分，去国离家见白云。

洛浦风光何所似，崇山瘴疠不堪闻。

南浮涨海人何处，北望衡阳雁几群。

两地江山万余里，何时重谒圣明君。

诗中的“杜员外审言”，即杜甫的祖父杜审言，也对近体诗的定型有巨大贡献。诗人离开宫廷，在流放途中有了不吐不快的真情实感之后，就容易写出情韵俱佳的优秀作品。这首诗正是作于和杜审言一道被流放到峰州后，表达一种无可奈何的伤感心境，不用典故，无意修饰，却写得有情有景，声律调谐流畅而蕴含深厚，是早期七言律诗的成熟之作，被后人称为初唐七律诗的样板。

沈佺期长于七言律诗，但五言律诗也不乏佳作。例如流放途中所写的另一篇《夜宿七盘岭》：

独游千里外，高卧七盘西。

山月临窗近，天河入户低。

芳春平仲绿，清夜子规啼。

浮客空留听，褒城闻曙鸡。

这首诗情真意切，无限人生感慨尽在对异乡环境的描写之中，最后褒城鸡鸣，暗示着作者距离关中越来越远，同时也提示作者又该启程上路了，其辛酸尽在不言中。

再如《杂诗》：

闻道黄龙戍，频年不解兵。

可怜闺里月，长在汉家营。

少妇今春意，良人昨夜情。

谁能将旗鼓，一为取龙城！

这是一首闺怨诗，严整的格律与诗所表现的贴切的心理、情景体验，历来为人所称道。

安阳地方志上记载过很多诗人，但只有沈佺期进入中国文学史，成了“国家级”的诗人。因此，沈佺期不只是屹立在内黄大地上的“沈里文峰”，也是整个古邺大地上耸起的一座文峰。要讲安阳古代文化的辉煌，万万不能忘记小沈村升起的这一颗诗歌明星。

史学名家李延寿

李延寿，生卒年月不详，字遐龄，相州（今河南省安阳市）人，唐代史学家。

在中国历史上有几位史学家，子承父业而能青出于蓝，像西汉司马迁继父亲司马谈的事业而写出《史记》，东汉班固承父亲班彪的工作而编撰《汉书》。李延寿也是这方面的优秀代表。

李延寿的父亲李大师是一位有志于编著南北朝史的学者，但他仅仅写作了两年左右的时间，便在唐贞观二年（628）去世。李延寿是李大师的第四子，深受父亲的影响和家学的熏陶，“思欲追终先志”，立志要完成父亲未竟的事业，倾其毕生精力从事官修和私修史书的编撰。

贞观三年，唐太宗命大臣组织修撰梁、陈、北齐、北周、隋五代史。魏徵主修其中的《隋书》，年轻的李延寿参加了该书的修撰。贞观五年，李延寿母亲去世，他辞去了修史的职务，回家守丧，服阕之后，被派往蜀中（今四川境内）做官。公事之暇，他注意收集史料，“以所得者编次之”，对史料进行了初步的编排。

贞观十五年，李延寿调回京都长安任太子典膳丞。由于令狐德棻的推荐，他再次进入史馆，利用这个机会，对一些空缺的史料做了充实和考证。当时，五代史早已在贞观十年写成。但该书只有纪、传，无志，故唐太宗于贞观十七年又命褚遂良等人修撰梁、陈、北齐、北周、隋五朝典章制度的《五代史志》，李延寿也参加了该书的编撰。经过十多年努力，《五代史志》于显庆元年（656）成书。《五代史志》共十志三十卷，后并入《隋书》，书中《经籍志》部分由李延寿和敬播整理，记录了隋朝以前的历代著作。《隋书·经籍志》正式创立了经、史、子、集四部分类法，对后世书籍的分类法产生了深远的影响。

唐代以前，史家所撰晋史多达二十种左右，但“才非良史，事亏实录”，修撰者多半才能不足，所记史事也往往失实。唐太宗对这些晋史都不满意，于是，他于贞观二十年（646）下诏重修《晋书》。李延寿是二十一位修撰者之一。贞观二十二年，《晋书》重修告成。李延寿除三次参加修撰前朝史书外，还于显庆元年参与撰成当朝国史八十卷。

更了不起的是李延寿还独立编撰了三部史书：《南史》八十卷，《北史》一百卷及《太宗政典》三十卷。《太宗政典》写成后不久，李延寿就去世了。唐高宗读了《太宗政典》，赞叹良久，给了李延寿后人许多奖赏，并命人抄写了两部，一部由皇家图书馆收藏，一部赐给皇太子。

三部书中，真正令李延寿名垂青史的，还是《南史》和《北史》这“二史”。太史公著《史记》前后经历了十四年，而这两部书则花费了李延寿半生的光阴。李延寿自云“始末修撰，凡十六载”，这里说的十六年，当为从他贞观十七年（643）参加修撰《五代史志》这一年开始。其实，在此前很久，至少在贞观三年参加修撰《隋书》时，他就开始了“二史”编撰的准备工作。如果从搜集史料之时算起，《南史》《北史》的写作则经历了整整30年的时间。

李延寿的《南史》《北史》所依据的历史文献，主要是宋、齐、梁、陈、魏、齐、周、隋八代“正史”，但李延寿并未拘泥于此，他“鸠聚遗逸，以广异闻”，参考了各种“杂史”一千多卷。对于八代史书，他采取“除其冗长，捃其菁华”的原则，将一些诸如诏书和表文等所谓“烦冗者”删去，而对史实部分则尽量保留，这就使“二史”比前述八部史书更为简练，便于阅读，易于流传。此外，在“二史”中李延寿还抛弃了长期以来为史家所袭用的对边疆民族的一些轻蔑侮辱之词，如“索虏”“岛夷”之类，体现了他赞成国家统一、主张多民族融合的进步政治思想。

有点小小遗憾的是，时人对“二史”评价并不算高。而后来唐高宗李治读过《南史》《北史》后，大加赞赏，从此世人才渐渐认识到两部史书的价值，称之为“良史”。到了宋代，著名史学家司马光更是对李延寿赞赏有加。他说：“乃知李延寿之书亦近世之佳史也。”“比于南北正史，无烦冗芜秽之辞。窃谓陈寿之后，惟延寿可以亚之也。”

后来《南史》和《北史》被列入“二十四史”，更充分证明了其在中国史学史上的地位和价值。

三朝贤相韩琦

韩琦（1008～1075），字稚圭，出身世宦之家，随父韩国华迁相州，遂为安阳人，做过北宋三朝宰相。

韩琦自幼勤奋好学，天圣五年（1027），弱冠之年考中进士，名列第二，从此开启仕宦生涯。任右司谏时，韩琦直言敢谏，曾一次奏罢宰执四人。当时灾害频生，流民四散，而当朝宰相无所建树。韩琦痛陈庸臣误国，结果四人同日罢职，朝野震动。康定元年（1040），他出任陕西安抚使，与范仲淹共同防御西夏。庆历元年（1041）十一月，朝廷采纳了范仲淹的建议，韩、范二人屯驻泾州（今甘肃泾川），共守西陲。韩琦与范仲淹同心协力，互相声援。由于两人守边疆时间最长，又名重一时，人心归服，朝廷倚为长城，故天下人称两人为“韩范”。边塞上传诵这样的歌谣：“军中有一韩，西夏闻之心骨寒。军中有一范，西夏闻之惊破胆。”庆历三年，西夏请和，韩琦任枢密副使，与范仲淹等同时受到朝廷重用。是时，宋仁宗励精图治，意欲有所作为。七月韩琦上书呼吁：“朝廷若不大新纪律，则必不能革时弊而弭大患。”并提出了七条先宜施行的建议。而后范仲淹提出十项改革方案。一场改革即将展开。这次由范仲淹主持，韩琦、富弼等人积极参与的政治革新运动，史称“庆历新政”。

两年之后，新政归于失败，范仲淹被贬，韩琦也自请外调。皇祐五年（1053）韩琦以武康节度使的身份为并州知州。当地官员廖浩然违犯乱纪，仗势欺人。韩琦上奏朝廷将其召回，否则必依法严惩。仁宗只好令廖回京，并施以鞭刑。在并州任上，韩琦收回契丹冒占的土地，立石为界，并加强防御。

至和二年（1055）二月，韩琦以疾自请改知相州（今安阳市）。在家乡，韩琦于州署后院建造昼锦堂。嘉祐元年（1056）七月，韩琦被召还为三司使；八月，拜枢密使。嘉祐三年六月，韩琦拜同中书门下平章事、集贤殿大学士，相当于以宰相身份参政。

嘉祐六年，仁宗身体欠佳，韩琦与参知政事欧阳修等人再三苦劝仁宗立嗣，仁宗终于同意立堂兄濮安懿王赵允让之子宗实（赐名赵曙）为皇太子。七年九月，韩琦被封仪国公。

嘉祐八年三月，宋仁宗病逝。赵曙即帝位，是为宋英宗。英宗即位之初，因病由慈圣太后曹氏垂帘听政。母子关系紧张，幸赖韩琦和欧阳修从中调和。治平元年（1064）英宗病愈，在韩琦的劝说下，太后还政于英宗。同年韩琦进右仆射，封魏国公。治平三年冬，英宗病重。韩琦进言劝说立嗣，英宗点头同意，于是确立颍王赵顼为皇太子。四年正月，英宗病逝，赵顼即位，是为宋神宗。韩琦拜司空兼侍中。

神宗即位不久，御史中丞王陶弹劾韩琦，说他自嘉祐以来专执国柄。韩琦虽然得到神宗理解但坚决辞职。神宗只好任命他为镇安、武胜军节度使，司徒兼侍中，判相州。韩琦辞退所授两镇，后改为淮南节度使。正在这时，宋守边大将种谔擅自对西夏发起突袭，一举攻占绥州（今陕西省绥德县），边疆气氛骤然紧张，朝廷忧虑。韩琦在尚未赴任的情况下，又奉旨改判永兴军（今西安市），经略陕西。朝中一些大臣认为绥州孤绝难守，主张放弃。韩琦坚决反对。一个月后，西夏国主李谅祚去世，战事暂告平息。

熙宁元年（1068）七月，韩琦复判相州。在相州任上还未满三个月，河北地震，黄河决口，大批灾民流离失所。神宗赐手诏给韩琦，让他迁判重灾区的大名府（今河北省大名县），并被准许便宜从事。大名之任长达五年，恰逢神宗任用王安石变法，他坚决抵制。

熙宁六年二月，韩琦还判相州，第三次为官家乡，终于实现了“仕宦至将相，富贵归故乡”的愿望。熙宁八年六月在相州溘然长逝，享年68岁。宋神宗为此辍朝三日，并亲题墓碑“两朝顾命，定策元勋”，又赠尚书令，谥号“忠献”，配享英宗庙庭。

韩琦历经仁宗、英宗、神宗，执政三朝。他一生对朝廷贡献巨大，还数次回家乡相州为官，留下了许多佳话。韩琦在家乡兴修水利。他主持引高平渠水入相州城，又在城西北角安装水碾，每年制酒造曲三千石，以减轻百姓税赋。韩琦在相州城西北角的万金渠旁“建亭水滨，作诗刻石”，使这里成为文人墨客的游乐场所和一处风景名胜。韩琦还曾在相州城北一带，从河中引水，西起丰安村东北，东至官路，修了一条较宽的水渠。这条渠后来成为枯渠，至今遗迹犹存。

他的名作《安阳好》记录了当时国泰民安的祥和景象：

安阳好，形势魏西州。曼衍山川环故国，升平歌吹沸高楼。和气镇飞浮。

笼画陌，乔木几经秋。花外轩窗排远岫，竹间门巷带长流。风物更清幽。

而昼锦堂至今犹存，成为一处旅游凭吊的名胜。中有《相州昼锦堂记》碑一通，欧阳修之撰文、书法大家蔡襄之丹书、三韩琦之事迹，使之被称为“四绝碑”。

·民族英雄岳飞·

岳飞（1103～1142），字鹏举，相州汤阴县（今汤阴县菜园镇程岗村）人，南宋抗金名将，著名军事家、战略家。岳飞于崇宁二年（1103）农历二月十五日出生，据传，岳飞生时正好有一只大鸟从房上飞鸣而过，所以岳飞父亲岳和将婴儿取名飞、字鹏举。岳飞出生的当年，汤阴县发生大水灾，岳飞和母亲姚氏二人坐一大瓮顺水漂流到内黄县，被当地村民救起。在当地有“岳飞生在汤阴，长在内黄”的说法。

岳飞出身贫寒，但勤奋好学，熟读《左氏春秋》《孙子兵法》。他膂力过人，喜爱武术，先后拜周同（小说《说岳全传》改为周侗）和陈广为师，学习武艺。不但如此，岳飞还从母亲那里懂得了忠孝节义，这文武的熏陶对他日后人生道路的选择有着十分重要的影响。他曾到相州城北宋名臣韩琦曾孙韩侂胄家做庄客（雇工）。有一次，山贼张超率众围住了韩肖胄的住所，试图抢掠，幸得岳飞解围，韩肖胄家才免去一难。

宣和七年（1125），金灭辽之后，便挥师南下攻宋。宋徽宗禅位于长子赵桓，即钦宗，次年改元靖康。金军渡过黄河包围开封，钦宗令李纲守卫开封，但最终还是答应议和，许割太原等三镇与金。钦宗旋又反悔割地，两路金军攻破太原后会合，二次南下围困开封。钦宗令康王赵构在相州成立大元帅府抗金，岳飞加入。母亲姚氏积极勉励岳飞“从戎报国”，还在他后背上刺上“尽忠报国”（后世演绎为“精忠报国”）四字。后来，岳飞率军在滑州与金兵大战，杀死金兵数千名，缴获战马一百多匹。

靖康元年（1126），金兵攻占开封，北宋灭亡，史称“靖康之耻”。岳飞随大元帅府到了南京（今河南省商丘市）。赵构在南京即位，建立南宋政权，年号建炎，是为高宗。同年八月，岳飞投奔河北招抚使张所，在太行山一带抗击金军。张所被朝廷贬谪后遇害，岳飞投奔宗泽。同年十二月，因以500骑兵在汜水关大败金军，岳飞被提拔为统领，不久升任统制。公元1129年，岳飞开始了独当一面的抗金行动。建炎四年（1130），岳飞利用牛头山地利，连施妙手，收复了江南重镇建康（今南京），杀敌3000多人，缴获战利品无数，取得了南京抗金战争的重大胜利。两年之后，岳家军已有2万多人。岳飞于绍兴元年至三年（1131～1133）先后平定了游寇李成、张用、曹成和吉州、虔州的叛乱，收获猛将杨再兴，并升任神武后军统制，后又将牛皋、董先等所部收归岳家军，岳家军兵力得到扩充。绍兴四年，岳飞北伐，收复信阳、襄阳等六郡，取得南宋收复失地的第一次重大胜利，升任清远军节度使。

绍兴八年，高宗向金朝求和称臣，绍兴九年金兀术（完颜宗弼）撕毁合约，并于次年攻打南宋。岳家军与金兀术所率精锐骑兵在郾城展开会战。岳飞亲自突入敌阵，杀死金将多名。在战斗最激烈的时候，岳飞命令士兵手持斧头、大刀，大破兀术的“拐子马”和“铁浮图”。激战到天黑，金军败退。两天后兀术又率军来战，岳家军冲入敌营，杀声震天，勇不可当，金军再次败退。金兀术连败两阵后，于同年农历七月集结骑兵3万、步兵10万，列阵10余里，与岳飞主力决战。这一仗岳家军势如破竹，杀死金兵5000人，俘虏金兵2000人，活捉金将78人，缴获战马300多匹。混战中，岳家军打死了金军金吾卫上将，金兀术率领残兵败将狼狈逃走。

郾城之战后，金人不甘失败，七月十四日，金兀术率十万步兵和三万骑兵攻颍昌。岳飞早有预料，令长子岳云急速增援驻守颍昌的王贵。双方展开颍昌之战。王贵和岳云分率精骑与金军战于颍昌城西。岳云以八百精锐背嵬骑兵从正面攻击，步兵分左右两翼，以抗金军骑兵。双方胶着至正午，守城的董先和胡清率军出城增援，战局很快扭转过来，大败金军。颍昌之战，岳家军“无一人肯回顾”，杀得“人为血人，马为血马”，大败金军，斩、俘金统军金吾卫上将军、夏姓万夫长、副军粘汗孛堇等7000余人，获马3000余匹。金兀术退还开封，丧失了反攻南宋的军事战力。

岳家军有铁的纪律，又英勇善战，金兵感到很难对付。尤其是郾城大捷以后，金兵一听到“岳家军”三个字，就闻风丧胆，哀叹：“撼山易，撼岳家军难！”

正当岳飞准备彻底收复失地、金兀术无计可施将要从开封撤军的时候，秦桧怂恿高宗连发十二道金牌让岳飞停止北伐，班师回朝。岳飞仰天长叹：“十年之功，废于一

岳飞精忠报国

岳母刺字

旦！”岳飞班师后，金兀术卷土重来，大片土地又被金军占领。绍兴十一年，在一片议和声中，秦桧奸党以“莫须有”的罪名诬陷岳飞，岳飞在供状上只留下八字绝笔：“天日昭昭，天日昭昭！”同年腊月二十九日（1142年1月28日），岳飞与长子岳云、部将张宪被杀害于临安（今杭州）大理寺，岳飞年仅39岁，岳云年仅23岁。

南宋孝宗时，岳飞冤案得以昭雪。1178年，朝廷追谥岳飞为“武穆”；1211年，又追封岳飞为“鄂王”。史籍对岳飞评价极高，说他沉默寡言、勤奋好学。抗金名将宗泽认为岳飞的才能超过了古代良将。岳飞对贪官污吏十分痛恨，认为正是贪官污吏导致了民众的不满与反抗。有人问岳飞什么时候天下能太平，岳飞说：“文臣不爱钱，武臣不惜死，天下太平矣！”

岳飞去世后，其气节与精神赢得了人们的广泛尊敬。家乡父老在汤阴县南关为其建庙祭祀，公元1450年，又在汤阴县城内建立了岳飞庙。该庙规模宏大，布局严整，“翠柏红垣”（乾隆诗中语），一派庄严。乾隆皇帝、民族英雄林则徐、国民党要员商震等都曾前往拜祭。

• 七朝重臣许有壬 •

安阳城西北有一处濒临洹河的公园，叫洹园。园内有一座新建的巍峨华丽的多孔长桥，沿袭原漫水石桥的旧名，仍称圭塘桥。说到圭塘桥的得名的缘由，就得说圭塘；欲说圭塘，又必须从安阳名人许有壬说起。圭塘，原指许有壬的别墅，以其地有塘形似玉圭而得名，是许有壬用皇帝赏金修建的一处私人园林。

许有壬（1287～1364），字可用，先世居颍，后徙汤阴，元代重臣、诗人、作家。许有壬幼年曾跟随做官的父亲许熙载在南方读书，后游学京师。据《元史》记载，他幼年颖悟，长于记忆。“尝阅衡州《净居院碑》，文近千言，一览辄背诵无遗。”元延祐二年（1315），许有壬进士及第，授同知辽州事。期间，关中有军事警报传来，满城慌乱，以致丢失的孩子满街道，许有壬亲自带领弓箭手守城，最终保得一城平安。他力戒官吏扰民，镇压地方恶势力，一力平反冤狱，最后一州大治。尔后历事仁宗、英宗、泰定帝、文宗、顺帝等七朝，在他四十多年的从政生涯中，“遇国家大事，无不尽言”“明辨力诤，不知有死生利害”。

至治二年（1322），许有壬任江南行台监察御史。巡视广东时，他查知广东廉访副使哈只蔡衍有贪污行为，奏请朝廷予以罢免。至江西，适逢廉访使苗好谦监焚破旧钱钞，以防舞弊为由，对下属动辄痛加鞭挞，以致出现以真为伪的现象，许有壬经过查问，立即纠正苗好谦的错误做法。不久，许有壬被召回内台，任监察御史。

至治三年八月，铁失等人发动政变，在南坡（在上都西南15千米），将英宗和丞相拜住杀死。当时铁失遣使者自上京至，封府库，收百官印，许有壬察觉国事危急，即告知御史中丞董守庸，董守庸说这是宫里的事，不是你该过问的。许有壬即疏董守庸及铁失之罪来等待时机。

泰定帝即位后，铁失伏诛。许有壬在所上奏章中建议严惩铁木迭儿之子琐南及其余党，并请示为遭受铁木迭儿打击陷害的王毅、高昉、赵世延等大臣雪冤复职。接着，他又上疏《正始十事》，陈述治国良策。这些建议，大多为泰定帝所采纳。

泰定元年（1324），许有壬选为中议大夫，不久改中书左司员外郎。当时，京城一带饥荒严重，他请求赈济灾民。同事们责怪他说：“您的意见固然是好的，但这样一来，国家可就亏缺了。”许有壬说：“不对。民，本也，不亏民，岂能亏了国家呢？”他向丞相禀明，得到了同意，“发粮四十万斛济之，民赖以活者甚众”。许有壬在朝廷上屡屡争辩政策的得失，高效率地处理积累已久的案件，大臣退朝后，评论他说：“这简直是唐朝贞观、开元时期议事的风范哪！”泰定三年六月，升右司郎中，不久改任左司郎中。

元统元年（1333），许有壬复任中书参议，元统二年，拜治书侍御史，转奎章阁学士院侍书学士，仍治台事。这期间福达鲁花赤完卜凭借丞相的势力，宿卫东宫，但是行为放荡淫秽，御史弹劾他，他藏于御史大夫家，许有壬将其捕获，叛为流刑。九月，升任中书参知政事，知经筵事。中书平章政事彻里贴木儿奏罢科举，并得到丞相伯颜的支持。许有壬力坚决反对，在朝会时进行了激烈的争辩，详说科举不可罢废，“科举若罢，天下人才觖望”，势必堵塞了选贤任能之路。但建议未被采纳，于是他托病不出。皇帝仍旧令他担任侍御史。有人挑起仇视汉族官员的事端，许有壬挺身而出，加以分辨抗争。

后至元元年（1335），作为汉人，许有壬不断受到朝中一些大臣的猜忌和谋算，即于后至元四年辞归彰德（今安阳市），随后又南游湘汉。他写了赠给弟弟可行的一首《鹊桥仙》表达了归隐的心思：

花香满院，花阴满地。夜静月明风细。南坡一室小如舟，都敛尽、山林清致。

竹帘半卷，柴门不闭。好个暮春天气。长安多少晓鸡声，管不到、江南春睡。

后至元六年春，许有壬被召回中书省，仍任参知政事。至正元年（1341）四月，升为中书左丞。翌年正月，有人建议自大都西山金口引浑河（今永定河）水过京城，达通州（今北京市通州区），以通漕运。丞相脱脱也极力推行此议。许有壬认为不可行，他说："浑河之水，湍悍易决，而足以为害，淤浅易塞，而不可行舟；况地势高下，甚有不同，徒劳民费财耳。"最终未被采纳。但果被许有壬言中，工程以失败告终。

至正三年（1343）正月，许有壬因遭人诬陷愤而称病辞职。后多次被起用。至正十二年，农民起义蜂起，黄河以北地区均受到冲击，许有壬"画备御之策十五条，以授郡将，民藉以安"。至正十七年，以老病致仕，回到彰德。许有壬引退之后，常和他的兄弟、朋友们在圭塘荡舟，流连觞咏。城中人看到许公出城，也每每载酒携乐跟至圭塘。酒酣则赋诗度曲，顷刻而成。已而唱和盈卷，传之四方。这些唱和之作后来被辑为一册，题作《圭塘欸乃集》。许有壬"善笔札，工辞章"，在元代堪称"巨手"。其诗文汇编成集，有《至正集》《圭塘小稿》等。

至正二十四年（1364）九月二十一日许有壬卒，终年78岁。

• 开国明师宋讷 •

滑县有"十二景"之名，"白云茅屋"就是其中之一。"白云茅屋"之所以名垂史册，和宋讷有关。宋讷（1311～1390），字子敏（或仲敏），滑县

宋讷像

宋林村（今属牛屯镇）人。他于元末至正年间（1341～1367）中进士，任盐山（今河北省盐山县）县尹。元朝灭亡后，他弃官归田，在滑县西南三里之瓠子堤结庐而居，是为白云茅屋。

明太祖朱元璋得天下，洪武二年（1369），征儒士十八人编写《礼》《乐》等书，宋讷参与其事，事情完成后，不任官而归。洪武十三年由于四辅官杜敩的推荐，授任国子助教，以讲经被学者推崇。洪武十五年，宋讷被破格提拔为翰林学士，太祖命他撰写《宣圣庙碑》，称合旨意，赏赐丰厚。十一月被授予文渊阁大学士。洪武十六年，又被任命为国子监祭酒。祭酒是当时国家最高学府国子监的最高长官。当时贡士曾有数千人。宋讷为他们严格制定学规，终日端坐讲解不虚度光阴，夜里常常住宿在学舍。洪武十八年，又开进士科，取士470多人，从太学出来的占了三分之二。再次策试士人，也如此。皇帝大为喜悦，作文词褒扬。宋讷认为，学校不能仅仅让学生学会做文章就算达到目的了，重要的是为国家培养、造就人才，他指出："正欲成就人才，明斯道，济斯民也。"他还特别强调学以致用，重在实践，认为："要必即书以穷理，以心体之，以身践之，勿视为空言，则道远乎哉。"

助教金文徵等人恨宋讷，向吏部尚书余熂诬陷他，下文书命令他退休。宋讷面见皇帝辞官。皇帝惊讶地问了情况，大怒，诛杀余熂、金文徵等人，留任宋讷原职。

宋讷曾生病，皇帝说："宋讷有长寿骨，不要担忧。"不久病愈。皇帝让画工窥视宋讷并画他的像，正身而坐面有怒色。第二天入朝奏对，皇帝问他昨天为何发怒。宋讷惊恐地对答："诸生有人走路仆倒，打碎了茶器。臣惭愧有失教导，所以自我责备。陛下从何处得知的呢？"皇帝拿出图像。宋讷叩头谢恩。《画像赞》里说："圣皇开天，车书大同。爰起真儒，柄文之重。”是对宋讷为朝廷所做贡献的肯定。

宋讷还关心国防建设。明朝初期，北方未平定，宋讷曾上疏，论述安边御敌之策，他说：“备边在乎兵实，兵实又在乎屯田。”竭力推崇汉朝名将赵充国屯田边疆的做法。他建议，作为长久之策，在诸将中挑选有勇有谋的数人，以东西五百里为制，立法分别屯田，布置在要害处，远近相呼应，遇到敌人就作战，贼寇离去就耕田。朱元璋认为他说得很有道理，采纳了他的意见。

后来太祖念宋讷年事已高，特意将宋讷在望江（在今安徽省）担任主簿之职的长子宋麟调回京城，侍养其父。宋讷依然守在太学，从不回家住宿。洪武二十三年（1390）初，宋讷病重，朱元璋派御医前去诊治。其子宋麟劝说父亲搬出太学，回家调养，却遭到宋讷的训斥。当时正值祭祀孔子的“丁祭”之时，宋讷说：“时当丁祭，敢不敬耶！”直到祭祀完毕，他才被抬回家中，但“绝口不言家”。当晚逝世，享年80岁。

朱元璋深感悲恸和怀念，将宋讷归葬滑县祖茔后，又派遣礼部员外郎高昌安以牲礼之奠，御祭文于宋讷之灵。祭文曰：“古之治天下者，必育才于学。学必有师，师得其人，则学者良矣……”由此可见朱元璋对宋讷的器重。而明朝文臣四品给予祭奠安葬的，就是从宋讷开始。

后人为了纪念这位深得皇帝器重的教育家，在他的家乡宋林村建立一座祠堂，其中有大殿三间，高门楼一间。门额挂红底金字“宋文恪公祠”大匾一幅；祠内有御笔“开国明师”匾一幅，并竖蛟龙碑一通。

宋讷一生勤于笔耕，主要著作有《西隐集》十卷、《宋氏家谱》十二卷。弃官归田后时有唱和之作，虽然其内容不外乎归隐与交游之类，但措辞清丽，属对工整，不失为佳作。到了清代，滑县名流题咏白云茅屋的好诗颇多。如姚德闻《登白云茅屋怀宋文恪公》诗云：

茅斋终日白云封，中有高人比卧龙。
乐志自栽三径菊，寄情闲抚数株松。
巍巍相业真堪法，穆穆清风实可宗。
任我卷舒无滞迹，令人仰止羡芳踪。

白云来去，芳踪难觅。然而一代名师传道授业的不朽业绩，却永远定格于史册，为后世为师者的楷模。

·明代大儒崔铣·

崔铣（1478～1541），字子钟，又字仲凫，初号后渠，更号洹野，又号少室老人，世称“后渠先生”。他祖籍山东，祖父崔刚于明宣德末年授彰德赵王府广有库大使，遂籍安阳。

弘治十八年（1505），崔铣考中进士，高居第二甲第一名。入翰林院任编修，尔后又历任南京国子监祭酒、詹事府少詹事兼翰林院侍读学士、南京礼部右侍郎等职。

正德二年（1507），崔铣任翰林院编修，参与修撰《孝宗实录》。当时，宦官刘瑾专权，任意陷害忠良，朝官皆惧，许多官员对他阿谀奉承，见之伏谒跪拜，独崔铣见刘瑾长揖而已。刘瑾虽然怀恨在心，但因为崔铣行为正直、待人友善，抓不住什么把柄。在《孝宗实录》修完后，刘瑾伪传圣旨，诬修史者不谙朝廷典章制度，借故将崔铣外放为南京吏部验封司主事。

南京一些属地的粮长，每年均会将新米扣下，换一些已经霉坏的陈米放进粮库，牟取暴利。崔铣发现后，马上下令严查。当地被粮长买通的官员纷纷说情，吏部尚书亦亲自写信劝说崔铣放过粮长，崔铣不为所动，回信道：“某为官一日，与朝廷干一日事，岂以显晦相拘？”最终还是将粮长免职，南京民众由衷赞叹道：“崔子可谓善治奸人矣！”

刘瑾被查处后，崔铣才得以被召还朝。武宗沉溺于酒色游戏之中，不理政事，宠信庸臣。群臣虽然着急却不敢谏言。唯有崔铣上书武宗进行规劝，并谏之以救民、理财、强兵、举荐之策，洋洋洒洒数千言，情真意切。结果却惹得武宗很不高兴，权宦奸臣也趁机向皇帝挑拨是非。崔铣见此情景，借口养疾求归，武宗准许。

回到安阳后，崔铣在城西建后渠书屋，以“六然训”自勉：自处超然，处人蔼然，有事斩然，无事澄然，得意淡然，失意泰然，就在这种自我勉励中，读书、讲学、著述达五年之久。期间，他还完成了《彰德府志》的修撰。《四库全书总目提要》评价此书：“其书颇为谨严，盖铣本儒者故也。”赞其治学严谨。该书至今仍是研究安阳历史的重要参考文献。

明世宗即位后，朝中大臣纷纷举荐崔铣。回到朝廷后，崔铣先是参与编撰《武皇实录》，后于嘉靖二年（1523）被擢升为南京国子监祭酒，深得监生们的爱戴。这期间，发生了"大礼"之争，崔铣也不能置身局外。世宗得位于其堂兄武宗，而武宗得位于孝宗。按辈分说，孝宗是世宗的伯父，但按正统观念，世宗是为孝宗承嗣的，应称孝宗为皇考、称其生父为皇叔。但是世宗却要称其生父为皇考、孝宗为皇叔。这样就违背了封建礼教，遭到守旧派官员的反对。崔铣趁上书灾情时指责世宗并劝他按正统办事。崔铣知道冒犯了皇帝，随即又写了请辞书，于嘉靖三年冬罢官归乡，其时，所携行李除了几箱书别无他物，送行官员及学生上千，很多人流下了惜别之泪。正德四杰之一边贡曾写下"卢龙山畔菊花明，一片归帆五两轻"的诗句称赞崔铣一身高洁、两袖清风。

此次后渠书屋迎进了这位罢官归来的旧主人。宅外绿竹依旧，流水依旧，他又开始潜心读书、写作，接待四面八方前来求学的游子。他对弟子们常爱说的一句格言是："学在治心，功在慎独。"十六年之后，及至再度奉诏出仕，加官晋级，崔铣已是垂暮之年。未几，便因病乞归，居家调养。嘉靖二十年（1541）五月，他溘然长逝，圣上传旨，追赠礼部尚书，谥号"文敏"。

文敏公才思敏捷，著作颇丰。主要著作有《洹词》十二卷、《彰德府志》一部。其散文《记王忠肃公翱事》还曾入选高中语文课本。崔铣居住过的后渠书屋早已不在，但城内小颜巷的崔铣祠尚存，系安阳市文物保护单位。崔铣有"小颜回"之称，小颜巷因此得名。崔铣得名"小颜回"，可谓实至名归，首先他有着颜回一样的高尚的节操，其次他有着深厚的儒家学养。从这个意义上说，我们称他为一代大儒，也是恰如其分。

最后，顺便说一下崔铣的名与字：崔铣之"铣"，指古代乐钟钟口的两角。子钟之"钟"，特指作为乐器的古钟。"钟"前加"子"字，"子"是美称。凫，即凫氏，"凫"前加"仲"，表示排行。据《周礼·考工记》记载："凫氏为钟。"由此可见，古人的名与字之间，在意义上有着微妙的联系。人如其名其字：崔铣既是历史舞台上的一只乐钟，其诗其文永远传播着黄钟大吕的音韵；又是铸造乐钟的高明工匠，其诗其文排列起来，就是他为世人铸造的一架编钟，永远会被华夏文化宝库珍藏。

为人长者“郭阁老”

安阳老城内钟楼巍然，在它的东南角有一座祠堂，老辈人称它为“阁老祠”。阁老祠是明代重臣郭朴的祠堂。

阁老姓郭，名朴，字质夫，明代彰德人。其高祖郭恭，“为官多惠政”。其父郭清，虽未做官，但“襟度夷旷，笃于义而轻于财”。正是在这种仁厚家风的熏陶下，郭朴由一个普通蒙童成长为德贤兼备的一代学士。明嘉靖十四年（1535），郭朴中进士，名列第二甲第四名，此后曾两任吏部尚书，兼武英殿学士，入内阁，故有“阁老”的称谓。

郭朴任朝官期间，曾两次担任主考官。因他举贤荐能重真才实学，不偏听偏信，以大节取人，不徇私情，史书称他“持衡平”“以廉著”，颇有威望。隆庆元年（1567），因不满内阁首辅徐阶的擅权独行，继高拱愤而辞职之后，郭朴也解印归里。当时他已经官至少傅、太子太傅，而高位引退，从此家居二十余年，“绝迹不至公府”，只同樵夫渔父比邻，与汀鹭沙鸥结伴。昔日的堂堂阁老，晚年已完全脱离朝廷斗争的漩涡，过起了普通百姓的生活。因为他的田庄在城东，所以时人称他为“东野先生”。

仁义巷的来历

万历二十一年（1593），郭朴去世，终年83岁，赠太傅，谥号“文简”，葬于韩陵山麓。

郭朴一生著作颇丰，撰有《学约》《四思箴》《四畏箴》《九字图说》《续邺乘》（即《续彰德府志》）等。走出郭朴祠，登临钟楼，俯视那座古朴的祠堂，你也许会穿越时间隧道，邂逅少年郭朴，听他讲述自己每日闻钟而起、窗前苦读的故事。

“循吏第一”许三礼

许三礼（1625～1691），祖籍真定（今河北省正定县），先祖许彪始迁彰德（今安阳市）。研究过古书的人大概都知道许三礼的名与字有讲究。许三礼，字典三，号酉山。《尚书·舜典》记载：“帝曰：‘咨！四岳，有能典朕三礼？’”许三礼的名与字都来源于《尚书》中的这句话。《隋书·礼仪志》解释“三礼”曰：“唐虞之世，祭天之属为天礼，祭地之属为地礼，祭宗庙之属为人礼。”这是狭义的说明，而汉代学者郑玄的解释则较为宽泛：“三礼，天事、地事、人事之礼也。”许三礼的一生，就是实践“三礼”的一生。

顺治十四年（1657），许三礼中举；顺治十八年，进士及第，名列第三甲；康熙十二年（1673），赴京谒选，日以讲学为事，与当时名士魏象枢、叶方蔼等过从甚密，这年夏天，他在京师写成《读礼偶见》二卷。

同年许三礼任浙江海宁县（今浙江海宁市）知县。海宁“县多朝贵”，“素号难治”，他把个人仕途得失置之度外，采取了许多果断措施，在任八年，访民情，问贤达，整饬县政，铲除积弊。先后创办正学书院和海昌讲院，除了亲自讲学，还用自己的薪俸延聘地方名流任塾师。康熙十五年，大学者黄宗羲应许三礼之邀，赴海宁讲学。鉴于县内多旱涝灾害，他曾组织民众疏浚河道，修渠灌田，并在两岸栽植桑树。自此，商船往来不绝，数十万亩农田得到灌溉，桑树繁茂，郁郁葱葱。这三项政绩皆合于“天事”“地事”“人事”之礼，令海宁这样的滨海小县出现了政通人和、物阜年丰的大好形势。

此外，他还主持编修了《海宁县志》。卓著的政绩颇受朝野拥戴，被誉为“循吏第一”（黄宗羲语）。所谓“循吏”，系指执法公正、能够造福一方的地方官员。

许三礼康熙二十年（1681）秋入京，著有《易贯》一书。十二月迁顺天府府尹，康熙二十八年四月，升任都察院左副都御史。时原任刑部尚书徐乾学结党营私，争权夺利，并纵容子侄贪赃受贿，广占田产。民间有歌谣：“去了余秦桧，来了徐严嵩。”许三礼上疏弹劾之。徐乾学的三弟徐秉义，文行兼优，许三礼则向朝廷恳切举荐徐秉义，希望能够加以重用。康熙二十九年二月，许三礼因病乞归，未得允许，奉旨留任。三月，晋升为兵部督捕右侍郎。康熙三十年正月初九日病逝于京师，葬安阳县西的灵药村。许三礼一生的主要著作除了前面提到的《海宁县志》《易贯》《读礼偶见》，还有《政学合一集》等。

许三礼对《易经》研究颇深。《清史稿》中记述了他和康熙皇帝的一段对话，从中可以领略其学者风采：“召对便殿，上曰：‘河图洛书，道治之原。一二三四五，六七八九十，忽金火易位何也？’（许三礼）对曰：‘此即一阴一阳之道也。天地大德曰生，故河图左旋，而相生为顺数；洛书右转，而相克为逆数。一顺一逆，位所由易也。’上曰：‘既顺何以逆？’对曰：‘孤阳不生，独阴不成。河图自北而东，顺以相生，木火土金水，就流行言；洛书自北而西，逆则相克，上下四方中，就对待言。既五数在中，纵横皆十五矣，惟克乃所以生也。阴阳交则生变，变则生生不易。’……上颇嘉美之。”

许三礼自号“西山”。“西山”本为山名，在湖南省沅陵县，有两座。《元和郡县志》云：“大西山有洞名大西洞；小西山在西溪口，山下有石穴，中有书千卷，旧云秦人避地隐学于此。”许三礼早年曾受业于著名学者孙奇逢，并在林虑山中的王相岩读书，故将王相岩比作小西山。他以“西山”为号，不仅是为了纪念那段隐居读书的经历，也是为了表明他要终身读书不辍的志向。

许三礼祠堂位于安阳老城区西南的冠带巷街（这条街上由于曾住有许三礼这样的戴官帽、穿官服的大官，所以得名“冠带巷”）路北。祠堂原建于清康熙三十四年（1695），20世纪末重修，系市级文物保护单位。内有大殿、二殿、东西厢房各5间，皆有廊、柱。殿内设有许三礼的石雕像；院中建一圆形水池，围以汉白玉护栏，内立一座小巧玲珑的石雕八卦塔，象征受祭者生前精研易理、撰写《易贯》的治学精神。

百官楷模马丕瑶

马丕瑶（1831～1895），字玉山，清末安阳县蒋村人。同治元年（1862）考中进士，曾任知县、知州、知府、布政使、巡抚等职。马丕瑶做官的原则是："不爱钱，不徇情，我这里空空洞洞；凭国法，凭天理，你何须曲曲弯弯。"正是凭着这样的原则，他一步步地走出了自己的大写人生。

任地方官期间，他的关注点在民生方面。同治七年，马丕瑶从平陆县调任永济县知县。永济县曾有一桩百年地界官司，隔河相望的两个村庄，因河水淤积形成滩地而将两村界石淹没，两个村庄互不相让，纷争不断。马丕瑶到任后，为彻底化解纠纷，亲临其地，"暴露日中，不惮劳苦"，询问老人，勘察地形地貌，带领有关人员认真丈量，经过近三个月的努力，立下多个可相互印证的地标，从而解决了百年纠纷。两村百姓服其"公允"，从此息争。两任县官，马丕瑶赢得了"马青天"的声誉，也赢得了上司的赞赏。

光绪三年（1877），山西灾情严重，马丕瑶受命担任灾情较重的解州知州。解州多年钱粮户名混乱，土地无鱼鳞册，官吏借以为奸，百姓深受其害，荒年之后，情形更为严重。马丕瑶力排各种阻力，精心策划，周密组织，使解州从此"粮赋条理精密，使国无逋赋，民无冤粮，举百年痼疾一旦扫除殆尽，实为晋省一百八厅州县中所无"。他还劝导人民植桑养蚕，使百姓谋生有望。荒年过后，山西巡抚卫荣光在给朝廷的奏折中盛赞马丕瑶为"异常出色"。

光绪十四年，马丕瑶任广西布政使。从减轻农民负担、发展生产出发，他请求朝廷免除米谷厘捐。光绪十五年八月，年近花甲的马丕瑶被任命为广西巡抚，成为封疆大吏。升任巡抚后他的视野已经从关心民生扩大到关心国防，并把两者结合起来。他曾经慨叹道：巡抚巡抚，非"巡"不能"抚"也！到任不久他就在广西各地巡查，行程达2000千米。他仔细地查看山川险要、访问民间疾苦、考察吏治情形，有了很大收获。经过调查，他看到："防边莫先固本，察吏始能安民，第一要务

马丕瑶智断人命案

首在审官。”所以他先从整顿吏治入手，劾罢害民不称职之官，褒奖正直、办实业卓有成效之吏。同时，大力提倡植桑养蚕运动。马丕瑶任广西巡抚后在给光绪皇帝上的第一道奏折中，没有过多提及巩固边防军事的做法，而是建议在广西创建官书局，兴办桑蚕，开设缫丝织绸机房。马丕瑶对军事防务非常重视。清代广西边防是中越边防的关键地段。法国侵占越南后，法军在中越边境沿线驻屯重兵，中越边界的形势发生了根本变化。对此马丕瑶提出了构筑炮台营垒的国防工程建设思想。他曾和广西提督苏元春一同翻山越岭到边防各要地视察，勘察地形，布置防务。1885年夏，马丕瑶奏请准用苏元春带领军队助工修复镇南关，重建国门。

光绪二十年（1894）七月，马丕瑶被授广东巡抚，在京期间先后受到慈禧太后和光绪帝的四次召见。马丕瑶到广东任巡抚时，两广总督是李鸿章的兄长李瀚章，此人仗着李鸿章的权势，贪赃枉法，胡作非为，当地官员和老百姓敢怒不敢言。马丕瑶上任后，既不畏李瀚章职位比他高，也不畏李瀚章后台比他硬，立即查清事实，上报朝廷，直至李翰章被革职查办。当时正值中日甲午战争期间，马丕瑶的工作重心还是在巩固国防方面。他积极修复海防设施，任用有指挥才能的将领，加紧兴办团练，以补军旅之不足。他加强武器装备，既操习洋枪洋炮，又赶制土制枪支。

甲午战败，丧权辱国的《马关条约》签订的消息传来，他上奏《力阻和议折》，对于割让台湾、辽东等地给日本，痛切陈述其严重后果。他愤然写道：“此次电信到粤，粤人无不怒目裂眦，思食李鸿章、倭奴之肉，欲得而甘心焉。想天下之民情，固无不痛心疾首于此议也。伏愿我皇上大震天威，首以宗社为重，立将现议各款严行拒绝。”他建议“严整师旅”，准“各省民团义旅”“一律助战”，“收复失地”。他坚信：“自古战争，不在于外势之强弱，而在于内部常存忧勤惕厉之心，只要全国上下一心，同仇敌忾，众志成城，定可收扫荡廓清之效。”

忧愤之中，马丕瑶一病不起，他在最后的一封奏疏——《遗折》中，希望朝廷“励精图治”“力求自强之道”。光绪二十一年九月初八戌时，马丕瑶于任上辞世，终年65岁。死后葬于安阳县蒋村之南原。

马丕瑶去世后，两广总督谭钟麟奏报朝廷，诰授“光禄大夫”“威武将军”。光绪帝还特赐“百官楷模”匾额，号召群臣向其学习。

• 抗美援朝英烈贠宝山、孙占元 •

在抗美援朝时期，安阳市涌现出多名战斗英雄，贠宝山和孙占元烈士就是其中的突出代表。

朝鲜江原道铁原郡中马山战役，是朝鲜战争中一次重要的战役。在这次战役中，贠宝山献出了自己年轻的生命。贠宝山（1930～1951），安阳市郊区大王村（现属安阳市区）人，牺牲前在志愿军第四十二军一二五师三七五团九连担任卫生员。

中马山战斗打响前，贠宝山本来是留在二梯队，但他一再请求，被获准跟随突击排来到山下。1951年9月7日22时，战斗打响，贠宝山跟随一排长张德平向前冲锋。几名战士连续负伤，贠宝山分别给他们进行了包扎处理，连里的战斗英雄陈润负伤后，贠宝山给他包扎完毕后，背着他下山，陈润说：“两个人目标大，你自己下去吧！”贠宝山不由分说，把陈润胳膊搭在自己的肩膀上，侧着身子向山下爬去。

一梭子弹扫过来，贠宝山翻身扑在陈润身上，过了一会儿，觉得搂抱陈润的那条胳膊像火烧一样疼，知道自己也负了伤。他忍着疼痛坚持往前爬，还不时安慰陈润。终于到了一块大石头后面，陈润已经昏迷，贠宝山忍着疼痛，再次背起陈润往山下撤，当快要到达副连长隐蔽的凹地时，一梭子弹从山上扫来，他们俩倒下了。战友们冲上去将他俩抢了回来。

副连长看到血顺着贠宝山的右脚裤管不停地流着，知道他的右腿负了重伤，就命令他先下山养伤，贠宝山执拗地不肯离开。这时冲锋号也响起来，副连长带领战士奋不顾身地向敌人冲去。贠宝山背着红十字包、提着手榴弹一瘸一拐地也冲了上去。跑不多远，一颗炮弹在他右边不远的地方爆炸，贠宝山又一次负重伤倒地，昏了过去。

贠宝山醒过来的时候，听到附近传来一阵微弱的呻吟，原来二班长张万宝冲锋时腿部负了重伤，摔倒在山上。贠宝山用身体的左边贴着地面十分艰难地爬行，终于气喘吁吁地爬到了张万宝的身边。二班长又着急又心痛，大声说："你的伤这么重，还爬来干啥？""不！我是轻伤，能给你包扎！"贠宝山极力装出没事的样子说："来，你伤在哪里？我能给你包扎。"张万宝靠在石头上，把腿支起来。他突然发现贠宝山的手像发疟疾一样不停地颤抖，半天绕不好一圈绷带，头上豆大的汗珠直往下流，身子卧在地上不能活动。张万宝一再追问，贠宝只得说了实情："没什么，肠子被打出来了，就是不敢动，一动就痛得厉害。""啊！肠子……快，我给你包扎……"张万宝急得说不出话来。"不用，我已经把它揉进去了……你别动，我很快就给你包扎好。"二班长哽咽着，不忍心再让贠宝山为自己包扎伤口。这时贠宝山吃力地摘下军用水壶，送到二班长面前说："二班长，就剩下这点急救水了，你……喝了吧。……可以止痛。"张万宝坚决地说："宝山，这救急水我不能喝，你赶快把它喝下去！这是命令……"话音未落，只见水壶从贠宝山的手中掉了下来，这位21岁的年轻战士永远闭上了眼睛。

同年12月2日，中国人民志愿军某部党委追认贠宝山为中国共产党党员；1952年6月25日中国人民志愿军领导机关决定为贠宝山追记一等功，同时授予"一级英雄"称号。

上甘岭战役是朝鲜战场上的焦点战役，敌我反复争夺，是公认的最为激烈的战役之一，孙占元烈士就是在这次战役中光荣牺牲的。

孙占元（1925～1952），安阳市林县临淇镇三弓水村（今林州市临淇乡占元村）人，赴朝作战后，先后任班长、排长。孙占元对战士们体贴入微，行军时主动帮忙扛枪，背米袋；休息时忙着为战士们缝补鞋袜。他作战勇敢，机智顽强，在洪川公路的大水洞战斗中，连破敌人三道铁丝网，炸毁了敌人火力点，为志愿军拿下山头开辟了道路。

1952年10月14日，上甘岭战役开始了。是日清晨，美军在大炮和坦克的掩护下，以3个师的兵力发动了猛烈的攻势。敌人在付出极大代价后才占领了597.9高地的几个阵地。黄昏时分，志愿军开始反击，孙占元任排长的二排负责夺取2号阵地的任务。

597.9高地由东北和西北两条山梁组成，好像英文字母"V"，又像是个三角形，所以被美军形象地称之为三角形山，共分为十二个阵地，东北山梁上依次是2号、8号和1号阵地，西北山梁上依次是6号、5号、4号和0号阵地。当日17时30分，孙占元带领突击排顺着编为6号、5号、4号的阵地进入主峰2号阵地的坑道内，隐蔽待击。19时，他跃出坑道，率部发起猛烈冲击。山坡上4个火力点吐出无数条火舌，挡住了孙占元排的前进道路。战士李忠先在炸掉东面第一个火力点后，壮烈牺牲，剩下的三个火力点以密集的火力压制我军的同时，掩护着敌人连续反冲击，二排战士一次又一次将敌人打回去。

孙占元冒着弹雨爬到前面，对左右侧翼进行了侦察，不幸的是敌人炮弹打过来，将他的右腿炸断裂，左腿的肌肉也被削去一半，露出了骨头。孙占元忍着剧痛爬回来，坚持指挥战斗，战士劝他下去，他说："擦破点皮，没有关系，别管我！"他命令战士易才学（二级战斗英雄，荣立特等功）前去炸掉剩下三个火力点。在孙占元机枪掩护下，易才学连续炸掉了两个火力点，而随着爆炸巨响，易才学也受伤昏了过去。孙占元握着机关枪，以坚强的毅力拖着两条受伤的腿爬到易才学这里，把他唤醒。易才学劝排长下火线，孙占元说："我是共产党员，是指挥员，不能离开自己的岗位！"这时候敌人开始了又一次反冲击，孙占元又向易才学要过来一挺机枪，他用一挺枪对着冲锋的敌人射击，一挺枪对着第4个火力点准备掩护。易才学手持一挺缴获的机枪向前爬去。该火力点设在一个石崖上面，易才学爬到半腰，孙占元的机枪响了，易才学跳上石崖，巧妙地绕到火力点侧后，投掷手雷将其炸毁。

然后，易才学提着机枪，转身跳下地堡朝孙占元的位置跑去。他大声呼喊着排长的名字，却听不到回答，借着战场的火光，他看见排长血迹斑斑的身躯，身下还压一个敌人，前后左右倒下7具敌军的尸体，原来两腿被炸断的孙占元在弹药用尽后，爬到敌军尸体堆里，解下手榴弹投向敌群。当敌人扑到身边时，他毅然滚入敌群，拉响了最后一颗手雷，与敌人同归于尽。"为排长报仇！"易才学高呼着，端起枪与战友们一起向2号阵地发起冲击，21时10分，全歼残敌，597.9高地全部收复。

1952年11月6日，中国人民志愿军领导机关为孙占元追记特等功，1953年6月1日，授予他"一级战斗英雄"称号。同年6月25日，朝鲜民主主义人民共和国最高人民会议常任委员会追授他"朝鲜民主主义人民共和国英雄”称号和金星奖章、一级国旗勋章。孙占元与黄继光、杨根思、邱少云、杨连第被人们誉为抗美援朝“五大烈士”。为了纪念孙占元，他的家乡三弓水村改为“占元村”。

• 历史学家谢国桢 •

谢国桢（1901～1982），字刚主，晚号瓜蒂庵主，是著名的历史学家、文献学家、版本目录学家、金石学家、藏书家，中国社会科学院历史研究所研究员、国务院古籍整理出版规划小组顾问。

光绪二十七年农历四月十一（1901年5月28日），谢国桢生在河南安阳一个没落的官僚地主家庭。少年时期，谢国桢没能进入学校接受正规教育，幸有温良贤淑的祖母朱氏的疼爱，经常在夜灯下给他讲故事、念古文，如《诗经》《唐诗三百首》《西游记》《聊斋志异》等。

1919年春，谢国桢与胞弟谢国栋离开安阳赴天津，就读于南开中学，加入爱国团体敬业乐群会，投身五四运动，后到北京报考北京大学文科。由于没有学过英语、算术等课程，连考三年均未考中。后做了家庭教师，过着半教半读的生活。1925年夏，谢国桢以优异的成绩考取了清华学校国学院研究院，受业于清末学术大师梁启超、王国维、赵元任、陈寅恪等人，其间完成其处女作《明季奴变考》，从经济发展的角度分析明清蓄奴之风转盛的原因。他的毕业论文《顾亭林学谱》，深得梁启超赏识，后于1930年在上海商务印书馆刊行。其后，他追随梁启超到天津梁家“饮冰室”，做了他家的家庭教师，并参与梁启超主编的《中国图书大辞典》的编纂工作。在此期间，由于受到梁启超的指导和影响，谢国桢开始对明末清初的历史发生浓厚的兴趣。次年，梁启超把谢国桢介绍到南开中学教书。

1929年，谢国桢到国立北平图书馆担任编纂部代理主任，利用北平图书馆的丰富藏书，翻阅了大量的明清史籍。他先后用了四年时间，于1931年春编撰成《晚明史籍考》一书，1932年由北平图书馆印行。柳亚子称赞此书是“研究南明史料的一把钥匙”。之后他多方搜集资料，写成了《明清之际党社运动考》一书，该书是谢国桢具有代表性的学术著作之一。鲁迅曾在《且介亭杂文二集》中的《题未定草（九）》中赞扬该书“钩索文籍，用力甚勤”。

1933年秋，谢国桢到南京国立中央大学任教，和该大学历史学术泰斗柳诒徵的弟子们相处融洽。不久又重回北平图书馆。七七事变后，他辗转供职于长沙的西南联合大学图书馆、北平的北平图书馆。1945年抗日战争胜利，谢国桢在北平临时大学任教。1946年春，其父在河南安阳病危，经周扬介绍通过解放区回安阳省亲。途经邯郸，遇旧识范文澜，又结识杨秀峰，二人委托谢国桢到上海时为华北大学购买图书。处理完父亲丧事之后，谢国桢赴上海为华北大学购书，经周公馆运到解放区。后来谢国桢在上海大中银行供职，并为开明书店编写稿子，校辑《鲒埼亭集校注》，因中国人民解放军东北战役展开，又为开明书店编著《清初流人开发东北史》一书，1947年成书，次年由上海开明书店印行单行本。1948年秋，谢国桢由钱穆介绍到昆明云南大学和王华书馆讲学。

1949年2月北平解放后，他由昆明经上海回到北平，遵范文澜之意见到华北大学政治研究所学习，未及结业，于1949年9月回到阔别二十余年的天津，到南开大学历史系任教。他历任南开大学历史系教授兼中国史教研室主任，讲授明清史、目录学、历史文选等课程。在南开大学，谢国桢依然身着灰布大褂，手拿传统的小包袱，像是一位旧时的教书先生。他经常与青年教师共同探讨学问，耐心解答他们提出的问题。教学之暇，谢国桢也继续他的晚明史研究，完成了《关于李自成》《农民起义与张献忠》等论文的撰写，编纂了《清初农民起义史料辑录》。这阶段最为重要的研究成果当推《南明史略》，该书是按照唯物史观来分析南明史的重要成果，1957年由上海人民出版社出版。1957年底应郭沫若之邀，到中国社会科学院历史研究所工作。

“文革”开始后，谢国桢被打成“资产阶级学术权威”，关在“牛棚”里。期间，他乐观面对生活，经常用一口河南话和关在一起的史学家何兆武说笑话。为研究汉代社会生活，他读了《汉书》《后汉书》《三国志》《东观汉纪》等作品，为以后撰写《两汉社会生活概述》一书做了准备。

1972年春，他从河南省明港干校回到

北京，又孜孜不倦地“重理旧业”。

中共十一届三中全会以后，谢国桢以更大的热情投入资料整理和明清史研究工作，他将书斋命名为瓜蒂庵，表示要拾得瓜蒂报君情。在垂暮之年，他不辞辛劳多次外出访书，写成《锦城访书记》和《江浙访书记》。出外访书一直是谢国桢学术研究的重要内容，从年轻到晚年，数十年来，从国家图书馆到私家藏书楼，他访书的足迹遍及江南塞北。著名历史地理学家谭其骧教授曾称赞说：“我认为可以这样说，勤于搜集，是谢国桢一生学问的得力处。”1982年他的《明末清初的学风》经人民出版社出版问世，书中集中体现了谢国桢一生研究明清史的重要成果，为明清史研究做出了新的贡献。

谢国桢对党和国家怀有真挚的热爱之情，他竭尽晚年的全部精力，培养青年史学工作者。1981年，他郑重地把他平生搜集、珍藏的数万册图书、碑帖全部献给国家。中国社科院为此发给他3万元奖金，他悉数交给历史研究所。

1982年夏，谢国桢因病住院，期间仍然在校订书稿、读书学习。临终前还立遗嘱将4万元钱的遗产捐献给国家。他遵照先师梁启超“战士死于沙场，学者死于讲座”的遗训，为社会贡献了自己的一生。

• 县委书记的典范谷文昌 •

习近平总书记曾撰文称赞一位干部“在老百姓心中树起了一座不朽的丰碑”，这位干部就是谷文昌。

谷文昌

谷文昌（1915～1981），原名谷程栓，安阳市林县郭家庄（今属林州市石板岩乡）人，1944年加入中国共产党，历任福建省东山县第一区区委书记、县委组织部长、县长、县委书记，福建省林业厅副厅长，龙溪地区林业局局长、农办主任、革委会副主任，龙溪行政公署副专员等职。

央视网

谷文昌：务实求真

1950年谷文昌随部队南下至福建。入闽前部队的任务是接管苏沪杭，后来情势突转，上级要求他们随军南下接管福建省东山县。语言不通、气候湿热，让很多北方人犯怵，谷文昌却表示：“共产党员，党说要去哪里，就去哪里。”他第一个举手来到了东山，一干就是14年，其中担任县委书记10年。

摆在谷文昌面前的一个政治敏感问题是“壮丁”家属问题。蒋军溃退时从岛上抓走的数千“壮丁”被迫当了国民党兵，他们的家属、姻亲遍及全岛。当时老百姓的压力很大，能不能为他们摘掉“敌伪家属”这顶帽子呢？谷文昌不怕政治风险，建议将被国民党抓走的壮丁的家属，从“敌伪家属”改为“兵灾家属”，对他们政治上不歧视，经济上平等相待，困难户予以救济，孤寡老人由乡村照顾。两个字的改变，需要的是巨大的勇气和胆识，体现了谷文昌尊重事实的精神，为新政权赢得了人心。人心齐，社会主义建设就好开展了。

千百年来，东山人民被风、沙、旱、涝压得抬不起头、喘不过气。海岛东南部横亘着大片沙滩，风沙滚滚，肆虐海岛。谷文昌担任县长后，将治理风沙灾害作为政府工作的重点：挖掉东山穷根，必先制服风沙。工作并不顺利，几经挫折，但谷文昌和领导班子不气馁，一直在寻找突破。1957年，治沙事业出现了重大转机。调查组发现白埕村沙滩地上生长着6株挺拔的木麻黄树。谷文昌带队到这6株树下观察，并组织技术人员研究，证实了该植物具有耐旱、耐碱、抗风能力强的特性。他呈请林业部从越南购进400千克木麻黄树籽，又派林业技术人员到具有种植经验的广东省电白县（今茂名市电白区）实地学习栽培技术，还向电白县的同志要回一捆树苗，分种在西山岩林场和几个村庄，一段时间后，长势甚好。县委决定大批种植木麻黄。

1958年县委向全县军民发出号召：“上战秃头山，下战飞沙滩。绿化全海岛，建设新东山。”谷文昌亲任指挥，全岛出动，种下数十万株幼苗。岂料，天公不作美，树刚种完，气温突降，持续一个多月的低温，成活的树苗寥寥无几。谷文昌到白埕村现场，发现九株幸存的苗子。他坚定地说：“没有失败就没有成功，失败了再干，这就是共产党人的气概和风格！大家看，不是活了九株吗？能活九株，

榜样的力量

就能活九千、九万，绿化全东山。”东山县委组成了由领导干部、林业技术员、农民相结合的试验小组，通过试验、观察、分析，总结出了沙地木麻黄造林的技术要点，其中最主要的一点是，夏季雨天栽苗最好。白埕村和村林业队一道种下20亩丰产试验林，在实践中落实研究成果。1959年，全县军民植树造林誓师大会召开，谷文昌代表县委提出了绿化东山的目标："举首不见石头山，下看不见飞沙滩。上路不被太阳晒，树林里面找村庄。”从此每逢雨天，百里海滩上便布满了造林大军，连续3年，东山先后植树8.2万亩。几年下来，每条宽50～100米、总长达194千米的177条林带覆盖了东山大地。一排排木麻黄四季常青，昂首挺立，构成一道防线。从此，沙滩变良田，一熟改三熟，粮食产量大幅度增长。至今东山岛流传着这样的话："看见木麻黄，想起谷文昌。”

谷文昌经常告诫自己："党要求什么，群众需要什么，我们就去做什么。”东山岛地处福建东南海域，与大陆的最近距离只不过五六百米，但这片水域水深浪高，给群众的生产生活带来很大困难。"把海岛变半岛”是人民群众的愿望。谷文昌说："人民的需要就是我们的工作。我们要敢闯新路，勇往直前！”他反复听取群众和技术人员的意见，与县委、县政府的同志酝酿讨论，毅然拍板：修一条海堤！经过一年多的艰苦奋战，1961年6月海堤竣工，天堑变通途、海岛变半岛的美梦终于成了现实。高21米、长4千米的雄伟渡槽跨过海堤，把云霄县的淡水引入东山，造福人民。

东山原来没有一条像样的公路，谷文昌就带领群众修路。东山缺水，谷文昌带领全县人民大办水利，一眼眼水井、一处处塘坝、一座座水库、一条条管道逐步建立起来。东山还是一个易涝的地方，谷文昌请水利部门统一规划，建水库、修水渠，挖沟排洪，筑堤建闸防海潮。东山土地不多，他提出"以海为田，向海域进军”，大力发展制盐、捕捞、养殖，让渔民们心里乐开了花。

东山教育十分落后，谷文昌提出抓教育、抓扫盲。经多方筹资，建起了剧场、影院、有线广播站，还组建当地百姓喜欢听的潮剧剧团。为了繁荣当地文化生活，他还鼓励文化馆的同志创作好作品，广泛开展农村文化活动。

谷文昌心里装着群众，而对自己、对家人，他则是高标准、严要求。他常说：

"当领导的要先把自己的手洗净，把自己的腰杆挺直。"

组织部门建议提拔他的爱人担任副县长，被他坚决劝阻；1963年调整工资时，他又动员爱人将有限的调资指标让给了别人。1962年，谷文昌长女未考上大学而做了临时工，组织上先后两次找到谷文昌，主动要将他的女儿转正，都被他拒绝。直到1979年，他的女儿才按照政策统一规定转正，做了一名普通职工。1981年1月，弥留之际的谷文昌还不忘叮嘱家人："公家的东西你们一概都不能用，活着因公使用，死后还给国家！"

谷文昌逝世后，东山县委县政府在当地林场一座小山上，举行了谷文昌骨灰安葬仪式，并竖立纪念碑。1990年，谷文昌塑像揭幕仪式在其陵墓前举行，时任中共福建省委书记陈光毅为塑像题词"绿色丰碑"。

2015年4月7日，人民日报头版头条刊登长篇人物报道《三十四年后的追寻——"四有"书记谷文昌》。文章评价他"心中有党、心中有民、心中有责、心中有戒"，堪称"四有"干部的楷模。

• 豫剧大师崔兰田 •

崔兰田（1926～2003），女，生于山东省曹县，豫剧大师，崔派艺术的创始人，和陈素真、常香玉、马金凤、阎立品、桑振君等并称为豫剧的"六大名旦"。1952年落户安阳，担任过安阳市豫剧院院长、安阳市戏曲学校校长等职务。

人生多磨砺，苏联作家阿·托尔斯泰曾把"苦难的历程"概括为"在清水中泡三次，在血水中浴三次，在碱水中煮三次"。崔兰田就是在苦难的磨砺中成长的。她出生在一个一贫如洗的家庭，是崔家长女，叫大田，5岁随父母逃荒至郑州，全家一度靠上街乞讨度日。所住的大杂院

崔兰田

里居住着来自各地的贫民，家家都有难念的经，终日哭声不断，这给崔兰田留下了深刻的印象，奠定了她在苦情戏表演方面坚实的生活基础。生活教会了崔兰田坚强，也让她很小就懂得心疼母亲，照顾家庭。生活艰难，却不能消磨掉崔兰田对戏剧表演的痴迷，11岁时终于进入太乙班学艺，因属于兰字辈学员，得艺名崔兰田。她戏路很广，先学须生，三个月后便登台演出《秦香莲·杀庙》，扮演韩琪。后改学旦角。她看戏、练功、学戏非常刻苦，而且一点就透，一学就会，颇得老师父们喜爱。太乙班兰字辈共有18个成角的，人称“十八兰”，而崔兰田列第一位。跟随太乙班在洛阳演出一年后，1942年4月崔兰田学艺5年期满出师，在洛阳搭班演出，拜陈素真为师。后来她转到西安，和常香玉同台演出，初步形成崔派的艺术风格。

西安解放后，她组建兰光剧社，随后率团到河南郑州、新乡、安阳等地演出。1952年被安阳政府和群众的诚恳挽留打动，崔兰田决定将剧社落户安阳。次年剧社更名为安阳市人民豫剧团，其后陆续更名为安阳市豫剧团、安阳市豫剧院等，崔兰田历任团长、院长等职，并从1963年起担任安阳市戏曲学校校长。

崔兰田作为安阳豫剧界的领袖，其艺术生涯除了“文革”期间被迫停顿外，基本上在五条线上展开。

第一条线是进京演出。崔兰田先后四次率团进京演出。1957年第一次演出《对花枪》《桃花庵》等戏，周恩来总理和田汉、夏衍等艺术界领导看了演出并上台慰问演员。1959年第二次演出《对花枪》《陈三两爬堂》，陈毅、彭真、李先念等领导和梅兰芳、马连良等戏曲界名流观看演出。1962年国庆前夕第三次进京演出，国务院副总理罗瑞卿夫妇观看了《桃花庵》《陈三两爬堂》。田汉抱病撰文对演出剧目给予了高度评价。1980年，54岁的崔兰田第四次率团进京演出，由崔派传人张宝英出任主演，演出了《三哭殿》《桃花庵》等经典崔派剧目，表明崔派艺术已经后继有人。四次进京演出，充分说明了崔兰田的艺术造诣所达到的高度。

第二条线是各地巡演。“三天不吃盐，也要看看崔兰田”，这是安阳本地人对崔兰田的高度评价。崔兰田不但在安阳妇孺皆知，在全省乃至全国都享有盛誉。从第一次进京演出开始，崔兰田和安阳豫剧团就在全国赢得了很高的知名度。

1955年以前，崔兰田率团主要在河南省各市、县和邻近的河北省邯郸、邢台地区演出，所到之处，均受到群众的热烈欢迎。1957～1966年，崔兰田率领安阳市豫剧院一团走遍了长城内外、大江南北，从黑龙江边的罗北城到海南岛的天涯海角，从黄浦江畔的大上海到青藏高原的藏族自治州，全国20多个省、市、自治区都留下了她的足迹。作为一位人民艺术家，她心里装着人民，不管是在大城市还是在小县城、不管在内地还是在边疆，都全情投入。在安钢演出，她昏倒在舞台上；在青海演出，她头磕出了血，几乎造成生命危险……她从未喊过苦，叫过累，没有摆过大演员的架子。也正是通过这样兢兢业业的精彩演出，崔兰田用她塑造的一个个活生生的戏曲人物，给人民群众带来精神食粮，也一步步扩大了豫剧在全国的影响。

第三条线是文艺会演。文艺会演是文艺工作者的节日，也是切磋技艺，共同提高的机会。崔兰田多次参加会演，获得了同行和观众的高度评价。1956年十二月，崔兰田参加河南省首届戏曲观摩会演，获得演员一等奖，与桑振君等联袂展演《桃花庵》，并在大会组织的座谈会上介绍唱腔和演唱经验；1959年参加河南省第二届戏曲会演，主演《对花枪》，获得优秀演员奖，并在郑州为中央工作会议组演出《对花枪·南营》，毛泽东、邓小平等观看演出；1965年五月参加在广州举行的中南区现代戏会演，与唐喜成合演《一棵树苗》；1979年，以54岁年龄参加河南省庆祝建国三十周年献礼演出，主演田汉改编的《对花枪》，获得荣誉奖；1980年，参加河南省豫剧流派会演，主演传统戏《桃花庵》。

第四条线是钻研业务。这一条线是前面几条线的基础，可以说崔兰田之所以有那么高的社会影响，根本上还是因为她深厚而高超的演艺水平。首先，她有不断向他人学习的精神。即便成名已久，她还保持着谦虚的学习精神，比如参加第一届戏曲观摩会演时，她就说过："回想这短短的二十多天中，我们听到的、见到的、学到的东西真是说也说不尽的。"第一次进京演出之际，她就拜了昆曲名家白云生为师，请他指点戏曲表演的深层内涵，第三次进京演出的时候，又像小学生一样聆听了白云生的教诲。其次，她在戏路上不断突破自我。她以极大的热情演新戏，而且成就巨大。1964年赴广州演出，她和剧团排演了《李双双》《朝阳沟》《洪湖赤卫队》等现代剧目，得到《南方日报》《羊城晚报》的连续好评，而且受到了贺龙元帅等领导的称赞。之后排演的革命现代戏《沙家浜》《红灯记》及《一棵树苗》等，都很成功。最后，她对自己的经典剧目不断改进。对《对花枪》不断打磨就是一个经典例子。第一次进京演出，她邀请河南戏曲改进委员会的王镇南执笔进行了修改；她听取梅兰芳的建议，让剧中姜桂枝戴红花穿红袍，并一直延续至今；她还请田汉对剧本进行改编，并于1964年演出了田汉版《对花枪》。

第五条线是培养接班人。崔派作为一个流派，首先有一位卓越的创始人。其次有流派自己的风格，专家将崔兰田的风格总结为“深沉浑厚，含蓄蕴藉”。再次有代表剧目，“崔兰田，泪涟涟”，崔派剧目以苦情戏为主要代表，有四大代表性悲剧《桃花庵》《三上轿》《卖苗郎》《秦香莲》等。还有关键一点，有传承人。崔兰田很重视对下一代演员的培养。早在1955～1957年，她就招收了22名学员随团学艺。到了1959年，她选择了张宝英、郭惠兰作为重点培养对象。张宝英先后多次主演崔派名剧，成为擎起崔派艺术大旗的人。郭惠兰嗓音宽亮，酷似乃师。她在1982年主演了得到崔兰田亲传的《三上轿》，豫剧皇后陈素真激动得直夸崔兰田教出了个好徒弟。之后她主演了一系列新老剧目，广受好评，有青年观众评价说：“听她的唱腔，好比是听徐小凤或蔡琴的歌曲一般百听不厌。”1996年，崔兰田以77岁高龄收张晓霞为徒，传颂一时。另外作为安阳市戏曲学校校长的崔兰田，在晚年对学校的教学管理倾注了大量的心血，为社会输出了大量的艺术人才。

崔兰田大师的一生是为豫剧奉献的一生，如今崔派的弟子和再传弟子们活跃在戏曲舞台，向人们展示着崔派艺术不朽的魅力。

寻根问祖

——根系中原，家在安阳

大约在远古时的母系氏族时期，姓氏就开始出现了。

有道是：“中国的历史，一千年看北京，三千年看西安，五千年看安阳。”安阳作为中国早期华夏文明的中心之一，是人类最早的居住地之一，也是较多姓氏的发源地。

据专家考证，吉氏、契氏、董氏、刘氏、龙氏、汤氏、商氏、韦氏、祖氏、相氏、武氏、甘氏、傅氏、卜氏、殷氏、滑氏、李氏、康氏、段氏、卫氏、韩氏、骆氏等均源于安阳。

“韦”姓寻根　“武”姓寻根　“殷”姓寻根

• 郑成功的后裔在安阳 •

在安阳城西北洹河南岸，有一个村庄叫延年庄，据安阳师范学院历史学教授王迎喜在《安阳延年庄郑氏系郑成功后裔考析》一文中的分析，这里的郑氏家族为郑成功的后裔。

延年庄郑氏家族的祖先叫郑锁柱，据王教授分析，郑锁柱极有可能是郑成功第六子郑宽的化名。据史料记载，郑成功一生共生育十个儿子，分别是郑经、郑聪、郑明、郑睿、郑智、郑宽、郑裕、郑温、郑柔、郑发。除郑宽不知所终外，其他九个儿子下落都很清楚。

郑宽，字哲硕，号硕之。“锁”与“硕”读音近似，“锁柱”极有可能是“硕之”的变音。

从历史渊源上看，郑成功后裔落户安阳也极有可能。郑成功及其父亲均是反清复明的中坚力量。郑成功父亲郑芝龙就是因为拥戴明灭亡后新建立的明唐王而与清政府周旋（后降清）。其后，郑成功率领部下辗转到台湾，目的仍然是要反清复明。郑成功的子嗣也是反清复明的忠实执行者。只是后来的清王朝过于强大，郑成功的子嗣不敢再正面对抗清朝廷，他们只得隐姓埋名，远走他乡。

于是，郑成功的第六子郑宽来到安阳。就居住在安阳城的赵府，直到郑氏第四代子孙郑显迎娶了赵王府的千金小姐。赵王府将位于延年庄的封地给了郑显，郑显才带领郑氏家族迁出赵王府。据王迎喜的《安阳延年庄郑氏系郑成功后裔考析》所说，从郑宽的第四代后人郑显开始才在彰德府城西北建村落户。这个村就是现在的延年庄。

当初村落刚建时，并不叫延年庄。因郑氏的先祖郑成功的封号为“延平公”或“延平王”，郑显给村庄起名为“延平庄”，暗含着不忘祖先郑成功的意思。

后来，因缴粮纳税造户口册，官府误将“延平庄”写成了“延年庄”，这大概是因为“平”与“年”字形相近吧。郑氏族人认为“延年”二字也很吉祥，比起“延平”更隐蔽，所以，就将错就错。延年庄的郑氏家族是清朝嘉庆年间（1796～1820）在此定居的，至今已有200多年的历史。

• 安阳，韩氏家族郡望地 •

韩王庙，即韩忠献公庙，位于河南省安阳市老城内东南营街东段路北，是为纪念宋代贤相韩琦而建立的祠堂，是一处保存完整的古建筑群。1985年，韩王庙被安阳市人民政府公布为文物保护单位。而庙中的昼锦堂记碑则是河南省第一批文物保护单位。因昼锦堂记碑上的内容是由当时的大文豪欧阳修所撰，记载的是三朝名相韩琦的事迹，再加上由当时号称“一代绝手”的礼部侍郎蔡襄书写，因此被称为“三绝”碑，也称“昼锦三绝”。

有报道称，目前的韩王庙是全世界近60万韩氏宗亲聚集祭祖的地方。为什么安阳的韩琦庙会成为韩氏家族的郡望地呢？这还得从韩琦及其子孙说起。

自韩琦起，安阳的韩氏家族曾经有“四代居官，三人为相”的辉煌，在历史上也是不多见的。官至宰相级别的分别是韩琦、韩忠彦、韩侂胄。

韩琦（1008～1075），字稚圭，自号赣叟，相州安阳（今河南省安阳市）人。北宋嘉祐三年（1058）拜为副宰相，因功勋卓著，死后朝廷赐其“两朝顾命，定策元勋”的御碑。其子韩忠彦也曾经为相，其孙子韩诚、韩治也曾经在朝为官，到了其曾孙辈韩侂胄，又官至宰相。

韩侂胄，韩琦的曾孙。有关他在历史上的功绩，负面评价会多一些。韩侂胄之父娶宋高宗皇后之妹，韩侂胄以恩荫入仕。南宋绍熙五年（1194），他与宗室赵汝愚等人拥立赵扩即皇帝位。赵扩（宁宗）即位不久，韩侂胄就逐赵汝愚出朝廷，从此掌握军政大权达13年之久。在他擅权的前7年，制造了庆元党禁，凡与党人有牵连的，不得任官职、不得应科举。开禧元年（1205）韩侂胄为平章军国事，立班丞相之上。韩侂胄当权的后期，为立盖世之功发动了开禧北伐，曾取得一些进展。同年五月宁宗下诏伐金。但正式宣战后，南宋各路军队节节败退，韩侂胄遣使向金请和。开禧三年，史弥远等人谋杀韩侂胄，朝廷大权落入史弥远手中。韩侂胄被杀之后，朝廷没收了他的土地。嘉定元年（1208），史弥远按照金的要求，凿开韩侂胄的棺木，割下头颅，送给金朝，订立了屈辱的《嘉定和议》。

无论如何，一门韩姓，曾三代为相，称其家乡安阳为郡望地一点也不为过。

• 宋庆龄祖籍安阳 •

乍一看这个题目，您也许会感到很惊奇，明明是祖籍广东省文昌县（现属海南省文昌市）的宋庆龄，如何就与安阳扯上了关系呢？这还得从宋庆龄的先祖说起。

宋庆龄的父亲叫宋嘉树(1864～1918)，字耀如，教名查理·琼斯，汉族，生于海南省文昌县韩姓人家，乳名阿虎，大名韩教准。

原本是韩家的子孙，如何又姓了宋呢？这又得从韩教准的父亲韩鸿翼说起。韩鸿翼是当时文昌县的一位颇有文化修养的商人，十分热爱公益事业，几乎耗尽了所有积蓄，人到中年不幸身染重疾，家境日渐衰落，生活的重担全部压在了韩教准的母亲身上。1875年，在韩教准11岁那年，恰逢韩教准的舅舅宋氏从美国回来。在美国做丝茶生意的宋氏，因生意兴隆，回国“招兵买马”，看中了韩教准并将他带到了美国去。因宋氏没有儿子，就将韩教准过继过去。自此，韩教准改名叫宋嘉树。

有史学家考证，海南文昌韩氏实际上是北宋名臣韩琦的后裔。

说来话长。早在南宋时期，世居河南安阳的韩琦后裔，因北方部族南侵中原，战乱频仍，无以为生，只得南迁。其中韩琦的六世孙中有一个叫韩显卿的人，到浙江会稽任县尉，又任廉州太守，几经辗转，1197年定居文昌锦山，他的支脉就在海南发展，成为海南望族。

据刘朴兵的《宋庆龄祖籍在安阳》介绍：“韩显卿定居文昌锦山后，以韩琦在相州安阳所建‘昼锦堂’为堂号，设馆授徒，传播中原文化，筚路蓝缕，开发建设新的家园。”

该文还引用了《海南经济报》关于第四届世界韩氏宗亲会的报道：“韩姓在海南是十大汉族大姓之一，而在文昌市更是排在各姓氏之首。据海南韩氏合族修纂的《韩氏族谱》统计：至2007年6月，全海南岛韩氏人口已达22万，而在文昌市就有500多个村庄有韩姓，总人口已有10多万，占全文昌市在籍人口七分之一，为全市第一大姓氏。韩姓（与其他海南大姓）所不同的是，其他海南大姓人口大多是有多个迁琼始祖，而韩氏却只有一个迁琼始祖，而且是抱着宗谱渡海的，脉络清楚。一人衍一族，族衍四方。”

这样说来，宋庆龄祖籍安阳，您就不会惊奇了吧。

骆姓与“新内黄”

骆姓与新内黄，有一段温馨而充满浓郁乡情的故事，一段关乎着血脉传承的经典佳话。

在遥远的异国他乡——马来西亚槟城，生活着一群骆姓居民，他们黑眼睛，黄皮肤，说汉语，写汉字，姓中国姓，他们是一群地地道道的中国人。他们有着和华夏民族一样的习俗，他们过中国汉族传统的农历年——春节。每逢春节，他们和中国的汉族同胞一样，守岁、吃饺子、贴对联、敬神、祭祖宗，他们也尊崇三纲五常，恪守仁义礼智信。他们虽生活在海外，却是中国骆姓的后裔，他们根在中原，姓源内黄，是生活在海外的内黄人。

骆姓祖籍在内黄县，即今天内黄县城稍偏西北、汤阴县故城村一带，这一带过去隶属内黄县。

据说，早在春秋战国时期，骆姓就已是中原的巨宗大族。隋唐时，骆姓在内黄等地繁衍迅猛，族大人众，成为妇孺皆知的著姓之一。据宋代《太平寰宇记》载，时相州内黄有扈、路、骆三大望族。当时内黄县城共有人口12000人，而骆姓就有8800人。虽然骆姓还有其他来源，但是一般都认同“本族始于姜，见于齐，望出内黄、会稽”。

魏晋南北朝时期，永嘉之乱，中原大地狼烟四起，战火不断，饱受战乱之苦的中原百姓纷纷逃离家园，远走他乡谋生计。当时的江南海滨，地方偏僻，却地肥物美，气候宜人，是宜居指数颇高的好地方，再加上有长江天堑作为屏障，战火轻易烧不到，自然就成了许多中原人避难的好去处。在浩浩荡荡的迁徙大军中，就有着许许多多的骆姓子孙。骆姓子孙不远万里来到了闽粤等沿海省份，随后又开始远渡重洋，播迁海外，定居我国台湾地区及南洋等地。

马来西亚的骆姓子孙，身在异地，心系祖籍，无论走到哪里，他们都没有忘记自己的祖先、祖籍，没有忘记自己是地地道道的内黄人，他们称自己为“新内黄”人。他们世世代代生息不断，开疆拓土，打拼出一片片处女地，形成一个个“新内黄”。

生在异乡，长在异乡，喝异乡的水，食异乡的粮，他们却不敢忘记自己是中华民族的子孙，因为他们血管里流淌的是华夏民族的血，他们是华夏民族的子孙。他们心底永远耸立着一座最神圣的丰碑——内黄。怕自己数典忘祖，他们把“内黄衍派”四字刻在门楣上。

马来西亚槟城的骆姓子孙，为纪念自己的祖籍，自1928年起，就开始举办“内黄之夜”，每年的8月31日，所有骆姓子孙聚在一起，相互交流以诉说思乡之情，用歌舞表达他们对于家乡和亲人的思念之情，规模之大，人数之多，在血缘性组织活动中为最。

有记者曾经这样报道2004年8月31日马来西亚槟城的“内黄之夜”：“会上进行了剪彩、击鼓、鸣锣仪式和骆姓宗亲社与海外宗亲团互赠纪念品等活动。当晚，槟州政府文化代表团为大会表演了一场充满浓郁民族风情的舞蹈。刚刚成立的骆姓同宗社青年舞龙队进行首次‘夜光龙’表演。场面宏大，热烈隆重，宴开250席，盛况空前，打破槟州有史以来血缘性组织活动的记录。”

何止是2004年呢？自1928年至今，骆姓宗亲的狂欢之夜就从未间断过，90个“内黄之夜”，个个都是侨居在海外骆姓华夏儿女的狂欢日，是新内黄人的团圆日。

何为客？汉语词典这样解释：“客与主相对，寄居或迁居外地。”顾名思义，无论他们在异地生活时间长短，他们永远是以客的身份存在，客的身份使他们做事谨小慎微，更没有一种归属感。而只有回到中原，他们才算是回到了家。

2009年，马来西亚的骆姓来河南内黄省亲，他们不远万里来祭奠自己的祖宗。中共内黄县委、县政府张开热情的怀抱，欢迎这些长年漂泊在外、远道而来的游子归家，他们还专门为马来西亚的骆姓举办了祭祖节，使他们有游子归家的感觉。

这是一种精诚团结的聚首，是一次中外华夏儿女团聚的庆典，是华夏儿女齐聚中原的盛会。千枝归一本，万水实同源，无论是身在中原还是异国他乡，他们都是中华儿女，他们有着共同的祖先。根在中原，姓源内黄，内黄是骆姓宗亲的根源所在。

• 内黄的五姓坟 •

在中原河南的土地上，生活着这样一群人，他们姓汉姓、住汉居、吃汉食，和汉族人一样过着普通人的日子，但却有着蒙古族的民俗和习惯，他们是生活在中原的蒙古族人。比如汉民族八月十五团圆吃月饼，他们却吃肉夹馍；汉民族春节祭祖多在白天，而他们却在凌晨人们熟睡之时。原本家住大草原、过游牧生活的蒙古族人，为何就扎根中原了？这还得从元末明初说起。

公元1271年，元世祖忽必烈改国号为元。为强化对汉民族的统治，忽必烈把自己的子孙派往了全国各地。元末，忽必烈第五代曾孙、元御史中丞河南行省右丞铁木黎（被封为豫王）驻跸开封。明洪武二年（1369），元朝气数已尽，多数蒙古人已经撤离中原，而铁木黎仍占据着开封城。明将兵临城下，铁木黎被困守城中，初战大捷，再战失利。铁木黎见大势已去，将自己的五个儿子唤到身边：“余欲尽忠于国，今赐汝等五姓，曰董、李、马、关、陈。日后……当于邑西南二十五里安身。”铁木黎还将自己的玉带剁成5段，交给5个儿子，每人一段，连同每人一份家谱作为兄弟5人及其后人相认的物证，并交给5人每人一个锦囊，嘱咐出城后方可拆看。5个儿子逃出开封，各自拆开锦囊，按照锦囊的吩咐，改汉姓另起汉名。老大铁木清改名董清，老二铁木明改名李明，老三铁木能改名马能，老四铁木杰改名关杰，老五铁木俊改名陈俊。据传，此五姓分别为铁木黎五个老婆的姓氏。送走儿子，铁木黎为表明对元朝的忠诚，就拔剑自刎了。明朝感于豫王忠心为国、誓死不从的气节，赐谥号文贞公。

五子出城后，各奔东西，其中四子关杰逃到了清丰县韩村乡关焦夫村，此村距清丰县城西南大约12.5千米。五子陈俊逃到鄢陵县陈滑店村。其余三子逃到距内黄县城西南12.5千米的马次范。自此，蒙古族的后裔在中原大地上隐姓埋名，过起普通汉族人的日子。

马次范是内黄县亳城镇的一个普通村庄，这个名不见经传的小村庄之所以一夜成名，与马次范的“五姓坟”有关。

在马次范村西建有一个蒙古包样式的祭祀堂，祭祀堂门楣上有副对联，上联“祭祖寻根元朝豫王文贞”，下联“追宗溯源蒙古皇亲直系”，横批“豫王陵”。堂内墙上贴着元世祖忽必烈的画像，下塑六尊雕像，铁木黎居中，右为其大儿子董清、二儿子李明，左为其三儿子马能、四儿子关杰和五儿子陈俊。据说祭祀堂是董、李、马、关、陈五姓的后人自发捐建的。祭祀门前立有多块石碑，记录着建祭祀堂的经过和五姓人捐款的数额，其中一块很显眼的石碑记载着“五姓坟” 的来历。

祭祀堂在前，文贞公的墓穴在后，墓前盖有凉亭，上书“五姓老茔”四个大字，苍劲有力，很有功夫，可惜没有落款，不知出自哪位大家之手。亭内立有一碑，上书“元御史中丞河南行省右丞谥文贞公墓”几个大字，据此碑文记载为清乾隆十八年（1753）三月立。

古城印象

——历史留下的印痕

悠久的历史为安阳留下了数不尽的古城、古镇、古村落和古民居。古城有相州古城、安阳古城和汤阴古县城等；古镇有水冶镇、善应镇、楚旺镇、任村镇、道口镇和宜沟镇等，这些古镇有的历史已经超过了2000年，短的也有好几百年；古村、古街更是遍布安阳的各个角落，安阳的渔洋村、滑县的顺河街、汤阴的汤王庙村和程岗村、内黄的亳城村和窦公集等，每一处都有很深的历史渊源；古民居多达几百处，如昼锦堂、崔铣祠、郭朴祠、袁氏小宅、谢国桢故居和马氏庄园等，这些民居多是因名人居住声名鹊起，它们如耀眼的繁星，点缀在安阳这片古老土地的上空。它们是安阳文化的积淀，也是历史留下的印迹。这些印迹既是安阳历史的明证，也是安阳文化的象征。

• 安阳古城 •

如今安阳的老城，是明清时期彰德府城留下的遗迹。

安阳著名的民俗专家安民曾经这样形容古城："明洪武初年，由宋相州城改筑的彰德府城，体现着中国古代的筑城规制，是一座典型的明清风格的古城。这座以西周'周王城图'为规划蓝本营造的府城，方九里，护城河内是高大的城墙……城内十字大街贯通全城中心，中轴线南北大街两旁的街坊基本对称。"

据记载，古城城墙"围九里一百一十三步，高二丈五尺，阔二丈，外砖内土"。古城有东西南北四个城门，东门永和门，有"外安内和"之意；西门安定门，寓意"安邦定国"；北门拱辰门含"众星拱北辰"之意；南门镇远门有"南北通达，镇守疆土"之思。紧邻城墙的是绕城而过的护城河，河水引自距安阳不远的万金渠，古时的护城河两岸杨柳青青，河水潺潺而流，绕城而过，两岸亭台楼阁，既能护卫老城，也是不错的风景。

令人奇怪的是，安阳的城门东西并非相照，而是错位而建。问起原因，当地的老人说是为防止洪水。也对，安阳地处黄河故道，昔日的黄河十年九泛滥，错位建城门多多少少可以扼制黄河洪水猖獗的势头。

安阳城内有九府十八巷七十二胡同十八罗汉街之说。所谓九府即六府、平府、西府、老府、林府、铁拐府、娘娘府、洛阳府和学儒府。十八巷为乔家巷、小颜巷、丁家巷、唐子巷、纪家巷、竹竿巷、仁义巷、裴家巷、西钟楼巷、东钟楼巷、西冠带巷、东冠带巷、豆腐巷、卜巷、三义巷、鹅脖巷、夹巷和香巷。十八罗汉街以南北大街为中轴线，东西两侧各有九个街口，这十八个街口的墙壁上均镶有一个神龛，神龛里供奉的是神态各异的十八罗汉，十八罗汉街便由此得名。

别看安阳的府府巷巷有这么多，那也是有章可循的。以南北大街为轴，按东府西巷布局，即位于大街以东称为府，以西则称为巷。而七十二胡同则是分布在这些府巷之中的小街小道，到底是不是七十二个并没人去较真考证，应该是概指，形容胡同之多。

城内楼、阁、庙、塔错落有致，文峰塔、高阁寺、鼓楼、钟楼、城隍庙和府署等建筑别具一格，为古城平添了靓丽的风景。

有着600多年历史的明代古城见证了安阳的沧桑巨变。只可惜，自20世纪30年代始，古城的建筑开始遭遇不测，鼓楼、钟楼被毁。中华人民共和国成立后，城墙和城门被拆……好在随着社会的进步，人们对文物古迹保护意识的增强，在近些年的城市改造中，一些文物古迹又得到了恢复。而今的文峰塔、小白塔、昼锦堂、韩王庙、高阁寺、文昌阁、崔铣祠等已经成为安阳城内独特的风景。袁氏小宅和部分明清时期九门相照的四合院也已经修葺一新，成为来安阳旅游不可错过的美景。

• 千年沧桑水冶镇 •

水冶镇位于安阳市西部，距安阳20多千米，因北魏时以珍珠泉水鼓风冶铁而得名，距今有1400多年的历史，是个千年古镇。

水冶镇城墙始建于1219年，工程历时四年。水冶古镇的城墙不同于当时其他的城墙，是以石头为主筑成的，是当时不可多得的一座石城。城墙高三丈九尺，东西长700多米，南北长500多米，水冶古镇不仅城墙材料特殊，与一般的四个城门相比，还多出了一个城门，因此有五门之称。除东、西、南、北四门外，还有个小东门。

水冶古城有“五门五关十三券”之称。所谓五门即上述提到的四门外加一个小东门；所谓五关是指与各门相对的城内居民因居住而形成的村落，有东关、西关、南关、北关和小东关；所谓十三券则是指城内的莲花寺券、东街瓮券、后大庙券等，以及城外的太古石街圣王券、下河街天爷券、南门外老槐树券等。

明清时期的水冶镇是中原名镇，水冶因坐落于洹河岸边而成为明清时期水陆运输的交通枢纽。这里商贾云集，车水马龙，素有“金彭城，银水冶”的美誉。

古城内商铺林立，据不完全统计，当时水冶街上仅商铺、商行、作坊、商号等就多达四百多家，水冶的商业活动不仅辐射到周边地区，还可达京津地区，曾经有“日进斗金”之说。

昔日的繁华也为水冶留下了宝贵的文物古迹和名胜。而今，这里仍遗留有化炉炼铁的遗址，有宋代的梅花碑和韩琦庙，有明代为纪念以治皮肤病闻名的医生“皮伤王”而专门修建的皮伤王庙，还有清乾隆年间（1736～1795）山西商人建造的山西会馆。此外，珍珠泉是水冶镇的风水宝地，古代安阳著名的八景之一“柏门珠沼”和许多具有传奇色彩的民间故事就发生在珍珠泉边上。

令人欣慰的是，而今的水冶镇仍然是中原名镇，在2000年河南省经济社会发展百强乡镇排行榜中，安阳县水冶镇位居第一。

• 商贾云集道口镇 •

说来滑县这个地方有点特殊，正常情况下，政府所在地应该在县城。而滑县政府所在地并不在滑县县城，而是在道口镇上，可见道口镇在滑县有着多么重要的地位。明清时期的道口镇是中州四大名镇之一，它与周家口、赊旗镇、朱仙镇一起，成为当时中原重要的商品集散地和贸易中心。

道口，位于滑县老城西北部，与浚县毗邻，卫河从道口西流过。道口又叫李家道口。据记载，古时黄河流经滑县，道口就是设在黄河西岸鲧堤上的一个渡口。相传，当时有一李姓人家居住于渡口，以摆渡过往客人为生，人们将该渡口称为李家道口。宋元以后，黄河改道，道口又成了卫河上的一个重要码头。

明清时期，地处中原的河南，既是全国商品流通的必经之地、多种原料的产地，又是南方手工业产品及日用品的销售市场。得天独厚的地理优势，自然造就了中原地区商品贸易的发展和繁荣。江南地区的手工业品及日用品需要运到北方，北方地区粮棉及其他农林牧副产品也需要运到南方。于是，因为商品贸易的需要，四通八达的交通网络开始建立起来了，卫河恰恰就是这重要商道上的一条。在卫河283千米长的干流中，道口段不过4.61千米，从王湾东入，自军庄北出，而这不足5千米的河段，正好处在经由淮河、贾鲁河，过黄河，经卫河至京津的水上运输的交通要道上。

出版于1918年、再版于1933年的《道清铁路旅行指南》记载了道口镇当年的繁华："凡由晋南豫北以及津沽等处出入之货，悉皆由此装卸。河中舟楫往来如鲫，由此溯河北上可达津沽，平时水深可五六尺，载重十五六吨帆船均可通行……煤商福通公司、中原公司等均沿河建筑场栈囤煤，以利转运输入货品。以煤、油、食盐为大宗，工业制造品次之。本地居民多业船户、脚行，而业铁工、木工者亦颇不少。彼等为便利工作计，咸临河而居，屋宇栉比，饶有风趣。"

在清乾隆年间，道口开始日日有集市。到了清光绪年间（1875～1908）乃至民国时期，道口水路更加畅通，上可达百泉，下可达天津，不足5千米的道口河段，就设有10多个码头。

清代中叶，天津得漕运、海运和芦盐之利，已迅速发展成为北方的商品集散中心，形成了一个"天津经济圈"：从开埠到民国时期，天津的经济影响力很快覆盖了直隶、山西、内蒙古、山东及河南的大部分地区，成为拉动这些地区近代外向型经济迅速发展的龙头。据记载，大量天津进口的各色布匹和其他洋货，经南运河和卫河输入山东的临清州、河北的大名府、豫北的彰德府（今安阳市）、卫辉府（今卫辉市）和怀庆府（今沁阳市）。而这些地区这一时期运往天津的药材、棉花等货物，"也是经卫河下运，而道口正是一个集散地"（史念海：《中国的运河》）。天津的发展又推动了道口的进一步壮大。

道口在这个经济圈中，地位之所以相当突出，除了通畅的水路运输之外，还有公路与铁路交会的得天之便，在此可通过陆路转运货物到濮阳、清丰、长垣、内黄等地。清政府于光绪三十三年（1907）开通了中国最早的五条铁路之一——道（口）清（化）铁路，起点就在滑县的道口镇，终点是博爱清化镇，全长150千米；不仅如此，1938年，又开通了道（口）楚（旺）铁路。这样，焦作等地的煤炭就可以源源不断地运送到道口，再经卫河转水路运往全国各地。

水陆大宗货物全都汇聚到道口，就使得道口显得格外繁忙。据"民国"二十年（1931）的史料记载，当时道口河段"船桅如林"，每日可经3000船次，其中大船吨位在150吨以上，基本沟通了冀、鲁、豫等省的30多个大小城镇，道口也因此获得了"小天津"的美誉。水陆交通的便利，使道口成为商贾云集、车马辐辏、商业繁荣、远近知名的水陆码头。

清咸丰十一年（1861），道口镇筑起了土寨。光绪元年（1876）重修道口寨墙，改土墙为砖墙，西依卫河，东边挖有护城河，四面共设7个寨门、2个水门，有“九门相照”之说，当时的道口镇纵横有12条街、72胡同，颇为整齐壮观，俨然成为一个戒备森严的小城堡。

如果说明清时期滑县的繁华在道口，那么，道口的繁华则就在顺河街上。优越的地理位置，使沿码头而修的顺河街成了南来北往的人们和船只车辆的停泊地，道口镇昔日商业的繁华也全部浓缩在这条长不过千米的顺河街上了。明清时期至1937年，顺河街商贾云集，贸易繁盛。经商者熙来攘往，多达万人。这里有粮行、花行、酱菜铺、糕点铺、锡器店、绸布店、酒楼、澡堂、钱庄等，大的商号近百处，小店铺更是星罗棋布。

顺河街分北街和南街，而商业比较集中的是顺河北街。行走在今日的顺河北街，不时闪过一条条古老的胡同，它们狭长地延伸着，勾起人们对往昔道口繁华的追忆。街道两旁，店铺林立，门面房一座挨着一座。这些老式样的店铺虽然早已破败得不能住人了，但驻足细听，分明还回荡着明清商人的叫卖声。街道两旁的建筑很奇特，开间3米、进深也不过4米的门面房，三五间大小不等，均不挂前廊，多为传统的木质结构，上下两层，一层营业，二层住人。房子以青瓦覆顶，滴水多是精美的砖雕，以“岁寒四君子”居多。路东有几座中西合璧的商业门面房十分气派，其中“德锦诚”绸缎布匹店，在并不宽敞的街道中显得特别高大、卓尔不群。它与中国传统的商业店铺又不相同，完全采取了现代建筑的理念，像极了天津“十里洋场”里那些十分欧化的花园洋房，格局与装饰放在现代也不输于潮流，据当地人讲，这是民国初年一个从天津来的商人建造的。

像“德锦诚”这样建筑风格的房子，当地百姓称之为“洋门脸儿”，“洋门脸儿”一般面宽3～5间。当时，一些大的商店为了达到“买卖兴隆、财源茂盛”的目的，把自己临街门面房的前墙砌成有两三层楼高的一面水泥罩面，并雕刻出不同的花纹图案，再涂上不同的颜色，用于广告宣传。还建有玻璃橱窗，陈列着自家经营的产品。如今在“德锦诚”绸缎布匹店的“洋

道口镇——公而忘私

门脸儿”上，“津沪国货布匹、苏杭丝罗绸缎”的楹联仍清晰可见。也许工匠们受传统民俗的影响，许多传统主题的装饰仍然出现在“洋门脸儿”上，“洋门脸儿”的雕塑多为浮雕，有寿星、仙桃、鱼、龙、“刘海戏金蟾”、“麒麟送子”、“松鹤呈祥”等图案，表达了人们祈求幸福、安康、自由的美好意愿。

顺河街除沿街的门脸外，藏在门脸后面的是一条条胡同，胡同里坐落着一进进的四合院，这些北方典型的四合院，无论是一进院还是二进院，主房全不是坐南朝北的堂屋，而是坐东朝西的东屋。原因很简单，他们因卫河而建，环卫河而居，岂有不面向卫河之理？据在这里居住几十年的老人讲，这些房子大部分建于明清时期，多数是在这里经商的天津、山西等外地商人因在此居住而建造的。想当年，它们是十分讲究和体面的，房檐与墙体连接处都雕有狮、虎等威猛的动物，房屋上的每一块砖、每一片瓦都是经过房主认真考虑、精心布局后，工匠们才镶嵌上去的。只是这些雕刻历经岁月侵蚀，再加人为的破坏，许多已经残缺不全了。

水街是顺河街连接卫河码头的一条短得不能再短的街道，四五十米长的距离，感觉没几步就迈上了卫河大堤的青石台阶，它也是从顺河街去卫河码头的必经之道。“这就是道口有名的取水街，因为卫河的水特别甜，方圆十里八乡的人都来这里取水，所以取名叫水街。”有人指着水街说。据当地老人讲：当年，每天清晨，这条窄窄的街道上挤满了取水的人。吱吱呀呀的扁担声在光滑的青石板路上此起彼伏，也有套了牛车来拉水的财主家的长工，他们长长的吆喝声也回荡在这短短的街道中。人声、扁担声和牛叫声回荡在水街和卫河的上空。

与水街正对的是大集街，它们与顺河街正好形成一个十字，已有百年历史的“义兴张”道口烧鸡老铺就坐落在顺河街和大集街交汇处的路南。想当年，“义兴张”烧鸡的创始人张炳在这个店铺里愁过也喜过。尽管老铺的繁华如今已经不在了，但“本镇专家义兴张烧鸡老铺”的招牌还清晰可见，斑驳的门窗和二层楼上的茅草似乎都在向人们展示着“义兴张”昔日的荣耀。一端连着码头一端连着顺河街的水街，接纳着南来北往的商客。很多来往船只上的船工和客商，已经习惯了从这个码头上岸，沿着水街走到“义兴张”烧鸡铺，尝尝新鲜的烧鸡，顺便再给远在他乡的亲朋带上些。道口烧鸡的美名，也是经由这条水路传播到大江南北和海外的。

沿着顺河北街一直北行，在顺河街与码头街交汇处，有一片低矮的旧屋，这里居住的多是昔日船工。这些船工，有的是明清时期祖辈从天南海北来这里谋生，最后落脚到这里的外乡人后代；也有一些是清朝末年被道口的繁华吸引到这里的周边市县经商人的后代；还有一些是新中国成立后从外地调到这里的船工。这些因卫河而来的外乡人，后因卫河水域缩小、交通地位式微，改行做别的工作了，而今留给他们与卫河唯一的联系则是他们用船板搭起的、自己安身立命的家。

“上百年的老房子了，快要塌完了，你们再来时恐怕就看不到了。”在一座老房子墙根下晒太阳的一位老人惋惜地说。

卫河是特意在这里拐了一个大大的弯，才将顺河街揽于怀中的。以前每年农历正月，从上游驶来的客船首尾相接，来自各地的会首们手执高香站在船首，前往浚县的大伾山进香。等他们返回时，小娃娃们便立在岸边高喊：“大会首，二会首，给我一个泥泥狗。”于是便有浚县特产泥泥狗从船里抛到河滩上来。倘若有几个不太识趣的，小娃娃们便会回敬道：“谁不给我泥泥狗，回家死他大会首！”

如今，站在只有两三丈宽的卫河岸边，想着当年可并排行驶6只载重150吨商船的卫河繁华，行走在昔日车水马龙、熙熙攘攘的顺河街上，望着两旁已变得斑驳脱落的黑漆门面和落日余晖中悠闲下棋的老人，不禁让人浮想联翩，有恍如隔世之感。不管怎样，值得欣慰的是，顺河街总算还留下了道口昔日繁华的印记。

• 中州名镇楚旺镇 •

楚旺镇是内黄县第一大镇，也是一个有1000多年历史的古镇。

楚旺镇位于内黄县的西北部，地处冀、豫两省交界，漳河和卫河之间。楚旺曾是西楚霸王项羽率军救赵“破釜沉舟”之地，楚旺之名与此事有关。

古时的楚旺，因位于繁水之北，故名繁阳。唐时为纪念西楚霸王项羽而建霸王庙，遂将繁阳更名为楚王。明清时期，因楚王是重要的漕粮集散地，这里商贸十分发达，又改名为楚旺。

楚旺商贸兴于明，盛于清。清雍正时期，清政府为了南粮北调，在长江、淮河、卫河诸流域大办漕运，楚旺因紧邻卫河而成为当时一个重要的漕粮集散地，是明清时期中原贸易的一个重要水旱码头，素有“金彭城，银水冶，比不上楚旺一斜街”的赞誉。楚旺商业最繁华的时候，英国的亚细亚石油公司、美国的美孚石油公司、北京的哈德门烟草公司等均在这里设有分号。当时的楚旺打蛋场、煤厂、盐厂、浴池、银行、邮局等一应俱全，不仅如此，这里杂货铺、布正、餐馆等商铺林立，生意兴隆火爆，车来人往，熙熙攘攘，川流不息，有“日进斗金”之说。

坐落于楚旺镇南街村西街的霸王祠（也称霸王庙）是楚旺历史的见证和象征。据记载，霸王庙是唐代为纪念西楚霸王项羽而建的，位于楚旺北门外的卫河之滨。因卫河改道，清末移至楚旺南街现址，现在的霸王庙则是在原址的基础上重建的。

楚旺自唐代更名至今，已经有1400多年的历史了。早在1994年，楚旺镇就被河南省建设厅命名为“中州名镇”；1995年被列为国家建设部全国500个小城镇规划建设试点镇；2000年，被河南省人民政府确定为全省116个重点镇之一。

•“鸡鸣闻三省”任村镇•

任村镇，位于河南省林州市西北端，地处晋、冀、豫三省交界处，是林州全市水源的咽喉要道，著名的红旗渠青年洞就位于任村镇境内。任村镇西依雄伟秀美的太行山，与山西平顺县毗邻，东临华北平原，北隔滔滔漳水与河北涉县相望，素有“鸡鸣闻三省”之美誉。

任村镇历史悠久，源远流长。远古时期的新石器时代，这里就有人类居住。任村在夏朝属冀州之地，商朝属殷都畿内之地，西汉归隆虑管辖。任村之名则始于元代。元至正年间，有河北任氏三兄弟迁居至此，在此繁衍生息，逐渐形成村落，该村在落就以姓氏命名为任村，至今已经有600多年的历史。

悠久的历史、重要的位置使任村镇不仅文物古迹众多，而且也是兵家必争之地。任村镇自古就是通向晋、冀、豫三省的要冲，在军事上起着“卫弃之而弱，晋有之而霸”的重要作用。

目前，任村镇保存完好的文物古迹有新石器时代的盘阳遗址、战国时期留下的赵南长城、南北朝时期的法济寺、唐代的王墓古塔、明初修建的昊天观以及万历年间（1573～1620）文昌公主的望京楼阁、清代翰林张家骏的翰林府等。此外，古民居、古庙宇、古墓葬、古树、古桥遍布全镇各个村落。

任村镇不仅是被世界誉为“世界八大奇迹”的人工天河红旗渠的重要地段青年洞的所在地，同时，它也是抗日战争时期中国共产党重要的根据地。1938年中国共产党在此创建了以任村为基地的林北革命基地，任村是林县解放最早的革命老区，是发展新林县的策源地。晋冀豫边区银行、中共林北县委旧址、129师磁武林反顽战役指挥部、林北县抗日民主政府旧址、德兴货栈等红色旧址均在这里。尤其是位于任村的八路军前方总部豫北办事处，更是在中国革命中发挥了巨大作用。刘少奇、邓小平、刘伯承、陈毅、杨得志、薄一波、萧劲光等老一辈无产阶级革命家都曾通过以任村镇为中心的交通线，往返于敌伪封锁区。

目前任村镇是国家第二批中国传统村落之一，无论是经济还是文化历史均走在林州的前列。

• 六千年文明不断代的渔洋村 •

踏进渔洋这个古朴的小村庄，你就踏进了中国历史长河的源头。

渔洋村原本是安阳县安丰乡一个名不见经传的普通村庄，它闻名于世缘于六千年中华文明不断代的历史遗存。这里有仰韶陶片、龙山卜骨、商代陶鬲、战国鼎壶、汉代耳杯、东魏瓦片、北齐泥像、宋朝瓷片、明代青花瓷、清代小盘……历史遗留在这里的瓦砾和陶片成就了这个小村庄，历史不经意间在此划了一道，这一道绵延数千年，却从未间断，引来世人的瞩目和青睐。

表面上看，渔洋村与豫北的其他村庄并没有多大差别，古朴的村庄，青砖灰瓦的农舍，只是与其他村庄相比，略显陈旧一些。农家的院墙上，50年代的“饮水思源”、抗美援朝时的“保家卫国”、20世纪70年代的“壮志陵云”和80年代的“学科学”等标语口号依稀可见。如今，历史已经跨入了21世纪，中国也早已由计划经济转型为市场经济，往昔已经作为历史躲进了教科书中。像渔洋村能把这些时代的印记存留下来，且六千年文明历史不断代，这在中国乃至世界都属罕见。

龙振山是渔洋村颇具传奇色彩的名人，被媒体称为“文化的守望者”。曾经是村小学历史教师的他，慧眼识珠把村民们扔掉的“秦砖汉瓦”一点点收集起来，用自家的房子做展厅，办起了渔洋村历史博物馆。千万别小看了这个博物馆，就是它把中国六千年不间断的历史串了起来。从原始社会的石器，到奴隶社会的骨器，再到封建社会、半封建半殖民地社会甚至民国各个时期的陶器、瓷器和瓦当，在龙振山的博物馆里一应俱全，任谁也无法否认这六千年割不断的历史血脉。

其实，能证明渔洋村历史不间断的不仅仅是龙振山博物馆里的陶器和瓷器，还有整个渔洋村那错落有致、青砖灰瓦的明清民居。村中的民居尽管已经十分破旧，但依然高大宏伟，民居上技法娴熟、图案精美的砖雕和木雕尽管显得老态龙钟，但却依然风韵不减当年。“致中和”“耕且读”“持中恕”和“读书声”等匾额，流露出村民们对于知识的崇尚和文化的向往。令人欣慰的是，渔洋村至今还有四座明清时期的深宅大院被保存下来了。其中龙家大院建筑规模宏大，布局严谨，沿中轴线有四进院落，九个门相互对应，是北方典型的“九门相照”院落。只可惜东厢房已经被破坏了，仅剩下基址，西厢房还在，门楣上的字还清晰可见。保卫渔洋村安全的四个拱形城门的门洞还有三个存在，南门洞和西门洞仍然可供交通使用，北门破败不堪，东门已经不复存在。

何止这些呢？1998年渔洋村东部和西高穴村之间发掘出的一块后赵驸马鲁潜的墓志铭，记载了鲁潜墓与曹操墓相对应的位置，成为十多年后发现的曹操墓的有力佐证。此外，这里还有龙山遗址、商遗址和东魏窑址……

站在历史的这端去打量渔洋，很难想象这样一个小村落会有如此的底蕴和魅力。而站在历史的另一端，再去看这个古朴的村落，你会发现渔洋村真正的魅力。

渔洋，西靠太行，北依漳河，处于平原和山区的交汇点，正是有山有水也有坡的好地方。得天独厚的地理优势，使渔洋既能养育先民，放牧牲畜，也不惧怕洪水的泛滥。坡上牧羊，水中捕鱼，正是古人所向往的富有安康的风水宝地，渔洋全占了。难怪古时的渔洋并不叫渔洋，而是叫鱼羊。不仅如此，古渔洋还坐落在古代南北通衢的大道旁，村北500米的漳河就有重要的渡口，承载着南来北往的运输船只。古时，哪里有渡口哪里就是商业繁荣的地方。于是，在古渔洋村中，店铺、客栈、饭馆等供客商和行人住宿吃饭的地方应运而生，一些外地人由于长期的商贸往来，看中了这块地方，在此定居，世代相传，如今渔洋村的3000多人中竟有20多个姓氏。

一个地方的兴起与衰落是与交通的发达与否分不开的，古时的渔洋因为交通便利、商业和经济的发展而兴盛和繁华。由于近代铁路和公路远离渔洋，使渔洋淡出了人们的视线，但渔洋曾经的辉煌还是被历史记下了。2006年，渔洋村遗址（含明清民居建筑）被河南省人民政府列为省重点文物保护单位。作为六千年文化传承的活标本，渔洋村对研究漳河河道的变迁、古代交通、古代民居和民风，都有着不可替代的价值。

考古探秘
——人类文明的瑰宝

安阳作为中国近代考古学家的摇篮，从1928年国民政府中央研究院历史语言研究所挖掘殷墟的第一锹开始，90年来，一代代一批批考古学者坚守在安阳考古第一线，无论战争、灾荒、动乱，他们从未停止过探索的脚步。他们在安阳挖出来一个曾经湮没3300年的中国商代的都城遗址——殷墟，也挖出来各个时期中国古代城市应有文明的要素——宫殿、墓葬、城墙、道路、手工业遗址及其他文化遗址。

安阳是中华民族重要发祥地之一。境内遍布的仰韶文化遗址、龙山文化遗址是古代先民在此繁衍生息的历史见证。通过考古调查与发掘，安阳先商文化发展序列清晰，代表了河南北部华夏文明发展演变的模式、方向。这一文化发展序列为：仰韶文化（以后冈遗址和大司空遗址为代表）→龙山文化（以后冈遗址及蒋台屯遗址为代表）→下七垣文化（以小屯西地及梅园庄遗址为代表）→中商文化（以洹北花园庄和洹北商城为代表）→晚商文化（以殷墟遗址为代表）。

安阳考古具有开展时间早、持续不间断、考古文化演变序列清晰、考古成果影响巨大等特点。

• 小南海原始人洞穴遗址 •

著名的安阳小南海原始人洞穴遗址位于安阳市西南30千米的北楼顶山东麓，1960年由中国科学院考古研究所安志敏主持了第一次试掘，1978年进行了第二次发掘。

小南海原始人洞穴洞口东向，文化层厚6米，分5层，出土石器7000余件。石器种类主要有砍砸器、刮削器和一些装饰品。石片以锤击法和砸击法制成，有尖状器及刮削器。砾石工具有砍砸器。在小南海遗址中有部分长石片及小长石片，显示了某些细石器文化的特征，它可能与峙峪、虎头梁等文化有较密切的关系。动物化石有野驴、披毛犀、水牛、野猪、斑鹿、羚羊、鼢鼠、猩猩、鸵鸟、狗獾、刺猬、狼等。其地质时代相当于晚更新世末期。

据碳14科学测定，洞穴的文化遗存，上层堆积距今约13000年，下层距今20000～25000年。其时代和北京周口店山顶洞人相当；从石器看，两者还有遥承关系。

小南海原始人洞穴遗址是河南境内发现的第一处旧石器时代遗址，也是中华人民共和国成立后在华北地区首次发现的旧石器时代晚期的洞穴遗址，被郭沫若定名

小南海原始人洞穴遗址外观

为“小南海文化”。它为中原地区旧石器时代考古研究提供了宝贵资料，填补了考古研究上旧石器时代过渡到新石器时代的缺环，为人类的发展历史及其他各方面的科学研究提供了宝贵的实物资料。

小南海原始人洞穴遗址及周边地区海拔约200米，属于山前丘陵向平原过渡阶段，是人类文明发展的重要时期，也是人类从山地走向广阔平原的最后一个阶段。安阳小南海原始人洞穴遗址的发现与发掘，完善了人类文明发展演化的序列关系，具有重要的考古价值和人类学价值。

• 后冈遗址 •

中国的新石器时代是原始社会氏族公社制由全盛到衰落的一个历史阶段。它以农耕和畜牧的出现为划时代的标志，表明人类已由依赖自然的采集渔猎经济跃进到改造自然的生产经济。磨制石器、制陶和纺织的出现，也是这一时代的基本特征。因而新石器时代在中国历史上是古代经济、文化向前发展的新起点。就目前所知，中国新石器文化至少要在距今10000年前，实际开始年代还当更早，一般延续到公元前2000年左右。河南省境内的新石器考古学文化主要有距今8000～7000年的裴李岗文化，距今7000～5000年的仰韶文化，距今5000～4000年的龙山文化。这些文化都是中华远古文化的主体部分，对中华文明的形成和发展产生了重要的影响。而安阳后冈遗址则是新石器时代文化的典型代表，被称为后冈文化。

后冈遗址因首先发现于河南省安阳市后冈村而得名。遗址位于安阳高楼庄村北洹河南岸的一处高地上。1930年，获得美国哈佛大学考古学硕士学位的梁思永学成归国，第二年春天，他主持了安阳后冈遗址的发掘，共开探沟25个，发掘面积216平方米，发现了白灰面房址、陶器、石器和骨器等。当年秋天，他又进行了第二次发掘，开探坑20个，发掘面积385平方米，除白灰面房址外，还发现了一段长70米的夯土围墙。根据遗物的统计情况，结合土质土色的区别和遗物特征，他将发掘出的文化层合并为3个大的文化层，即上层的小屯文化层、中层的龙山文化层和下层的仰韶文化层，也就是中国考古学史上著名的“三叠层文化”。

20世纪70年代中国社会科学院考古研究所又对该遗址进行了发掘。仰韶文化的彩陶钵、碗、罐形鼎，以及三角斜线纹、多道短线纹等彩陶纹样特征鲜明，遗存被命名为仰韶文化后冈类型，年代为公元前4390～前4180年。龙山文化有房址39座，有的房屋还用幼童作祭奠的牺牲。

后冈类型的遗物特征是：石器虽然以磨制为主，打制和琢制的仍占相当大的比例。石器种类较简单，有铲、斧、锛与两侧带缺口的石刀等。另有骨制与陶制工具。陶器以泥质红陶为主，沙质红陶和泥质灰陶次之，均为手制，常见的陶器种类有敞口深腹高足鼎、敞口深腹灶、敛口折沿深腹平底罐、大口圜钵、大口平底碗，小口深圆腹平底瓮、小口长颈折腹平底瓶和大口深腹圆底缸等。器表纹饰有少量弦纹、线纹、锥刺纹和附加堆纹。彩陶数量不多，主要是红彩，黑彩较少。花纹也较简单，多是在陶钵和碗的口沿下绘出一道宽带纹，考古界称之为“红顶碗”和“红顶钵”。也有用三四道平行竖线组成一组一组的纹样和两两垂直相交斜平行线纹、波浪纹及同心纹。后冈遗址的发掘解决了河南仰韶文化、河南龙山文化和商文化的时代与演进关系问题，具有重要的考古价值。

洹北商城遗址

洹北商城位于洹河北岸，1999年发现。城址平面近方形，边长2100～2200米，面积470万平方米。城墙仅存基槽部分，基槽宽9米左右。宫城位于洹北商城南部略偏东，平面呈长方形，方向13度，长795米，宽度超过515米，面积约41万平方米。宫城四周城墙基槽宽6～7米，墙体宽5～6米。在洹北商城西南隅还发现一座小城，平面近方形，东西宽240米，南北长约255米，其东墙南端与大城南墙相接，北墙西端与大城西墙衔接。小城城墙地面以上部分破坏严重，现存墙基宽约9米，开口距地表深约2.5米；下部基槽剖面呈锅底状，深约5.5米。

洹北商代宫殿区主要位于宫城内，目前在宫城内发现有大范围的夯土建筑基址群，排列密集有序，有20余建筑基址，其中一号、二号建筑规模宏大，在宫殿中占

洹北商城一号宫殿遗址（郭平摄）

有突出的地位。一号建筑基址位于宫殿区最南端，2001～2002年发掘，基址平面呈封闭四合院，方向13度。北部是主殿，南部是带门塾的廊庑，西部有带台阶的附属建筑，东部虽未发掘，但通过钻探可知其结构与西部对称。整座建筑东西长约173米，南北宽85～91.5米，占地面积近16000平方米，中间是面积约1万平方米的庭院。

二号建筑基址位于一号建筑基址的北部，2008年发掘，平面与一号建筑基址相同，也呈封闭四合院结构，北部是主殿，南部是带单个门道的廊庑，东西部也是廊庑结构。整个基址东西宽92米，南北跨度61.4～68.5米，总面积5992平方米。在清理二号建筑基址东南侧的一个水井时，井内出土了大量的陶器，主要器型有瓮、深腹盆、圜底罐、器盖、盉、甑、尊等。通过一系列的考证发现，这座宫殿建筑结构严谨，使用的建筑材料也十分讲究。尤其让考古人员惊喜的是，还发现大量用草和泥混合制成的土坯，这种类似早期砖的建筑材料，在殷墟一带考古发掘中也是首次发现。洹北商城内还发现有其他的房基及水井、灰坑、墓葬等，有丰富的文化内涵。

2015～2016年，中国社会科学院考古研究所安阳工作站在洹北商城宫殿区的北部（今北关区韩王度村东一带）进行了大规模的考古勘探与发掘，在洹北商城北城墙的南部又发现洹北商城时期的大型铸铜、制骨作坊遗址及其他房基、道路、灰沟、灰坑、墓葬等，出土了一批洹北商城时期（早、晚两期）的陶器、玉石器等，以及与铸铜制骨有关的陶鼓风嘴、片状磨石、陶范、骨料等遗迹、遗物，进一步丰富了对洹北商城的认识。洹北商城遗址时代应当早于传统意义上的殷墟，填补了以郑州二里岗为代表的早商文化和以传统意义上的殷墟为代表的晚商文化之间的时间缺环，从考古学上完善了商文化的编年框架。洹北商城早于殷墟，专家推测或为盘庚所迁之都——殷，或为河亶甲所居之地——相。

殷墟遗址

世界文化遗产——殷墟遗址位于安阳市西北，其中心区域以小屯村为中心，北至今安阳邺城大道—京深线公路一线，东至安阳彰德路—胜利路一线，南至安阳文明大道以北约200米，西至今梅东路—安阳钢铁公司西部、范家庄一线。南北直线距离约6.2千米，东西直线距离6.7千米，遗址总面积约有36平方千米。

殷墟遗址是公元前1300～前1046年中国商代晚期的都城遗址，它是目前中国唯一有文字记载和经过近百年考古发掘所证明了的商代晚期都城。殷墟考古肇始于1928年国民政府中央研究院历史语言研究所，主要分为两个阶段。从考古发现来看，殷墟遗址主要由宫殿宗庙遗址、王陵遗址、族邑聚落遗址、手工业作坊遗址、

殷墟遗址

中小墓葬群、甲骨窖穴遗址以及完善的水网路网等构成。专家推测，殷都最繁盛时期，常住人口突破10万人，是当时世界上第一大都市。殷墟都城的规划与建设以洹河为中心，无固定和突出的城墙设施，彰显了殷墟时期商人巨大的军事、文化、经济方面的自信，是中国古代“大都无城”思维的最好注脚！1963年殷墟被列为中国第一批文物保护单位，2006年被联合国列为世界文化遗产。

■ 宫殿宗庙遗址

殷墟宫殿宗庙建筑遗址主要分布在安阳小屯村东北，南北长1千米，东西宽0.65千米，总面积约0.65平方千米。目前经过近90年的发掘，共发现商代晚期大型建筑基址80余座。殷墟这些大型建筑基址大多为四合院式建筑，1937年国民政府中央研究院历史语言研究所在小屯村北、东北等共发掘有54座宫殿建筑基址，当时分为甲、乙、丙三组，其中甲组基址位于宫殿区的北部，为“后寝”，乙组基址位于宫殿宗庙区的中部，规模宏大，布局严谨，是“前朝”。中华人民共和国成立后又有大量宫殿基址被发现。殷墟宫殿宗庙建筑遗址规划宏大，基本上符合宫殿“前朝后寝，左祖右社”的建筑格局。宫殿建筑规模较大，筑于夯土台基上，有正方形、长方形和“凹”字形等几种，建筑形制为“茅茨土阶，四阿重屋”的大型夯土建筑群。建筑基址的修建方法是：先在殿基下面挖一个与殿基大小相差无几的长方形竖

殷墟宫殿区遗址鸟瞰（李自省摄）

穴基础坑，然后以比较纯净的黄土逐层填充并夯实。每层的夯土厚度约为9厘米，夯窝密集。当夯土台基筑出地面一定的高度之后，再根据宫殿建筑结构的需要，挖出圆形竖穴柱础坑，放上柱础石和竖上立柱。值得注意的是，有些大型宫殿的柱础竟是铜质的。特别是还发现有用人“奠基”的现象。这是在宫殿夯土台基筑成之后，在土台基上挖出长方形竖穴，然后把用作“奠基”的人用席子卷好填入穴中，填土夯实。这些被“奠基”的牺牲者，多为战俘与奴隶。在小屯及其附近，还发掘出许多大小不一、形状不同的宫殿建筑基址。这些成片有规律分布的大型宫殿建筑基址位居洹河自然形成的河曲内的高地上，构成了殷墟遗址最核心的部分。1987年安阳市根据考古资料、文献资料复原了

殷墟妇好墓出土的鸮尊

殷墟出土的玉龙

乙二十基址，成为目前殷墟宫殿宗庙区内的主体建筑。

此外，在殷墟宫殿宗庙区还发现有著名的妇好墓。该墓发现于1976年，是殷墟发现的保存比较完整的、出土文物最为丰富、文物价值最高的一座商代贵族墓葬。墓葬为长方形土坑竖穴墓地，墓口南北长6.5米，东西宽4.5米，深7.5米，墓内有殉人16个，殉狗8只。妇好墓虽然墓室不大，但保存完好，随葬品极为丰富，出土青铜器、玉器、石器、骨器、象牙器、陶器、蚌器等多达1928件。其中青铜器共468件，以礼器和武器为主，礼器类别较全，有炊器、食器、酒器、水器等。妇好墓发现玉器755件，分为礼器、仪仗用具、工具、生活用具、装饰品和杂器6类。礼器类有琮、璧、璜等礼器，仪仗类的有戈、钺、矛等，另有工具和装饰品。妇好墓内所出的

青铜礼器群和武器，以及大量玉石器等，反映了武丁前后商王朝礼器群的类别和组合，是研究商代礼制的重要资料。大型青铜礼器、武器和大量的玉器、象牙器也显示了商王朝的兴旺和手工业的发展水平。

殷墟宫殿宗庙区以“大灰沟”与洹河河曲北、东两点相连接，形成一个相对独立封闭的区域，位于洹河曲内高地上巍峨的宫殿宗殿建筑群，居高临下，达到防洪与防御的双重目的，并与周边其他手工业作坊、族邑居住区域相隔离，显示出其独特的尊崇地位。

王陵遗址

殷墟王陵遗址位于洹河北岸侯家庄西北冈、武官村北地的高地上，距殷墟宫殿区约2.5千米。遗址东西长450米，南北宽250米，总面积11.25万平方米。从1934年开始，这里共发掘了13座王陵大墓、2000余座陪葬墓和祭祀坑。其中西区有8座大墓，分成4排，从最西边数第一排是M1500、M1217，第二排是M1003、M4567，第三排是M1004、M1002，第四排是M1001、M1500。东区有5座大墓，其中4条墓道大墓1座，即M1400，位居王陵东区的北部中间；2条墓道的分别是M1443、M1129、武官村大墓（50WGKM1）；一条墓道大墓1座，即M260。这些大墓都呈南北向，分为呈“亚”“中”“甲”字形，最大的面积可达数百平方米，深达15米以上。这是一处规模巨大的商代晚期的王陵遗址，延续200余年，埋葬了数个朝代的商王，也是迄今中国发现最早的王陵遗址。

殷墟王陵遗址大墓主要发掘于1934年

中国最早的车马遗迹——殷墟车马坑展厅

殷墟陪葬坑

前后，由国民政府中央研究院历史语言研究所进行考古发掘，当时主要发掘人为梁思永、石璋如等。王陵遗址大墓出土了一大批青铜器、玉石器、陶器等。出土文物目前主要收藏在台湾地区的“中央研究院历史语言研究所”。

1949年以来，中国社会科学院考古研究所又对殷墟王陵遗址剩余大墓如武官村大墓、M259、M260及部分陪葬墓、祭祀坑等进行了多次发掘，目前，搞清了殷墟王陵遗址的范围、布局、时代、性质和墓葬的形制、等级等。根据文献资料、考古资料，专家推定带有四条墓道的大墓即商王的陵墓，这里埋葬了商王武丁至帝辛时期商代晚期的所有帝王。商代王陵东西分区的陵园格局也为后期中原地区的皇陵所继承，形成较为严格的昭穆制度。

在殷墟王陵遗址还发掘商代祭祀坑、陪葬墓1487座，其中东区1383座，集中分布在M1400以西地区和M260以东、以南地区。西区104座，分布在大墓附近。从目前考古发掘的殷墟王陵遗址的布局来看，王陵东区与西区的在功能上有着明显的区别，西区主要是王陵大墓，东区则是商王室用于祭祀先祖先王的大型公共祭祀场所。

铸铜作坊遗址

殷墟作为商代晚期的都城所在地，考古发现殷都内拥有同时期技术最高、从业人数最多、门类最为齐全的手工业体系。这些不同门类的手工业作坊各自聚集在一起，遗址面积大、生产能力强，代表了当时世界上最先进的水平。从发掘情况来看，商代晚期的手工业主要有铸铜、制骨、制陶、制玉、甲骨整治、木作等。铸铜遗址是殷墟遗址发现最多的遗址，铸铜是当时最为重要的手工业之一。

商代晚期是中国青铜文明发展的高峰之一，殷墟不仅出土有世界上最多最精美的青铜器，也拥有了当时世界最先进的青铜铸造

央视网

殷墟青铜铸造之谜

殷墟出土的青铜器

技术、数量最多的优秀的青铜铸造手工业者。面积巨大的青铜器铸造作坊表明，青铜铸造可谓殷墟时期第一大手工业。从殷墟近90年的考古来看，殷墟铸铜遗址发现还在不断增多。目前在苗圃北地、孝民屯东南、小屯村东北、薛家庄南和任家村西南“新都汇”住宅小区等地都有铸铜遗址发现。目前殷墟发现的铸铜遗址加起来应该不少于60000平方米。

（1）苗圃北地铸铜作坊遗址：遗址位于小屯村南约1000米，南距铁路苗圃约100米，遗址范围较大，面积约10000平方米。1959年和1964年进行了发掘，发掘面积5000多平方米。在作坊区内，不仅发现工棚式房屋建筑基址、浇铜场地、硬土与烧土地面，还发现土坑式熔炉、粗沙质或细泥质坩埚。出土大量铸造方鼎、圆鼎、簋、觚、斝、角、觯、尊、卣、觥、方彝和少量戈、镞、刀的陶模和陶范，以及修整铜石的磨石。上述出土文物说明，这里是一处以铸造青铜礼器为主的铸铜作坊遗址。

（2）孝民屯铸铜作坊遗址：该铸铜作坊遗址位于孝民屯村东南约200米处，紧临洹河拐弯处，经过调查发现，它是迄今发现的殷墟最大的一处铸铜遗址。20世纪60年代发掘面积有150平方米左右。出土有土坑式熔炉、陶制熔铜器皿残片、陶范、陶模及修整铜器的磨石等。陶范中主要有铲（或镬）、锛的范和模，并有一些戈和矛的铸范，铜礼器的范少见。安阳殷墟墓葬中出土的大量青铜礼器、生产工具和兵器应该是在当地铸造的。2000～2001年和2003～2004年，中国社会科学院考古研究所对这一遗址进行了大规模的发掘，两次发掘面积总计65000平方米。其中孝民屯南地的铸铜遗址东西长约380米，南北宽约100米，总面积约38000平方米；孝民屯西地铸铜遗址面积约有10000平方米。二者相距近200米，有相对的独立性，但广义上它们应属同一个大型商代铸铜作坊遗址，二者面积相加约50000平方米。在遗址内发现大量商代晚期的灰坑（窖穴）、房址、铜绿锈面等，出土了大量的与铸铜有关的熔铜器具、铸铜器具、修饰器具及其他遗物。特别重要的是这一遗址内出土了近百件陶模、3万余件陶范、上百件陶芯等，代表了这一铸铜遗址的宏大与辉煌。遗址使用时代较长，出现于殷墟二期，发展于殷墟三期，繁荣于殷墟四期，消亡于商周更替之际。孝民屯铸铜遗址的发掘，表明殷墟青铜文化是逐步发展的，到殷墟后期，青铜文化进行了较大的变革，铸造工艺更加完善、精湛，不断涌现新的器型。殷墟后期青铜文化的所谓衰落，可能与殷人对鬼神的怀疑、意识形态的转变有关，是思想观念的进步。

（3）任家庄村“新都汇”铸铜作坊遗址：2016年8月，安阳市文物考古研究所在殷墟任家庄村西南地（现“新都汇”商住小区建设工地）又发现一个规模巨大的铸铜遗址，从发掘清理情况来看，这一铸铜遗址的面积不少于5000平方米（仅限此次发掘区域内，区域外情况尚不明晰），发现与铸铜有关的遗迹如房基、灰坑、窑穴、水井、阴范坑、炉壁等数十处，铸铜工匠的墓葬10余处，出土铸铜用的陶范、陶模等有2000余件，以及与铸铜有关的铜锥、铜削及磨石等工具数十件。从出土的陶范来看，这一区域仍是以铸造青铜礼器为主，发现有鼎、觚、爵、簋、罍的范，特别是一个灰坑内集中发现青铜爵的范，目前发掘仍在进行当中。

另外，2016年4月至6月，安阳市文物考古研究在殷墟东北约10千米之外的安阳县辛店村西南也发现一个殷墟时期的铸铜遗址，已发掘面积有1000余平方米。

殷墟遗址内出土了大量精美的青铜器。青铜器是指铜、铅、锡等金属按比例由人工合成并铸造成的不同纹饰、形状和功能的器物。中国青铜器源远流长，从二里头到二里岗上层再到殷墟文化，三者之间的青铜器一脉相承。殷墟青铜器是中国青铜器发展的高峰之一。从历史上看，安阳小屯村一带不断有青铜器出土。宋代金石学兴起，小屯村一带出土的青铜器就已引起人们关注，北宋时期金石学家吕大临撰写的《考古图》中，就提到收藏很多殷墟出土的青铜器，并记载“乙鼎，得于邺

青铜面具

郡亶甲城……足迹罍，闻此器在洹水之滨亶甲墓旁得之”。从1928年开始殷墟科学考古发掘以来，在墓葬和窖穴、水井及其他遗址内共出土青铜器近上万件。仅考古发掘出土的青铜礼器不少于3000件。而后母戊鼎则是殷墟青铜器的最重要的代表之一。

■ 制骨作坊遗址

制骨业也是殷墟时期重要的手工业之一。骨制品与当时人们生产、生活息息相关，是玉石制品之外人们最常使用的器物之一。除制骨作坊遗址出土大量的成品、半成品的骨器之外，墓葬内也往往随葬有大量精美的骨器。考古发现殷墟时期的制骨作坊主要有大司空村、北辛庄制骨作坊、新安庄东铁三路北段制骨作坊等。此外，2004年在安钢焦化厂也发现多处大型骨料坑遗址，出土了丰富的骨料及骨料半成品，由于当时发掘的面积较小，推测这些遗址周围也应该有较大型的殷墟制骨作坊。

大司空村制骨作坊遗址位于大司空东南地，南边紧临洹河，1963年发掘，发掘面积1380平方米。该遗址分布面积较大，除发现房屋外，还发现骨料坑10余个。在出土的大量骨料和骨器中，笄料与笄半成品占总数的一半左右，并发现制作骨器用的青铜工具。北辛庄制骨作坊遗址位于洹河南岸的北辛庄村南300米处，1959年发掘247平方米。该遗址发掘的面积较小，发现房屋和数个骨料坑，共出土有5000多块骨料。其中长条形和锥形的占40%以上。在这个制骨作坊中还发现有青铜锯、钻和石刀等制骨工作。这两处遗址无疑都是以制作骨笄为主的制骨作坊遗址，所以安阳殷墟出土的骨器以及角器都应是当地制作的。

殷墟新安庄东铁三路制骨作坊遗址，规模大、出土遗迹多，在殷墟制骨作坊中具有代表性。铁三路制骨作坊位于殷都区铁三路北段及周边地区，中国社会科学院考古研究所安阳工作队于2002～2008年共分三次对该进行了发掘。该制骨作坊遗址呈东北至西南走向，长约220米、宽约80米，总面积约17600平方米。在这一遗址区内共发现发掘大量的商代灰坑、道路、20余座房基、300余座墓葬等与制骨作坊有关的遗迹，出土了成吨的制骨骨料、成品、半成品、废料等。骨料中绝大多数为黄牛骨骼，也有少量的马骨、水牛骨、羊骨、猪骨、鹿角料等，其中用作骨料的骨骼主要包括除趾骨之外所有的动物长骨和肋骨，还有少量的下颌骨。截取骨料的工具主要是锯，骨料的切割面普遍有用铜锯截取骨骼留下的细密线痕。用来制作骨器的原料基本上都是完整的整根骨骼，取料一般先在邻近两端关节的部位下锯，截下骨干作为骨料，然后在骨干上根据骨骼的形状进一步取料，一般截取较规则的骨料。角料主要为麋鹿等大型鹿的角，一般为截取坯料后的余料和废料，其他还有少量作为坯料的角片。这些骨料坑中出土的成品和半成品的骨器主要有骨笄、骨笄首、骨镞等，制骨工具发现有磨石、锥形石器、石刀等器物。根据地层和出土遗迹遗物判断，该制骨遗址的年代最迟开始于殷墟文化第二期，持续到殷墟文化第四期晚段。该制骨遗址是殷墟已发现的制骨作坊中规模最大者。从发掘与相关研究来看，这一手工业作坊有着先进的技术、高度的专业化水平和复杂的生产组织，它对研究商代晚期社会的商品生产、流通与商代社会的经济性质提供了重要的资料。

骨器是殷墟最常见的器物之一。除制骨作坊外，殷墟时期的房基、灰坑、窖穴和墓葬都出土有不同数量的骨器。殷墟出土的骨器绝大多数是生产工具，而一般墓葬出土骨器多与当时人们生活用具相关。根据骨器的用途主要有以下几类：工具类，主要有刀、凿、锥、铲及制陶工具、制铜工具等；用具类，有皿形器、觚形器、梳、匕、勺、针、盖、钮等；武器类，主要是戈和镞两种；装饰器类，有笄、珠、环及刻花骨饰等，其他还有艺术器和杂品等。其中笄的数量较多，有齐头形、方牌形、鸟体形、鸡冠形、“羊”字形、夔形等多种多样的形制。殷墟骨器出土数量大，种类丰富，制作精美，代表了当时世界上骨器制作与骨雕技术的最高水平。

制陶作坊遗址

陶器是殷墟时期人们使用最多的日用品，目前出土数量也最多。在殷墟时期的房基、窖穴、灰坑、道路、水井等各种文化遗址中都大量出土，特别是灰坑中出土了无法计数的陶器残片。在墓葬中出土的陶器以觚、爵、簋、鬲等为主，也作为礼器使用。因此，殷墟时期陶器制作是最大的手工业之一。从考古发现来看，这一时期的陶窑属于圆形馒头窑，由窑室、窑箅、火膛和火门4部分组成。这时的窑和商代二里岗期陶窑最大变化是，在火膛中减少了支撑窑箅的支柱，窑箅上仅有5个较大的圆形箅孔。支柱的减少和箅孔的增大必然大大提高火膛内的火力。在安阳殷墟发现的部分残窑，窑壁径0.8～1.15米，火膛径1.1～1.15米，火膛高0.63～0.7米。箅孔多为5个，箅孔径5～10厘米。火门多呈舌形。火膛内壁和窑箅多被烧得十分坚硬，呈红色或黑色。

刘家庄北地制陶作坊发掘时间最长、面积最大、布局清晰，制陶技术也最先进，是殷墟时期制陶手工业的代表。该遗址位于刘家庄村北，安林铁路南侧，北距殷墟宫殿宗庙区不足1000米。经过1988年、1990年、2008年和2010～2011年等数次发掘，基本上搞清楚了这一制陶作坊遗址的布局、范围、文化内涵、陶窑形制等。遗址内经过发掘清理的陶窑共计30座，其中，2008年刘家庄北地（安钢大道北人行道上）清理了10座陶窑，2010年刘家庄北地（安钢大道南人行道上）清理了13座陶窑，2010～2011年又在刘家庄北地（花园庄搬迁新址）清理了7座商代陶窑。在陶窑附近还出土了大量烧制变形的陶器，器类以豆最多，簋次之，其他的器型有瓿、钵、盆、鬲、甑、器盖等。另外还出土一些制陶工具如陶拍、陶垫等。

通过钻探调查和考古发掘，初步认定了这一大型制陶遗址的范围：南起芳林街沿线，北至安林铁路南侧，南北长达300米；东起中州路向西约100米处，现向西延伸约200米，总面积约6万平方米。是殷墟迄今最大、最重要的制陶作坊遗址。该遗址的使用时间较长，从殷墟文化第一期开始，至少延续至殷墟文化第三期。这一遗址主要生产的陶器以泥质灰陶为主，盛食器占绝大多数，有少量的炊器，器物类型丰富。这一制陶作坊遗址，位于殷墟宫殿遗址的南部，地理位置非常重要。该遗址东南紧临苗圃北地铸铜遗址，2006年在铸铜遗址的北部又发现大量骨料坑，推测附近应该有大型的制骨作坊。三处大型遗址紧密相连，构成了殷墟最重要的手工业作坊区。

• 林州战国古墓群 •

该墓群位于林州市东郊大菜园村，墓地南北长约500米，东西约570余米，是一处战国时期的大型墓地。为配合林州市城市建设，河南省文物考古研究所（现

林州战国车马坑（孔德铭摄）

更名为“文物考古研究院”）、安阳市文物考古研究所、林州市文物保护管理所等单位，共分三次对该墓葬群进行了考古发掘。

林州市龙源世家住宅小区建设工地位于林州市城区的东北部，大菜园村村东，二龙山西侧，小区西边临林州市龙安中路。该小区地形为山前丘陵向盆地过渡地带，地理坐标为东经113°55′、北纬35°02′，海拔高度为80～91米。2003～2004年，为配合林州市基本建设，河南省考古研究所、安阳市考古研究所在其周边地区的桂园住宅小区、翠微住宅小区等地先后发掘了战国时期墓葬400余座、车马坑2座，出土了一批战国青铜礼乐器、青铜车马器、玉石器及陶器等具有较高学术价值的文物。

2009年4～10月，安阳市文物考古研究所和林州市文物队对龙源世家住宅小区建设范围内进行了发掘，共发掘清理战国墓葬102座、战国车马坑两处。这批墓葬分布密集、排列有序，极少有叠压或打破关系。其中东西向的墓葬占整个墓葬群的60%以上。墓室面积在10平方米以上的占30%。多数墓葬有棺、有椁，有随葬品，其中出土有青铜礼器的墓葬十余座。这次发掘共出土器物300余件，计有陶器、铜器、玉器、石器、铁器等。陶器有鼎、豆、壶、罐、鬲、盘、匜；陶器组合为鼎、豆、壶，鼎、豆、罐，鼎、豆、鬲；部分陶器上有精美的彩绘图案，尤为珍贵。铜器种类有礼器、乐器、兵器、生产工具、车马器等，其中青铜礼乐器80余件，计有鼎、豆、壶、罐、甗、舟、监、镈钟、钮钟。

这次发掘的100余座墓葬中以M222与M284尤为重要。M222，方向285°，长方形土坑竖穴墓，墓室四壁规整光滑，内填五花土、平夯，紧靠墓室西北角，西壁、北壁各有脚窝3个。墓室南北两侧长4.8米，东侧宽4.1米，西侧宽4.18米，墓深6米。双棺一椁，外棺高0.8米，内棺塌陷高度不详，椁高1.65米。椁上填土中含有大量白膏泥直至棺底，在椁东西两边外侧填有大量积石。棺位于椁内北侧，墓主头西足东，仰身直肢，骨架朽成末，年龄、性别不详。墓室内有殉牛。随葬品多放于棺外、椁内南侧，出土器物70余件，计有陶器、铜器、玉器、石器等。陶器有豆二、壶二、鬲一，铜器有鼎四、甗一、鉴一、壶二、豆二、镈钟四、钮钟九、车马器、戈等，其中青铜礼乐器24件。另有石磬一组、玉器两件及大量骨、贝。

M284，方向283°，长方形土坑竖穴墓，墓室四壁规整光滑，内填五花土、平夯。墓室南北两侧长4.3米，东侧宽3.59米，西侧宽3.66米，墓深9米。一棺一椁，棺高1.1米，椁高1.6米。在椁东、南、北三边外侧均发现填有积石。棺位于椁内北侧，墓主头西面上、仰身直肢，男性。墓室内有殉牛。随葬品多放于棺外、椁内东南角，玉器放于棺内墓主身侧，出土器物60余件，计有陶器、铜器、玉器、石器等。陶器有鬲二，铜器有鼎三、甗一、舟二、罐一、壶二、监一、豆一、钮钟九、戈、车马器等，其中青铜礼乐器20件。另有石磬两组、玉器5件，其中一件玉环，直径10厘米以上，显得尤为珍贵。

车马坑K1，南北两侧长7.3米，东西两侧宽3米，坑深3.1米。内葬有车3辆、马9匹。3辆车位于坑内西侧，由西向东整齐排列，由车轮、车厢、车辕、车轴、车衡、车轭等组成，均为木质有漆。车轮直径在1.4米左右，车辐24～26根，车厢长方形。9匹马位于车东侧，马头东向，马架叠压。车马坑K2，南北两侧长6.7米，东西两侧宽3.55米，坑深2.6米，被M295打破。现清理出北侧车轮两个，南侧一车轮残，另一车轮被晚期墓葬损坏。根据发掘情况推测，该坑内葬有车2辆，位于坑内西侧。

龙源世家发掘的100余座墓葬、两处车马坑与近几年在其周边发掘的400余座墓葬和一座车马坑属于同一处墓地。该墓地南北长1000余米，东西500余米。墓地内墓葬排列整齐、分布密集；少有叠压和打破关系，没有发现任何遗存痕迹。大型墓葬位于墓地中心区域，墓地中心区域的中小型墓葬分布密集，由墓地中心区域向南、向西、向北，墓葬分布逐渐稀疏，墓室面积逐步变小。多数中小型墓葬随葬有陶器，陶器的组合及形制多与同期的赵国墓地相同，大型墓葬中出土的青铜礼器也具有同样的特色。由此推测，此处应是一处战国时期的赵国墓地。该墓地的发掘，对三晋文化的研究及同时期林州历史文化研究具有非常重要的意义。

• 三杨庄汉代村落遗址 •

2003年6月24日，内黄县所实施的“引黄入内”工程施工时，施工人员突然在地表下5米左右发现了露出的房屋一角，之后四处类似的房屋遗迹陆陆续续地在同一土层上出现。一处沉没2000余年的具有汉代典型庄园特点的建筑基址被发现，并成为中国当年最重要的考古发现之一。2003年7～12月，河南省文物考古研究所对位于内黄县梁庄镇三杨庄村北的这处较大规模的汉代聚落遗址进行了大规模的钻探与考古发掘，清理了四处建筑遗存区中的两组庭院基址。

第Ⅰ组庭院建筑基址已发掘了400余平方米，发现汉代建筑的院落基础、房基、瓦屋顶、夯土墙、尚未使用的筒瓦和板瓦、建筑废弃物堆积、拌泥池、灶、灰

三杨庄汉代村落遗址勘查现场（焦国建摄）

三杨庄出土文物（焦国建摄）

坑等，并出土陶器、铁器等。已发掘1000余平方米的第Ⅱ组庭院建筑基址应为一座院落的一部分，从南向北由第一进院的南墙、南门、东厢房、西门房及第二进院的南墙、正房等组成，建筑的瓦屋顶保存完好。在院落的西侧还清理出一座圆形水池。在此区域出土有各类石器、陶器、铁器及“益寿万岁”瓦当、“货泉”铜钱等。

三杨庄汉代村落遗址是目前中国首次考古发现的、性质明确的大规模汉代农村类遗址，是汉代考古中的一次历史性发现。遗址的初步清理和部分考古勘探，像是为我们吹开了一幅黄沙掩盖下的汉代黄河岸边乡里田园和农耕文明的秀美画卷的一角，它初现的优美、真切的景象无疑是令今人击节叹赏的。首先，遗址首次全景展现了汉代黄河中下游地区乡里田园的直观景象。三杨庄汉代村落遗址已经发现了14处汉代的庭院。这些庭院或经过统一的规定，或约定俗成，它们均为坐北朝南，方向一致（南偏西约10°）；均为二进院布局，占地面积大致相同；相互之间均由农田相隔。每家庭院南门外均有通向田间大道（一般宽约5米，有的地方宽约7米）的独家小道（一般宽约3米）。每家的庭院均在自己的田中。这就是当时农村的大致

三杨庄第三处庭院概况（孔德铭摄）

三杨庄局部（孔德铭摄）

景象。

遗址首次展现了黄河中下游地区普通农民的居住环境和居住条件。三杨庄汉代村落遗址内已经发现的这些庭院所有者或居住者的身份无疑是当时从事农耕力作的普通农民。这些庭院均为二进院布局，堂屋（主房）全部为瓦顶；庭院周围或水沟环绕，或毗邻池塘；庭院一周绿树荫翳，树外即是田畴；前有水井，后有厕所。是当时田园生活的真实写照。

遗址首次揭示了黄河中下游地区普通民居的建筑工艺和建筑技术。三杨庄汉代村落遗址的发现最先引起的是全国古建筑学界的热切关注，因为国内现存的古代房屋建筑实物几乎全是明清时期的建筑，对汉代房屋建筑的认识只来源于线条勾画的汉画像砖石和壁画及模糊的陶模型明器等，而汉代正是以中国为代表的东方木构架建筑体系发展与成熟的关键时期。人们热切希冀这一发现能够切实地解决古代建筑史领域内汉代房屋建筑技术的许多问题。从三杨庄汉代村落遗址清理出的各类建筑保存的状况看，每座主房的瓦顶北半坡大部分保存了板瓦与筒瓦的仰覆扣合原状，说明这些建筑是洪水浸泡坍塌的，没有受到洪水的急流冲击，而且，坍塌是一个较为缓慢的过程，所以保存状况较好。这就给我们全面了解这些建筑的建筑技术和工艺提供了前所未有的条件。

遗址首次实景再现了黄河中下游地区农耕技术和农业文明。古代文献记载，中国古代的耕作制度，在秦汉以前主要是施行最简单的缦田法，就是撒播，无行无垄。到西汉武帝时明确出现了“一晦三甽”的代田法。三杨庄汉代村落遗址中发现的大面积耕作农田为我们真正理解汉代的代田法提供了真实的实物样本。三杨庄汉代村落遗址中的一晦（垄）和一甽（沟）的合计宽度一般为60厘米。现存甽深（最高点到最低点高度约为6厘米），这肯定不是耕作后最初的深度，应是庄稼收割后的深度。

三杨庄汉代村落遗址的发现，再现了汉代中国北方黄河沿岸一带农村的生产生活场景，揭示汉代这一地区建筑形制、耕作制度、环境风貌等，被誉为“中国的庞贝古城”。

央视网

发现曹操墓

曹操墓出土地（孔德铭摄）

揭秘曹操墓

2009年12月27日，河南省文物局在北京召开新闻发布会，通报了安阳找到并发掘了魏武帝曹操墓的情况。一石激起千层浪，一时间安阳成为全国人民及世界各地华人关注的焦点，各大新闻媒体云集安阳，名不见经传的安阳县西高穴村一夜之间成为中国最有名的村庄。同时在网络上关于曹操墓真伪问题的争论也闹得沸沸扬扬、莫衷一是。可以说曹操墓在安阳的发现凝聚了许多人的心血，也是许多单位和许多人多年来共同努力的结果。

关于曹操墓地望的历史记载

据《三国志·魏书·武帝纪》记载，曹操于建安二十三年（218）六月颁布《终令》："古之葬者，必居瘠薄之地。其规西门豹祠西原上为寿陵，因高为基，不封不树。《周礼》冢人掌公墓之地，凡诸侯居左右以前，卿大夫居后，汉制亦谓之涪陵。其公卿大臣列将有功者，宜陪寿陵，其广为兆域，使足相容。"这大概是曹操预感寿命将尽时才颁布的。果然，两年后的正月，曹操死于洛阳，临死前又颁布《遗令》："吾死之后，葬于邺之西冈，与西门豹祠相近，无藏金玉珠宝。"还进一步交代家人："汝等时时登铜雀台，望吾西陵墓田。"此外，《晋书·宣帝纪》："及魏武薨于洛阳，朝野危惧，帝纲纪丧事，内外肃然。乃奉梓宫还邺。"《三国志·魏志·贾逵传》："太祖崩洛阳，逵典丧事……遂奉梓宫还邺。”《夏侯尚传》亦记载有：“太祖崩于洛阳，尚持节奉梓宫还邺。”当时的史书都明确记载了曹操的高陵就在邺地。《三国志》是中国正统的史书，其记载应该是真实可信的。

另一部文献的记载，更具体地点出了西门豹祠与曹操墓的位置关系。唐代李吉甫的《元和郡县图志》提到相州邺县时说：“故邺城，县东五十步。”也就是说，唐代的邺县在故邺城（曹魏邺城，北周焚毁）西五十步的地方。这是个很短的距离。《元和郡县图志》还说：“西门豹祠，在县西十五里。”“魏武帝西陵，在县西三十里。”在这里，明确点出了曹操的“西陵”在邺县西三十里处，也应该在西门豹祠西十五里地处。

关于出殡时的情景，魏文帝曹丕在其《为武帝哀策》中有生动的描写，曹操的丧事是按照当时丧葬制度严格执行的，采用了高搭灵棚、齐整的礼仪；出殡时更是在丧车上装饰羽葆，前排有送葬的节、挽歌、鼓吹、幢、麾、曲盖、手持仪仗的武士，组成浩浩荡荡的送葬队伍。

据《三国志·魏书·于禁传》记载，曹操死后，其子曹丕并没有完全按其遗嘱办事，而是在其陵墓上建设有墓园建筑祭殿、车库、马厩等，并进行祭祀。直到曹丕登基的第三年（黄初三年，222年）才又按遗令把陵园上的建筑拆除，把陵墓内陈设的一些物品入库（见严可均《全三国文》载魏文帝《毁高陵祭殿诏》）。另据《三国志》记载，魏明帝太和四年（230）五月，曹操夫人卞氏去世，七月将其合葬于高陵。

以上为见于正史的记载，应该是确切可信的。从以上的记载可以看出，曹操墓与西门豹祠位置有密切的关系。西门豹祠，位于今安阳县丰乐镇东一里处，目前有遗址及历史碑刻为证，与我们所认定的曹操墓正好处在邺城西南部的东西一条线上，中间相隔近10千米。从这一点我们也可大致了解到曹操墓的相对位置。

可以说从历史文献上看，曹操墓的大体位置还是可以找得到的。

发掘概况

2008～2009年河南省文物考古研究所、安阳市文物考古研究所、安阳县文化局等单位联合发掘清理西高穴村大型墓葬2座，编号M1和M2，其中M2即为曹操墓。

M1位于M2的北部，两者相距约40

米，墓葬开口于探方第3层下。从发掘情况看，M1平面呈“刀”字形，坐西向东，方向110°，与M2基本平行分布。该墓墓道长约10米，宽约3米，深约15米。墓室为长方形，自下而上层层夯筑而成，出土铁剑1把。

M2开口于探方第五层下，平面呈“甲”字形，坐西向东，方向110°，是一座带斜坡墓道的双室砖券墓，主要由墓道、前后室和四个侧室组成。墓砖为特别烧制，长约48厘米，宽约12厘米。斜坡墓道长39.5米，宽9.8米，最深处距地表15米。墓口平面略呈梯形，东边宽22米，西边宽19.5米，东西长18米。墓室面积约380平方米。墓道两壁分别有七个台阶，逐级内收。与墓门交接处的墓道两侧各有一道长5米、高4米的护墙，墙体内立有5根原木立柱作为龙骨，原木已经腐坏，树皮纹理清晰可辨。墓道填土内含有大量料姜石，经过夯实，十分坚硬。墓门宽1.95米，高3.02米，已经破坏，从清理情况分析，墓门有四层，外三层为砖砌，内一层为石门，顶部为砖券。

墓室为砖室结构，分为前后两室。前室呈方形，四角攒尖顶，东西长3.85米，南北宽3.87米。前室有南北两个侧室，平面皆呈长方形，其中南侧室为弧形券顶，南北长3.60米，东西宽2.40米；北侧室为四角攒尖顶，南北长1.83米，东西宽2.79米。后室平面亦呈方形，四角攒尖顶，东西长3.82米，南北宽3.85米，有南北两个长方形侧室，均为弧形券顶，南北长均为3.60

曹操墓墓室（孔德铭摄）

曹操墓出土刻铭石牌（孔德铭摄）

米，东西宽1.90~1.92米。整个墓室均为石板铺地，十分平整，石板长0.95米，宽0.90米。四个侧室全用石门封闭。铺地石板部分已被破坏。从出土的石质墓门残块看，部分墓门上应当有精美的画像石。画像内容丰富，技法为减地线刻，画法娴熟，刻工高超。

曹操墓虽经多次盗掘，仍出土了一批遗物，但大部分已被扰动。据初步统计，可复原的器物有数百件，主要有礼器、兵器、车马器、装饰品、钱币及日常用具等几类。以质地划分，出土遗物有金、银、铜、铁、玉、骨、漆、釉陶、陶、石等。

其中出土的刻铭石牌共计62块。依其形制可分为两大类：一类为圭形，尖部中间穿孔，孔内有铜环，铜环连以铜链。该类石牌出土7件，皆出于墓室底部。牌身一面刻有“魏武王常所用格虎大戟”“魏武王常所用格虎短矛”等内容；长10.8厘米，宽3.1厘米，厚0.8厘米。另一类为六边形，上部中间有穿孔。该类石牌共出土54件，除1件出于后室北侧室外，其余均出于后室南侧室甬道底部，有的压在漆木器下。其刻字内容为随葬物品的名称和数量。如衣服类有“黄绫袍锦领袖一”“丹绡襦一”等；用具类有“镜台一”“书案一”“渠枕一”等；其他还有如“香囊卅双”“胡粉二斤”等。长8.3厘米，宽4.57厘米，厚0.7厘米。这些石牌的刻铭绝大多数是较为规整的汉隶，俗称“八分体”，字体遒劲有力。其余为8块字体较潦草的汉隶。这类刻铭石牌2016年11月在洛阳发现曹魏时期的大墓中也大量出土。

关于曹操墓认定的有关问题

专家从以下6个方面10条证据对曹操高

陵进行了认定：

1. 墓主人地位和身份

M2墓葬规模巨大，总长度近60米，砖券墓室的形制和结构与已知的汉魏王侯墓葬类似，与曹操魏王的身份相称；该墓未发现封土，也与文献记载曹操寿陵“因高为基，不封不树”的情况相符。洛阳市第二文物工作队在连霍高速拓宽工程中于洛阳西发掘曹操族子曹休的墓。该墓仅带有两个侧室，墓葬规格要比曹操墓小很多。曹休为三国时期魏国名将的族子，曾因功累迁征东将军、征东大将军、大司马。其生年不详，公元228年病逝于洛阳。曹休墓总长近50米，平面呈“甲”字形，这么大规模的墓葬，上面却没有见封土和陵寝建筑，随葬器物也以朴素的陶器为主，符合曹魏时期“不封不树”的墓葬特点及曹操、曹丕所提倡的薄葬制度。

西汉和东汉时期砖室墓葬的形制一般多为券顶或穹窿顶，东汉晚期开始出现四角攒尖顶，并在以后的两晋时期流行，特别是多数高规格的墓葬，多采用这种形制。

墓内出土的石圭和石璧等也都是帝王身份的人使用的东西。汉代帝王死后多用玉圭和玉璧陪葬，而曹操死时正是国家动乱时期。圭和璧是帝王身份死后随葬必需品，即便该墓使用的是石质的，也同样标明墓主人身份非常高，非王侯级人物莫属，这一点也与当时国家经济状况和曹操的遗令吻合。

墓葬内经过科学发掘，出土的陶器数量众多，种类丰富。主要有鼎、壶、盘、案、罐、灶、井、耳杯等。尽管所出土陶器的质地和造型都不是十分精美，但器物组合完整，仍显示出墓主人非凡的身份。其中，陶鼎经过修复目前已发现有4件。鼎是礼器中的重器，非一般人所能使用。用列鼎随葬标明墓主人的身份，始于西周时期，汉代仍沿用。该墓中出土的列鼎，也正标明墓主人身份之高。

2. 墓葬时代

墓葬出土的器物、画像石等遗物具有东汉晚期特征，年代与曹操去世的时代相符。七女复仇画像石在江苏徐州、山东、河南南阳等地东汉晚期的画像中都有反映，时代都应该是东汉晚期。

墓内出土的各类带有文字的刻石铭牌，共计文字近300字。这些文字是典型的东汉晚期文字，即所谓的“八分书”。文字书写方式与东汉晚期的《张迁碑》的文字非常相似。墓内出土铭牌文字有“黄绫袍锦领袖一”“丹绡襦一”“单裙”等也都是东汉晚期人们日常穿戴的衣服种类。

3. 墓葬位置

墓葬位置与文献记载相吻合。据《三国志·魏书·武帝纪》等文献记载，曹操于建安二十五年（220）正月病逝于洛阳，二月，灵柩运回邺城，葬高陵，高陵在“西门豹祠西原上”。调查资料证明，当时的西门豹祠就在今天的漳河大桥南约1千米处。地点在安阳县安丰乡北丰村。这座大墓正在今天西门豹祠遗址的西面约10千米处。

墓葬位置与1998年出土的后赵驸马都尉鲁潜墓志记载的位置完全一致。1998年，西高穴村西砖厂出土的后赵建武十一年（345）大仆卿驸马都尉鲁潜墓志，墓志明确记载了魏武帝陵的具体位置就在这里，这是距曹操去世最近时间的对其陵墓位置的记载。

4. 墓内出土曹操个性化的东西

墓内随葬物与曹操个性特点相符合。文献记载曹操主张薄葬。曹操《遗令》中的“殓以时服”“无藏金玉珠宝”也在这座墓葬中得到了印证，墓葬规模较大，但墓内装饰简单，未见壁画，所出土的大量陶器也是火候较低，造型朴实。兵器、石枕等上的铭文也可证都是曹操“常所用”的东西。“常所用”是当时东汉晚期上层社会的习用语，意为“平常使用”，以“常所用”兵器、石枕等随葬，与曹操死后史书所记载的“敛以时服”正好吻合。

刻石铭牌文字的主要内容记载了随葬品的种类和数量，具有曹操个性化的特点。特别是“格虎”等字，“格虎”意思是与虎搏斗，能与虎搏斗者应该力大无比，武功超绝。历史记载曹操“才力绝人，手射飞鸟，躬禽猛兽”，用“格虎”来形容曹操生前使用的兵器，二者正好相吻合。

墓内出土的石枕，上有“魏武王常所用慰项石”。文献记载曹操生前有颈椎病，石枕可以起到按摩颈部、减缓疼痛等功能。这也可证明是曹操生前所用之物。

5. 文字

墓内出土带有文字的铭牌共计有62块，总字数有300余字。其中带有“魏武王常所用”字样的共有4块。认定曹操墓最直接和最确切的证据就是刻有“魏武王”铭文的石牌和石枕等器物的出土，证明墓主人就是魏武王曹操本人。文献记载，曹操生前先封“魏公”，后进爵为“魏王”，死后又谥为“武王”，其子曹丕称帝后追尊为“武皇帝”。出土的刻铭石均称为“魏武王”，正是曹操下葬时的称谓，符合史实。另据河南大学教授王立群考证，中国历史文献中有18条把曹操直接称为“魏武王”的记载。可以说墓内出土文字最直接证明了墓主人的确是曹操。

6. 人骨鉴定

考古发掘在墓葬后室的南北2个侧室各发现一具木棺，虽然已朽，但痕迹仍在。墓葬内共发现有3具人骨架。其中在后室发现两具，南侧骨架保存相对较好，在前室靠近门外发现一个人头骨。由于多次被盗，人骨架被扰动，现位置应该与原始的位置相距较远。在墓葬后室的西北角发现一具老年男性的头骨，经过中国社科院考古研究所人骨鉴定专家鉴定年龄在60岁左右，与曹操终年66岁吻合，此应为曹操的遗骨。

• 小南海北齐石窟 •

小南海石窟，又称北齐石窟，位于河南安阳市安阳县西南25千米小南海北滨，面临洹水，背靠大山，依山而凿。由于它凿于风景优美的小南海附近，所以被称为小南海石窟，现存三窟，分别是西窟、中窟、东窟，均为北齐天保年间建造。三窟造像大同小异，规模相近，风格古雅。

小南海北齐石窟概貌

西窟进深1.76米，面阔1.36米，高1.76米，平面呈方形，面积为2.4平方米。正中雕释迦牟尼佛1尊，结跏趺坐于长方形台座，左右为胁侍菩萨，两侧壁各镌刻菩萨3立像。门作拱券状，门楣上雕有滚龙两条，中间有一朵莲花。门两旁各雕刻有护法神王一尊，组成火焰拱门。中窟进深1.34米，面阔1.19米，高1.78米，平面呈方形。正中雕释迦牟尼佛1尊，火焰背光，内浅刻腾空飞舞的飞天6个，左右刻胁侍菩萨，两侧壁各镌侍立菩萨3尊，其间各浅刻小型菩萨3尊，手拿莲枝。东壁上部有浮雕弥勒说法图案，西壁有浮雕莲枝菩提树图案。台座上刻有3个伎乐人。全窟

小南海北齐石窟局部

萦壁遍布“拜佛积德”“敬佛造像”的题刻。门亦作拱状，有门槛。门额饰形象生动的2条青龙，间有火焰宝珠，下为2只金翅鸟。门洞两旁对称地刻有挺立着的天王浮雕，威武雄壮。门额上有大片削平岩石镌《方法师镂石板经记》后刻华严经偈赞和涅经品行。此摩崖题刻石板经乃标准的北齐书体，苍劲浑重，委婉秀丽，书法价值极高。东窟毁坏较重，其进深和面阔均为1.29米，高1.67米，平面呈正方形。正面中间雕琢释迦佛1尊，左右刻胁侍菩萨，两侧壁各雕3尊菩萨。其间弥刻大小佛像23尊，无统一布局，不像是一次刻成的。

小南海的传说

这里原是宏伟的灵山寺，可能有较大规模的石窟造像群，现仅余三座石窟，从形体结构、风格题材来看，与河北省峰峰矿区响堂山石窟遥相呼应，相辅相成，是北齐时期石窟艺术的珍品。

• 隋代相州瓷窑 •

相州窑址位于今安阳市北关区安阳桥村的洹河南岸，原安阳市电池厂及其周围地区。其大体范围北至洹河南岸，南至永安街，西至红旗路，东至爱民路，南北长约530米，东西宽约300米，中心区域面积约159000平方米。从近期安阳考古所进行的考古发掘及考古调查的实际情况来看，相州窑的瓷窑遗址分布范围实际上要大于这一区域，在今安阳警备司令部院内、安阳红旗路北段路西、友谊路北段东西两侧的洹水一方、红谊园住宅小区及平原路中段东方今典住宅小区等地，也发现有这一

相州窑发掘现场（孔德铭摄）

时期与制瓷有关的瓷器堆集坑、窑穴、墓葬等遗迹。特别是2016年11月，在安阳县安丰乡西高穴村东部也发现有相州窑和相州窑瓷器的踪迹。

据调查，原安阳市电池厂及周边地区位于中华民国时期安阳县八大景鹿苑春晖的北面，是洹河南岸的一块高台地，20世纪70年代安阳电池厂建厂时进行了平整。从1974年2月发现相州窑后，河南博物院、安阳地区文化局、河南省文物考古研究院（原河南省文物考古研究所）、安阳市文物考古研究所等单位配合城市基本建设或学术课题等先后共4次对窑址进行了考古发掘工作。

相州窑定名

相州窑史书无载，1974年发现后称为安阳窑，后专家多称其为相州窑。《通典·州郡》：“相州，殷王河亶甲居相，即其地也。”张之考证“殷商时的‘相’即今之小屯村”。1999年在安阳机场及周围地区发现洹北商城，考古发掘证明此城属商代文化中期，前后使用50余年，有专家认为此应为河亶甲居住之地。据《安阳县志》载：“北魏天兴四年（401）始置相州于邺城。580年杨坚废邺城，将相州南迁至今安阳城。”安阳遂改称相州。曹魏时营建的邺都，在今安阳市北20千米处。北周以邺为相州、魏郡、邺县治所。窑以地为名，诸如耀州窑、磁州窑、邢窑、汝窑、定窑等，故安阳市发现的隋代瓷窑址可称“相州窑”。在安阳桥发掘的一座隋墓出土的瓷房屋模型上发现有一个人为划上去的“相”字，此字为相州之“相”，故专家学者多将这一窑址称为“相州窑”。安阳相州窑因此名扬天下。

相州窑兴衰时代考

由于缺乏历史记载，发现相州窑之后，其创烧、发展、繁荣与衰落时代始终是古陶瓷界探索的重要问题之一。专家根据历史文献资料、有纪年墓葬出土的相州窑瓷器、窑址内出土瓷的类型及地层关系等来分析，基本上认定安阳相州窑烧造年代可早到北朝晚期，经隋朝达到鼎盛时期，并一直延续到唐朝早期。自东魏天平元年（534）元善见迁都邺城以后，政治中心转移，豫北冀南的漳河沿岸一带，成为政治、经济、文化中心。到北齐时，这一带出现短暂的社会安定和经济繁荣的局面，所以陶瓷手工业才得到较快的发展。隋王朝统一中国，封建经济和文化的发展，为瓷窑迅速兴起提供了条件，开创了制瓷手工业的新纪元。除相州窑外在漳河南北两岸还发现有河北磁县贾壁窑、安阳县灵芝窑等。相州窑的发展与繁荣应与这一时期以邺城为代表的北方政治中心的形成与发展等有着密切的关系。

瓷土及釉料来源

瓷器烧造首先需要瓷土，只有有了充足的瓷土才可能大规模烧造瓷器。专家们通过考察认为，相州窑瓷土来源于今安阳县善应镇小南海一带的山岭。在今天小南海一带与鹤壁市交界的山岭上，至今仍有白玉村、井玉村、黑玉村等名，特别是长春观的后山上仍埋藏大量的瓷土（高岭土），当地人称之为白玉山，这些瓷土应该就是宋金时期鹤壁集窑、善应窑瓷土的主要来源。至今当地人仍在开采，并成为鹤壁市一些瓷器烧造厂的原料。丰富的瓷土、便利的水运条件，在隋代，小南海一带的瓷土通过洹河河道用船只源源不断地运送到今天安阳桥一带，为相州窑的繁荣奠定了基础。该地区宝山（俗称碗釉山）及周边地区所产釉料洁白晶莹，是天然的优质釉药。《安阳县志·山川》载：“龙山迤西，西南为宝山，郲乘宝山在龙山西南十余里，山产白石，陶人取以为器。”《续安阳县志·物产》载：“长石产于南坪宝山等处，土人采取，碾制釉药，行销南北，为矿界一大利源。”《续安阳县志·矿业》记载：“开采南坪长石矿，用途以瓷釉为大宗……行销磁县、汤阴、修武、阳城一带。”在今天安阳县北齐村、善应村一带发现有宋元时期的窑址多处。

窑炉结构

由于相州窑位于城市的中心区域，该区域地形地貌等在历史上受到较大的人为影响，截至目前尚没有找到一座完整的相州窑形制。但是从现有的考古发现来看，相州窑大体上是这一时期北方常见的馒头窑形状。1973年清理相州窑址时发现残相州窑一座，窑体略呈圆形，内径约1米，窑壁厚0.15米，从红烧土残窑壁看系用耐火土建筑而成。残窑高1.1米，上大底小。

2010年3月，在相州窑第四次发掘清理中发现残窑址底部一个。窑址位于T3的东北角，残留底部，从现场清理的情况看，该窑应为半地穴式。窑底面为一层厚0.16米的白灰色硬面。在北侧这层硬面下为南北15厘米、厚7厘米、东西15～20厘米的窑皮。这层窑皮下为10厘米厚的红烧土，下为黄土（沙性大）。窑底略呈方形，长约1米，破坏严重，仅存东壁和北壁的窑壁，残高约0.2米。从残窑的底部来看，该窑为方形，火膛应在西面。窑的最外侧为向北斜出，种种现象表明，该窑系在黄土中掏挖所成，其面不远1.2米处为一圆形直径0.3米的圆底烧土，深0.3米。

■ 窑址出土的瓷器及窑具

结合相州窑遗址和墓葬出土发现的相州窑产品来看，其种类丰富、数量大，是中国公元5世纪前后北方最大的青瓷窑址，具有代表性。特别是相州窑烧造的白瓷器是中国最早的白瓷，为研究中国白瓷的起源提供丰富的实物资料。从2009～2010年相州窑考古发掘出土的器物来看，日常生活用瓷是其主要的烧造产品，在窑址中有极大数量的发现。这些窑址出土的瓷器大多是烧造过程中遗弃的残次品，虽然数量极大，但相对保存较差，都有烧造过程中遗留下来的瑕疵。但墓葬随葬的俑类、模型器、四系罐等也在窑址中有不同数量的发现。由此可证，安阳及其附近北朝至隋唐早期出土的瓷器基本上都是相州窑的产品。而墓葬出土的器物大多保存完整，造型精美，色彩丰富，也是相州窑产品的重要的代表性器物。综合窑址和墓葬出土的器物来看，相州窑烧造产品的主要种类有：

1. 生活用瓷

（1）罐：是相州窑出土数量最多、种类最为丰富的产品之一。其基本形制为直口、圆唇、矮颈、圆鼓腹，最大径在腹部。一般有盖，子口，按系之多少可分为无系、二系、三系、四系、六系不等；覆碟式盖，盖分别为圆饰形和宝珠形2种。按系形状可分为圆系、方系或圆系方系相结合型等；按釉色可分为泛黄、泛青、泛绿、泛白或者白中闪黄、闪绿及白瓷等；按器表装饰可分为素面、弦纹、莲纹、草叶花卉纹、几何纹等；按技法又可分为划花、刻花等。

（2）盘：按形制可分小型盘和大型盘两种。按足的形状可分无足、圈足、喇叭形足、三圆环足等，喇叭形足又可分为矮足盘和高足盘等。盘中间饰有草叶纹、莲瓣纹等，多数盘内有支钉痕，支钉痕分别有5、7、9等不同数量。在墓葬中，大型的盘一般与杯相配套，杯放在盘上，这应是当时人们喝茶的主要器具之一。

（3）瓷碗：种类较多，大小差别较大。主要形制为敞口、圆唇（尖唇较少），直腹或鼓腹，腹一般较深，下收，饼形足，发现少量圈足。内外施青釉、黄釉、白釉等，外施釉不到底，有流釉现象。个别为素烧瓷碗，无釉。胎体大多发灰、发白，个别的发红。形制较大的，胎体厚重。瓷窑遗址内出土的该类器物最多。

（4）杯：主要形制为通体细高，敞口、深腹，饼形足，内外施青釉、黄釉等，外施釉不到底。遗址和墓葬均有大量出土。

（5）钵：一般为敞口、斜腹下收，平底，器胎较厚，胎色灰白，内施满釉，外施釉不到底。形体分为大、中、小三种，主要为瓷窑遗址内出土，为当时人们的日常用品。

（6）瓶：一般为细长颈、斜肩、下腹圆鼓、平底实足。主要有敞口瓶、高颈瓶、盘口瓶等。

（7）壶：一般为上腹圆鼓、下腹内收、平底。通体施釉。主要有白釉瓷龙柄象首壶、盘口壶等。

2. 窑具类

在瓷窑遗址发现大量的三叉支烧、垫饼、垫圈、垫环、支圈、支点支棒、圈状支具、筒形支具、柱状支具、托杯等窑具。其中三叉支烧类是相州使用最多的窑具，几次发掘出土可达数万枚之多。

3. 明器类

在一些较大型的墓葬中如张盛墓和安阳桥隋墓中除发现有磨、碓、几、案、井、水桶、案、凭几、柜、凳、枕、兽座、靴和履等明器，还有些特殊形制的瓷器如象首螭把式壶、腹饰铺首衔环高颈壶、仓、三足两耳带铺首衔环式炉、将军盔盖式罐、盘口鼓腹式瓶、三足带环盘、博山炉、烛台、双耳瓷盂、带柱盆砚、豆状器等以及围棋盘、棋子、建筑模型等。

在张盛墓、郭家庄隋墓和置度村隋墓中还发现了大型瓷侍吏俑和瓷侍女俑、伎乐俑等各类丰富的各式瓷俑等，非常少见。

相州窑烧造技术、工艺特征初探

相州窑瓷器与安阳地区发现的北朝其他瓷器最大的区别是烧制的温度高，是真正的瓷器。从窑址发现的大量的瓷器看，绝大多数烧制温度在1200℃以上，瓷器扣敲时有清脆的金属声音。温度的提高表明相州窑在窑炉构造技术方面的日益成熟以及各种材料利用率、窑工技术的普遍提高。

关于相州窑的技术与工艺，我们在以下方面得出了一些探究成果：

1. 胎

相州窑瓷器的瓷胎是由高岭土制成的，瓷土来源于安阳西南部今安阳善应镇一带的低山和丘陵地区。受瓷土矿物原料的影响，相州窑瓷器拉坯成形前需要进行挑选、粉碎、淘洗、沉淀等加工工序。这里的瓷土含有较多的铁和钛等，与南方的瓷土相比相对较粗，色度也差。因此，相州窑的瓷胎一般胎体较厚，瓷胎有两种颜色。一种呈青灰色，颜色较深，含有少量的黑、褐色斑点。但从细部来分，其中一部分瓷器胎质甚粗、内含的色斑较粗；另一部分瓷胎相对较细，灰色胎，但黑色斑点较少或小，这部分瓷器的釉色一般较深，多呈深青色、褐色、酱黄色等。另外一种瓷器的瓷胎为白色或略发黄，但一般淘洗较干净，杂质较少。这部分瓷器的釉色多为浅色釉，如米黄色、青白色，制作比较精美，白釉瓷的瓷胎基本上都是这种胎质。从烧成的温度来看，灰白胎的烧制温度要高一些，胎体瓷化程度要高于白胎或米黄色的胎的瓷器。由此看来，相州窑所烧的白瓷与其他瓷器相比，在瓷土选择、拉坯工艺、烧制技术方面有一定的差别，代表了当时中国北方制瓷的最高水平。

从目前发现的相州窑瓷器的胎质来看，胎质较粗、发灰的瓷器，大多烧制粗糙一些。而胎质细腻、发白的瓷器大多烧制精致，且白釉瓷器较多。二者之间不仅仅是烧制技术的问题，可能与供应对象的不同也有一定的关系。这样可以推测，相州窑瓷器中的精品白瓷也许就是专供官方或者皇家使用。

2. 成形工艺

相州窑瓷器大多使用轮制技术，器身附加部分如柄、流、系等采用模制或者手工制作，如碗、杯等器物则采用一次性拉坯成型的技术；四系罐采用轮制拉坯成型，其附属的系多用手工捏制，然后用瓷泥和釉料配成的浆水黏合在一起；高足盘等器物则采用盘和足分别拉坯成型、然后黏合完成。相州窑瓷器的底一般为圆饼形实心，底部轮制痕迹明显，底部略内凹，边缘旋削一圈。但在相州窑烧制的晚期开始出现圈足形底的器物，如碗、罐等。

总体上看，器物造型规整、种类丰富，圆形器物较多，浑圆饱满，美观大方，具有较强的实用性，表现出相州窑工匠们较高的制作技术。

3. 化妆土

化妆土的原料为氧化铁含量很低的白色瓷土，经筛选、淘洗后，质地细腻，呈乳白色。为了弥补相州窑瓷土天然的缺陷，相州窑的瓷器大多数在坯体成型后在胎面上施一层白色化妆土，使较深的胎色得到覆盖，并使比较粗糙的坯体表面显得光洁纯净。特别是相州窑瓷器表面多施半釉，化妆土使用就显得特别重要，这一技术也是相州窑特别的创造之一。使用化妆土后瓷器烧成后，增加了釉的质感，特别是对白瓷釉色透明度的提高和呈色的稳定性起着重要的作用。当然，化妆土的使用也为相州窑瓷器上使用各种装饰和烧制白釉瓷器打下了基础。

但在相州窑瓷器中一些胎体较白、胎质细腻的瓷器中，并未发现使用化妆土的痕迹。这部分瓷器大多为浅色釉和白釉瓷器，由于其胎体的原因，不用化妆土来弥补。可见，相州窑瓷器中化妆土使用是根据瓷器胎质的情况有选择性地使用的。

4. 上釉技术

相州窑瓷器施釉技术成熟。其施釉方法为蘸釉法，以手持器物底足部，将器物倒扣浸入釉浆中蘸釉，一般内部施满釉，器物外部施半釉、大半釉，足部皆露胎，内部多采用荡釉，兼用刷釉等技术。烧成后的瓷一般为青釉，釉色为青色透明的玻璃质，光泽鲜亮，釉面有细小的开片。一般釉厚处色浓，薄处色淡，有青中带灰、青中带绿、青中带黄及青褐等。值得注意的是，在相州窑遗址和安阳一带隋墓（张盛墓、范粹墓、宋循墓和李云墓）中出土了一批白瓷器或者接近白瓷的瓷器，弥足珍贵，相州窑是中国北方最早烧白瓷的窑口。

5. 装烧方法

从目前相州窑遗址考古发掘来看，相州窑的形制是一种直径1米左右的馒头窑，其结构较简单，内部空间也较为狭小。由于这一时期尚未使用匣钵技术，所烧瓷器大多采用裸烧方法。为了提高产量，聪明的相州窑窑工烧制瓷器时会根据窑炉的内部结构、空间布局、烧制器物的种类等实际情况，采用窑柱与不同的窑具如支烧、支珠、垫圈、垫饼等巧妙配合，增加了每一窑的产量与质量，提高了成品量。由于使用叠烧的技术，器物里面都留有支烧痕迹。也由于是裸烧（不用匣钵），有的口沿外部多有互相粘连的残迹。因此，在相州窑瓷器的内部如钵、盘、碗等内部都留有明显三叉形支烧、支珠等的痕迹。从出土的相州窑瓷器标本来看，曲度较大、日常使用数量较多的器物如钵、碗等多使用三叉形（或五叉形）支烧，层层相叠，入窑烧造。高足盘、圈足盘、辟雍砚等多在施釉后，在盘心周线的外缘放置3枚、4枚、5枚、7枚等不同数量的泥丸作为支珠，以承托另一件盘的圈足。如此层层相叠，入窑烧制。因此，在窑址出土的盘心部分多发现有黏结支珠的痕迹，也有的在盘的圈足下部黏结了支具。支具向下的一面还遗留有釉痕（与下面盘心相连的部分，黏结下面盘面上的釉）。但一些小型的平底碗、杯之类，上面也发现了使用支珠的痕迹，但目前尚未发现五叉形支烧的标本。总体上看，相州窑在使用窑具方面是灵活多变的，根据需要而定。使用不同的窑具、采用叠烧技术，不仅提高了产品数量，也提高了产品的质量，满足了当时当地人们生活及商品流通的需要。相州窑烧成温度高达1200℃或以上，有清脆的金属声音。釉色变化多，且厚重，有开片，玻璃光泽，新出土的瓷器清洗后仍光亮如新。

6. 图案装饰

相州窑烧制的器物不仅釉面光亮，而且往往还有花卉纹饰。装饰方法有刻花、划花、印花和贴花等多种方法。器物的纹饰简单、质朴。由于深受北朝佛教文化的影响，相州窑瓷器中使用莲花瓣纹样仍是装饰的主流，有仰莲、覆莲，有的装饰在瓶的颈部，有的刻在盘子的内底。属于花卉类的还有卷草纹、花叶纹、宝相花纹等。另外，在相州窑瓷器的装饰题材中，也有不少几何纹，有阴刻或凸线纹，还有乳钉纹。这些装饰技法和纹饰的运用，体现相州窑高超的装饰技术和当时的审美情趣。特别是划花技术的运用也为后期唐宋时期划花、刻花等装饰技术的成熟奠定了基础。

相州窑的历史地位

位于安阳市区洹河南岸的相州窑，源于北朝、兴盛于隋，衰落于唐，是中国北方早期青瓷烧造的代表窑口之一，相州窑的发现解决了中国北方早期青瓷烧造起源时代问题。从1949年以来，在隋唐时期相州的范围内经过勘探调查和考古发掘还发现一批与相州窑相类似的窑址，如河北省磁县贾壁窑、临水窑、灵芝窑等。

从近期的考古发现与调查看，北朝开始在邺城和安阳附近的漳河两岸、洹河两岸，瓷窑大规模兴起，并形成一个庞大的瓷窑群。这一瓷窑群与邺城兴亡和相州安阳的兴起有着极为密切的关系。这一瓷窑群中以相州窑规模影响最大，是这一时期中国北方青瓷白瓷窑的代表。隋唐时期的安阳为相州治所，辖安阳、邺、林虑、零泉、相、临漳、洹水、尧城等8县。从上述所有窑址的地域来看，皆位于隋唐时期相州的范围内，因此我们可以将这些瓷窑遗址统一称为相州窑系。

作为北方最大的青白瓷窑系，相州窑在公元4～5世纪的中国北方地区有着重要的地位。相州瓷的生产不仅满足了本地区人们生产生活的需要，也作为当地重要的商品向外地大量输出，其影响不断扩大，包括今天的濮阳、鹤壁、新乡等广大的北方地区也都出土有相州窑的瓷器，甚至作为当时国际性流通商品，在日本的奈良等地也有发现。相州窑的烧制技术也不断影响扩大，在同时期的磁县贾壁、鹤壁开发区和安丰乡西高穴村等地都发现与其相同的制瓷技术的遗址和窑具。甚至在此之后的磁州窑系、鹤壁集窑、安阳县善应窑、北齐窑等都受相州窑烧制技术和种类方面等深远的影响。

从多次的考古发掘来看，相州窑不仅规模大、延续时间长，其烧制技术高超程度和瓷器种类的丰富程度都是这一时期其他窑址所不可比拟的。相州窑瓷器的烧成温度要明显高于北朝时期的瓷器，达到瓷器烧造的温度，即1200℃左右。其生产的瓷器胎质细腻、釉色鲜艳，有较好的玻璃光泽，扣之有较强的金属之音，是典型的成熟的瓷器。与之相比，某些北朝墓葬出土的瓷器，火候较低，仅称得上是釉陶。

在相州窑窑址及其同一时期的墓葬中都发现了一些白瓷，它为解决北方白瓷的起源与发展提供了线索。中国早期瓷器属于青釉系统。安阳相州窑白瓷的出现是中国陶瓷史上的里程碑，它是后来各种彩绘瓷器的基础。如8号楼T1内H1内，编号H1：30白釉碗，胎体较白，质地细腻，且无杂质。特别是其釉色莹白，无青绿、青黄等感觉，是标准的白瓷器。

相州窑是中国最早采用白色护胎釉工

艺的窑口之一。瓷器上釉前，在胎体上先施一层白净、细腻、含铁量特别少或根本不含铁的瓷土作为护胎釉，这样既可克服瓷器表面粗糙或凸凹不平的缺点，又可掩盖胎料中因杂质未除净而泛出的杂色或黑点。具有玻璃质特点的釉层有白色护胎釉衬底，能提高釉色的明亮、莹润和玻璃质感的程度。过去有人认为瓷胎上施白色护胎釉这项新工艺开始采用于唐代的邢窑白瓷，根据实物观察，隋代已采用，这是隋代制瓷工艺上的一个新成就。

• 宋代宰相的家族墓地 •

宋代宰相家族墓地说的是韩琦及韩氏家族墓地，位于安阳市西北约10千米的皇甫屯村西地，距村子约300米，南水北调中线安阳段干渠从陵园中穿过。墓地地处丘陵地带，地形略有起伏，呈缓坡状，地势西高东低，北高南低，海拔94～96米，布方基点坐标N36°09′27.1″、E114°15′58.1″。2009年4～7月、2010年11～12月，安阳市文物考古研究所分两期对遗址和墓葬进行了发掘，发掘宋代砖（石）墓9座、建筑基址2处，总计发掘面积2630平方米。

这批宋墓皆为带有墓道的宋代大型砖（石）墓葬，方向在185°～170°，根据墓室的形状和建筑材质的不同，又有圆形砖室墓和方形石室墓之分。共清理圆形砖室墓4座、方形石室墓5座。

第一期考古发掘于2009年4～7月进行，出土了3方墓志，2个石函和石像生残件。韩琦墓（编号M1）位于墓地的最北端，形制巨大，方向185°，由墓道、砖封门、挡土墙、仿木砖雕门楼、石门、甬道、墓室、棺室等组成。墓道壁为黄沙土，墓道内为黄红夯土，夯层20厘米左右，夯窝直径8厘米，圆底。墓道东西两侧各残存有部分壁画，壁画是直接在墓道两侧的土壁上刷白灰做地施画的，保存情况较差，脱落严重。东侧壁主要为人物头像，脸部为红色，头发部分为黑色，较模糊，靠近北侧的部分可能是女性头像。西侧壁画共有8个人物头像，脸部为红色，帽子为黑色。从头像来看应是男性官员的形象。墓室平面呈圆形，最大直径6.50米。墓室分为上下两部分，上部为墓室，下部

韩琦墓（孔德铭摄）

为方形石质棺室，用条石封盖。墓顶为穹隆顶，从南向北有三条东西向平行的“木梁”遗迹，木梁两侧有榫卯痕迹，应为当时地上建筑遗迹。最南侧的地梁东西长5.46米，宽0.6米，为三根方木铺砌，距墓道口的最北端约0.6米，两侧分别有一处石质柱础，为长方形，长0.6米，宽0.4米。中间的一根地梁为圆木，镶嵌在地槽内，距南侧地梁约0.5米，直径约为0.2米，东西长8.46米，两侧有清晰的榫卯痕迹。最北侧一个地梁也为圆木，也镶嵌在地槽内，靠近墓室的顶部约0.1米，距中间一根地梁5.6米，直径约0.2米，东西长6.6米，地梁两侧也有榫卯痕迹。

韩琦家族墓地二期考古工作从2010年11月11日开始，至11月30日结束，发掘了4座韩琦家族墓和一处建筑基址。4座墓葬中，3座为方形石室墓，1座为圆形砖室墓，位于现南水北调干渠的两侧，其中西侧1座墓葬（方形石室墓）、东侧3座墓，整体位于2009年发掘的5座韩琦家族墓及建筑基址的南部，分散布局，东西相距数百米。这4座墓葬和1处建筑基址在历史上都遭受过不同程度的盗掘和破坏，但仍出土了5方墓志，以及铁牛和铁猪。就墓葬形制看，北方地区特别是中原地区流行小型土洞墓和砖室墓，石室墓少见，而此次清理的3座石室墓形制巨大且独特，是北宋晚期北方石室墓的代表，具有较高的考古价值。

此次考古发掘明确了该处为宋代三朝宰相韩琦及其韩氏家族墓地，并基本上搞清了墓地的范围、布局、延续时代、墓葬主人和墓葬的形制等。特别是韩琦墓上的地上建筑和照壁类建筑基址是宋代墓葬考古中第一次发现。韩琦及韩琦家族墓地的发掘对研究宋代宰相一级的高级贵族陵园制度、墓葬形制及宋代北方墓葬形制演变、宋代丧葬习俗等提供了科学的实物资料。

韩琦墓志长、宽约1.55米，志文6000余字，志文与史载相互印证，特别是韩琦墓志文字与以往历史记载的墓志内容相对比，订正了原来史载文字中的错误，还原了其本来的面目。韩琦墓地二期发掘的4

座墓葬中的3座发现了墓志。根据墓志记载证实这三座墓葬的主人分别是韩琦（合葬）之子纯彦、粹彦、韩琦长孙韩治及其夫人。其中韩粹彦及韩治的墓志长、宽均为1.56米，2000余字，字体分别为当时著名的官员和御笔官等书写，文字精美，墓志形制比韩琦墓志还略大，这在宋代考古中非常罕见。韩琦及韩琦家族墓地发现多方墓志，是现今中国出土规模最大的墓志之一，具有较高的历史价值、书法价值和文学价值。

• 后母戊鼎 •

后母戊鼎（原称司母戊鼎）于1939年3月在河南安阳武官村北地由当地村民挖掘出土，当时因体积过大，为防日军抢走，挖掘者将其部分分割重新掩埋，直至抗日战争结束。1946年6月后母戊鼎重新出土，存于南京中央博物院。1958年南京博物院聘请技师为大鼎补上断掉的鼎耳，并复制另一只鼎耳安上，形成了今天的面貌。1959年该鼎从南京调往北京，存于新建成的中国历史博物馆（今中国国家博物馆）至今。后母戊鼎是商王祖庚或祖甲为祭祀其母戊所制，因鼎腹内壁上铸有“后母戊”三字得名，鼎呈长方形，口长112厘米、口宽79.2厘米，壁厚6厘米，连耳高133厘米，重达832.84千克。该鼎厚重立耳，折沿宽缘，腹部呈长方形，下承四柱足。器耳上饰一列浮雕式鱼纹，首尾相接，耳外侧饰浮雕式双虎食人纹。腹部周边雷纹为地饰饕餮纹。足上作浮雕式饕餮纹，下衬三周凹弦纹。后母戊鼎是用陶范法铸造而成的，在商后期铸造后母戊鼎至少需要1000千克以上的原料，且要在大约二三百名工匠的密切配合下才能完成，经测定，鼎含铜84.77%、锡11.64%、铅2.79%，与古文献记载制鼎的铜锡比例基本相符。

后母戊鼎

后母戊方鼎传奇

后母戊鼎是中国乃至

世界上目前已知出土的最大、最重的青铜器，该鼎造型庄重，纹饰精美，制作技术高超，代表了公元前1300年中国青铜铸造技术的最高水平，可谓“镇国之宝”。

·殷墟出土的甲骨文·

甲骨文是指刻在龟甲和兽骨的骨刻文字，是中国最早成系统的文字，从1899年殷墟甲骨文发现以来，这里共出土了约15万片甲骨文。考古发掘来看，甲骨文出土地主要集中在小屯村一带的殷墟宫殿宗庙区，多从甲骨文窖穴中出土，被称为“甲骨文档案库”。

商代占卜用的材料主要是龟腹甲（少量为龟背甲）和牛胛骨，卜用甲骨均需经过整饬。整饬时先将龟腹甲、背甲锯开，去掉腹甲外沿，背甲则从中剖开，锯去首尾两端，呈鞋底形。削锯后将正反两面打磨平整。肩胛骨则要先切去一部分骨臼，再切去突出的臼角并削平骨脊，最后将正反面打磨光滑。占卜前在甲骨背面（少数牛胛的正面）施以凿钻，凿窠为长槽状或枣核状，每个凿窠内侧钻一圆钻窠。占卜时，用燃炽的木枝烧炙凿钻处，在甲骨的正面即出现“卜”字形裂纹。钻处裂纹称兆枝，凿处裂纹称兆干。占卜即视此卜纹判断吉凶。占卜后，将所卜问事项刻记在甲骨之上。完整的卜辞包括叙辞、命辞、占辞、验辞等。叙辞又称前辞，记述占卜的干支日期、贞人名；命辞又称问辞，记述所卜问的事项；占辞记述商王视兆后对卜问事项所做的吉凶判断或推测；验辞记述卜后事情是否应验。商王极为迷信，遇事必卜问而后行之，因而殷墟甲骨刻辞记述了大量王朝国事和王室活动，如商王对天神地祇先公先王先妣的繁缛的祭祀、对内对外征战、对所属领地的聚敛和各地的贡纳，以及田猎巡行、劝农耕作、天象气

甲骨文（孔德铭摄）

发现甲骨文的故事

候、生老病死等。

殷墟甲骨文是现今所见中国最早的具有完备体系的文字，殷墟甲骨刻辞是现今所见中国最早的纪实文辞，因而成为语言文字学、历史学、民族学、天文学、气象学、农学、医学、地理学、考古学等多种学科的重要原始资料。殷墟甲骨的发现是近代学术史上最重要的发现之一。

• 殷墟玉器和殷商时期的玉石之路 •

殷墟玉器在继承中国传统玉器制作工艺的基础上，在加工、雕刻等工艺上有一定的进步。殷墟时期是中国艺术史上的重要阶段，青铜艺术空前繁荣，玉器艺术则承续史前文化底蕴而势头再度高涨。青铜器依靠范铸工艺的成熟，玉器则因工具的改进提供了追求全新视觉样式的条件。这一时期已经出现了大量制玉的专业技术人员和专门加工生产玉器的作坊。据殷墟发掘表明，小屯村北地出土两座疑是殷墟时期的制玉作坊。由于殷墟玉器纹饰与殷墟青铜器纹饰十分接近，专家推定殷墟大部分玉器就是在当地制作的。可以推测，殷商时王室已设立了工官制度，采玉、制玉、用玉系统已臻于完备。剖切玉料，殷人可能采用手工推磨与砣具旋切的方式，另外也可能使用青铜锯切割玉料的方法，甲骨文“刖”字的构成，就是一人持锯施刑于另一人的象形。妇好墓出土玉铲形刀上有细密锯齿，证明商代已经使用此种工具。殷墟出土的玉器主要颜色为各式青色，另外有牙黄、墨绿、深灰、浅灰、乳白、黑色等。在殷墟除祭祀用玉外，玉器随葬成为一种习俗，考古发现的殷墟大中型墓葬中都有玉器随葬，随葬玉器的种类、数量与墓主人的身份有着密切的关系。特别是妇好墓，共出土玉器755件，是目前考古发现殷墟出土玉器最多的墓葬。最令人叹服和最为成功的是，殷墟已开始有了大量的圆雕作品，此外玉匠还运用双线并列的阴刻线条（俗称双勾线），有意识地将一条阳纹呈现在两条阴线中间，使阴阳线同时发挥刚劲有力的作用，而把整个图案变化得曲尽其妙，既消除了完全使用阴线的单调感，又增强了图案花纹线条的立体感。

根据玉器的质地、矿物成分等综合分析，专家推测殷墟玉器的来源主要为新

阴阳玉人

殷墟出土的玉器

疆和田、辽宁岫岩、河南独山等地。但除河南独山外，其他的产玉地区都距殷墟数千千米之远，又有大山大河相隔阻，这些精美的玉石是通过何种渠道、采取什么运输工具，千里迢迢运到殷都？在殷墟与这些产玉地区之间似乎应有一条固定的玉石运输之路，但这条路存在与否，玉石之路经过哪些地区等，目前仍是一个未解之谜！

胜景掠影

——最美不过安阳

悠久厚重的历史和得天独厚的地理环境，使得安阳无论是人文古迹还是自然景观都非常丰富。岳飞庙、袁林、马氏庄园等这些文物古迹是先祖留给安阳的文化瑰宝。天平山、黄华山、洪谷山、柏尖山、龙凤山和内黄的枣园是大自然给予安阳的特殊恩赐。而人工天河红旗渠则是林州人民不畏艰险、战天斗地的象征，而今的红旗渠不仅是林州人的救命渠，更是中华民族“自力更生、艰苦创业、团结协作、无私奉献”精神的重要体现。

• 世界文化遗产——殷墟 •

殷墟位于今安阳市西北小屯村附近，是中国商代晚期的都城遗址，距今已有3300年的历史。殷墟早在周朝的时候就已经成废墟了，何以还能成为世界文化遗产呢？说来话长。

国际上公认的文明时代的标志是有城池、有文字和金属器皿的使用。而殷墟恰恰具备了这三个特征。

在国际上被承认、没有任何争议的、中国最早的文明时代就始于商朝的殷墟。殷墟将中国的文明史拉长了1000多年。

从1928年考古发掘开始，在殷墟先后发现了110多座商代宫殿宗庙建筑基址、12座王陵大墓、2500多座祭祀坑和众多的族邑聚落遗址、家族墓地群、手工业作坊遗址、甲骨窖穴等，出土了数量惊人的甲骨文、青铜器、玉器、陶器、骨器等精美文物，全面、系统地展现出3300年前中国商代都城的风貌。

而从殷墟出土的甲骨文则是目前中国最早的文字，它和古埃及的象形文字、巴比伦的楔形文字以及美洲印第安人的玛雅文字一起，并称为世界四大古文字，也是世界文明的象征。

后母戊鼎是迄今为止世界上出土最大、最重的青铜礼器。殷墟的规模也是世界上其他遗址少见的。

当世界上多数民族还停留在石器时代

殷墟大门

时，生活在商朝的人们，已经进入青铜器时代了。这不是一般意义上的跨越，而是一个划时代的进步！你也许不了解安阳，没目睹过后母戊鼎的真容，但对于这个世界上最大的方鼎、世界青铜器的代表，你是不会陌生的，因为，它早就已经被写进了中国历史的教科书，历史已经肯定了它在中国乃至世界的价值和地位了。

仅在1978年对殷墟的考古发掘中，就出土青铜容器4000余件，在这些青铜器中，后母戊鼎是殷墟出土的最大青铜器。它高1.33米，长1.10米，宽0.78米，重达875千克。

后母戊鼎到底意味着什么呢？

意味着3300年前，在那个世界上大多数地区工业还没有形成的年代，中国已经能够铸造如此大的一件重器了。浇铸这样一件重器，不要说古代，即使现代也不是件容易的事，它需要特别明确的分工和协作，从炼铜的浇铸、制模到拆范等一系列工序，需要130多人同时进行。不仅如此，有人做过比较，后母戊鼎中，铜、锡、铅的比例，与现代所铸青铜中铜、锡、铅的比例基本相同。要知道，那可是个没有任何精密仪器的时代，由此，可以断想，当时冶炼技术是何等的高超！

鼎，原本只是一口煮肉用的锅，到后来，它逐渐演变成权力的象征。何止是权力呢？在历史上，它还是工业发达和进步的象征。据专家考证，后母戊鼎并不是商代最大的鼎，只是目前出土的最大的鼎。2003年，考古工作者在安阳钢铁公司附近

后母戊鼎出土地（郭平摄）

进行考古发掘时，曾经发掘出一个铸造青铜器的工场，工场里有一个铸造青铜器的内范，这个圆形内范口径就达到1.6米，比后母戊鼎要大得多。

其实，能证明商代文明的远不止是一两个大鼎，殷墟出土的玉器琳琅满目，种类繁多，每件器物都雕刻细致，做工精美，体现了商代高超的工艺水平和艺术想象力。据专家认定，殷墟出土的玉器，其原料大多来自新疆的和田玉、辽宁岫玉。那么，是不是可以这样设想：早在3300年前的商代，就已经有通往西南和东北的“金石之路”了。这可要比始于公元前2世纪的“丝绸之路”早1200多年！

公元前1300年，商朝第20位国王盘庚把都城由山东“奄”（今山东省曲阜市）迁到“殷”（今安阳市小屯村），并在此建立都城，历8代12王，共254年。殷曾经是商王朝政治、文化、经济的中心。

殷墟，东起郭家湾，西至北辛庄，南起刘家庄，北至后营，东北至三家庄，长约6千米，宽约5千米，占地面积约24平方千米。大致分为宫殿区、王陵区、一般墓葬区、手工业作坊区、平民居住区和奴隶居住区。从其城市的规模、面积，宫殿的宏伟，出土文物质量之精、之美、之奇，数量之巨，均可证明，它不仅是当时中国，而且是整个东方的政治、经济、文化中心。

考古学家刘庆柱说：“殷墟考古发掘70多年来，发现墓葬计8000余座，包括王陵和大量族墓，其种类有带墓道大墓、长方竖穴墓、无墓圹墓及祭祀坑等，这在世界其他文化遗址中是少见的。”

殷墟，是闻名中外的中国商代晚期都城遗址，是中国历史上有文献可考、并为甲骨文和考古发掘所证实的最早的古代都城遗址。中国国家文物局专家童明康曾说：殷墟作为中国最重要的、最早的都城遗址，对中国历史的影响一直延续至今。殷商时期的文字已相当成熟，所确立的古代都城制度、礼制、丧葬制度等也都直接影响了后世几千年。

不仅如此，殷墟时期的自然科学技术在很多领域也达到了世界先进水平。甲骨文的记载表明，殷人已能够准确地记录日食、月食和星象，并对超新星等天文现象有了较早的认识。殷历法采取阴阳合历，将一年分为12个月，并采取增加闰月的方法，解决了与回归年实际太阳日的矛盾。这些方法仍为中国现行的农历所沿用。

在数学方面，殷人已有了个、十、

百、千、万等数字概念，并采用了十进位制。

在医学方面，商代晚期已能认识人类的10多种疾病，除用药物治疗外，还能应用针砭、按摩等治疗方法，达到了较高水平。

考古发掘表明，殷墟时期的手工业空前发达，不仅门类齐全，而且工艺水平极高。一些主要的手工业生产部门，如青铜冶铸、制玉、制陶、制骨、制车、纺织等都已达到了相当大的规模。其中这一时期的白陶、原始瓷等在中国陶瓷史上占有重要地位。

尽管殷墟的历史和现实意义都是毋庸置疑的，但申遗的道路并不是一帆风顺，原因在于它不像寺庙、建筑、石窟等为可视遗产，是大家看得见摸得着的，殷墟是埋藏于地下的中华瑰宝。殷墟申遗的成功，为中国类似文物的展示和保护树立了典范。谁能说这不是另一种意义上的第一呢？何止于此呢？殷墟还是由中国国家学术机构第一次全面负责、中国学者独立主持考古发掘的古代遗址，殷墟的发掘，标志着中国近代考古学的诞生。自1928年发掘至今，殷墟的发掘培养了一批批的考古学者，殷墟也成了名副其实的中国考古学者的摇篮。

到底该如何评价殷墟呢？

可否这样理解：殷墟就是“躲在不为常人注意的秘处”的一座瑰宝，殷墟可以傲视异邦古迹的地方到底在哪里呢？就在于它有3000多年的层层累积。看殷墟，不是看死了3300年的标本，而是要看活了3300年的生命。3300年，始终活着，血脉相通，呼吸匀停，这是一种何等壮阔的生命！

观别处的风景，你可以浏览到一座山一处水或者是一座古代的建筑，而看殷墟，你必须亲自俯下身来，抓一把细细的泥土闻一闻，走一走平直的基址或方方正正的墓坑，再不然，抓起一把细碎的石头，在手里玩一玩，闻一闻远古时代的那种味道，品一品商王朝的硝烟，这样，也只有这样，你才能品出殷墟的王气和霸气来。

文峰耸秀——文峰塔

要说“文峰耸秀”，那是有来历的。建于后周广顺二年（952）的文峰塔，原本只是一座佛塔，因建在天宁寺内，就叫天宁寺塔。清乾隆三十七年（1772），彰德府的知府黄邦宁决定重新修整天宁寺塔，他觉得修葺一新的天宁寺塔完全可以代表彰德府的文化高峰，便在塔门横额上题了“文峰耸秀”四个大字，从此，该塔就改叫“文峰塔”了。

文峰塔高38.65米，周长40米，壁厚2.5米，砖木结构，五层八面。文峰塔的独特之处在于它上大下小的结构，这在世界上都是极为少见的。文峰塔构造为平面八角形，浮屠五级上有平台，下有券门，每层周围有小圆窗。整座塔身坐落在一个高达2米的砖砌台基莲花座上。塔身底层的四面有雕塑精致的圆券门，门顶用砖雕刻有二龙戏珠。塔的最下层塔身较高，立于塔的八面壁上分别饰有直棂窗、圆券门和佛教故事的砖雕，刻工细致，形象逼真，造型动人。再加上塔身下部8根盘龙柱之间极其精美的佛教故事浮雕，无怪乎历代名人贤士登临后都赞叹有加。塔顶为高10米的塔刹，宽敞的塔顶平台可同时容纳200余人。站在宽敞的平台上，听悬于各个檐角的铜钟齐鸣，微风徐来，叮当悦耳，给人

文峰塔

以高远静穆之感。据记载，塔西曾有湖，湖上有桥，临塔观湖，似见虹卧碧水；当桥望塔，影如梦笔生花。只可惜，如今已是湖存桥亡了。

• 昼锦三绝——昼锦堂 •

在现如今安阳老城东南营一带有一座昼锦堂，是北宋宰相韩琦任相州知州时在州署后院修建的一座堂舍。

昼锦堂里有一块碑，被人们称为“三绝碑”，要说“昼锦三绝”，我们还得从昼锦堂的主人韩琦说起。

相州人韩琦曾经是“相三朝，立二帝”的宰相，是“一位流芳千古”的清官。

韩琦为相十年，政治上经历了两次辅助皇帝立储，庆历新政等重大事项；经济上曾推行均田制改革；军事上主张“籍民为兵”；吏治上大胆改革，力求改变官场懒政之风。韩琦还非常爱惜人才，使苏洵、欧阳修、苏轼等人才得到重用。在朝，韩琦运筹帷幄，使“朝廷清明，天下乐业”。他忠于职守，勤政爱民，尽职尽责，得到朝廷上下一致好评。为感念其功德，老百姓为其修生祠，朝廷封他为仪国公、魏国公、卫国公。像这样的清官在历史上并不多见，堪称一绝。

在昼锦堂刚刚落成时，大文学家欧阳修专门写了《昼锦堂记》贺喜，当文章写好送给韩琦后，一向字斟句酌的欧阳修突然发现还有修改的余地，于是，又派人快马加鞭将文章追了回来，追回来后只在“仕宦至将相，富贵归故乡”一句话中加了两个“而”字，成了“仕宦而至将相，富贵而归故乡”。由此可见，欧阳修对自己的文字要求是多么严格，像这样“苛刻”出来的文章能不冠绝天下吗？此乃第二绝！

如此严谨致密的文字，如此功勋卓著的名臣，自然要大的书法家来书写。于是，当时名震朝纲的书法大家蔡襄担当此重任。尽管身为名家，对于书写《昼锦堂记》蔡襄还是十分谨慎的，为防意外，蔡襄将每一字都反复练习十多遍，优中选优，而那块刻有《昼锦堂记》的石碑就是这样一个字一个字地组织起来的，又被称为“百衲碑”。此乃第三绝！

昼锦三绝

因此，这块石碑被后人称为“三绝”碑，“昼锦三绝”便由此得名。

昼锦堂修好后，韩琦并没有在这里居住太久，五个月后，韩琦回到朝廷中。直到十三年后，昼锦堂才再次迎来了自己的主人，此时的韩琦已经是满头白发的花甲老人了。急流勇退的韩琦本想在此安享晚年，没想到，仅仅三个月后，他再次被朝廷任命，前往大名府坐镇救灾。五年之后才回到昼锦堂，这一次，韩琦再也没有离开自己的故乡，直到公元1075年病逝于相州，享年68岁。消息传出，当地百姓哭之甚恸，朝廷也辍朝三日，宋神宗特命制御碑，上书“两朝顾命，定策元勋”，并谥“忠献”，赠“尚书令”等荣誉称号。韩琦死后，昼锦堂也告别喧嚣，静待岁月变迁。

袁世凯之墓——袁林

袁林，也称袁坟，是中华民国第一任总统袁世凯的墓地，位于安阳洹水北岸的太平庄。

1916年，时任民国总统的袁世凯病逝。遵其“葬吾洹上”的遗愿，后人选择了这处南临洹水、北望韩陵、东接御道、西依京广铁路的风水宝地。历经两年多时间的修筑，一座耗资70余万银圆、占地近139亩（约合92667平方米）的坟茔在洹水北岸落成。

袁林

自古帝王之墓为陵，圣人之墓为林。袁世凯的坟墓该称“陵”还是“林”？颇令后人为难。袁世凯生前称帝未成，未曾身居大宝，且已取消洪宪年号，如果采取袁陵之名，实为不妥。林与陵谐音，《说文解字》上所载“陵”与“林”二字又可以互相借用，避陵之名，有陵之实。于是，袁世凯这位身份极其特殊的人物坟茔被称作袁林。

袁林以神道为中轴线，南北绵延两千米。袁林建筑群仿明清帝陵建筑形制，规模略小，袁氏墓冢则仿美国第18任总统格兰特濒河庐墓的形制修成，为内包水泥、外砌石墙的独特欧式风貌。照壁、牌楼、碑亭、东西配殿、景仁堂、墓台等建筑，以神道为中轴分布其间，布局严谨，错落有致，既承袭中国传统建筑规制，又吸取西洋建筑风貌，形成了中西合璧、风格迥异的陵园建筑特色。硕大的照壁在整个袁林的最南端，照壁内侧满饰砖雕图案，技艺精湛、庄重典雅，是全国现存照壁中规模最大、纹饰最精美的一面。袁林现为河南省重点文物保护单位，也是河南省仅存的少数几个官式建筑群之一。

• 文字的家园——中国文字博物馆 •

2009年严冬，几千年来从未谋面的文字，在庄重威严、金碧辉煌的中国文字博物馆里相会了。从此，这些来自不同时代，孤独穿梭在历史长河中的文字再也不会寂寞了。

运用象形、会意、形声、指事等方式造出来的历经几千年岁月磨炼的文字全来了，篆、隶、行、草、楷，运用不同书写形式来展示着自己、张扬着自己的个性。就连刻写在龟甲、兽骨、器皿、玉石、竹简、棉帛、古玺和古币上的文字也来了。甲骨文、金文、陶文、玉石文字、简牍、帛书、古币文，以及藏文、维吾尔文、蒙古文，甚至如今几乎消失了的粟特文、龟兹文也来了。这些个在历史的长河中匆忙穿梭了几千年的文字，全在同一时间同一地点，在中华文明的发祥地、八大古都之一、甲骨文的故乡——河南安阳聚首了。

从此，为传承中华文明辛勤劳作了数千年的中国文字终于有了一个自己的家——中国文字博物馆。

如果说“结绳记事”还是蛮荒的时

代，那么有文字记事的时代，则是文明的开始。试想，假若没有文字，我们的历史该如何延续？我们的思想该如何交流？人们的劳动成果又如何巩固？我们的社会又如何进步？难怪仓颉造字后，历史会对他做出如此评价："天雨粟，鬼夜哭。"可见汉文字的出现，对于中国来说是一个多么大的进步。仓颉造字震惊的何止是天地？泣动的何止是鬼神？它大大地推动了世界历史向前迈进了一大步。

仓颉，原本是上古的一名史官。他将人们刻在刀柄上的图、画在门户上的画、口口相传的一些符号收集整理出来、制成文字。因为他收集文字的伟大意义和贡献，人们把他神化了："颉有四目，仰观天象，因俪鸟龟之迹，遂定书字之形。造化不能藏其秘，故天雨粟；灵怪不能遁其形，故鬼夜哭。是时也，书画同体而未分，象制肇创而犹略。无以传其意故有书，无以见其形故有画，天地圣人之意也。"

该如何让人们永远记住这些个曾经推动人类历史进步和发展的文字呢？21世纪，建于河南安阳的中国文字博物馆功不可没。中国文字博物馆不仅填补了中国语言文字类博物馆建设的空白，也将对中国文字、文化、文明的传承、保护、研究和发扬产生重大而深远的影响。

占地143亩，总建筑面积34500平方米的中国文字博物馆是个大气恢宏的建筑。整个主体馆的造型借鉴殷商甲骨文、金文所概括的最富有哲理、最经典、最神圣的建筑形象——"墉"字的象形文字进行设计，整体建筑布局充分体现了中国传统建筑的艺术风格，不仅表现了中国文字文化内涵，也显示了文字在中国文明发展史中举足轻重的地位。高32.5米的主体馆，蕴含了殷商时期的高级宫殿建筑形象的基本要素，采用殷商时期的饕餮纹、蟠螭纹图案浮雕金顶，气势磅礴，很有殷商宫殿"四阿重屋"的气度。采用红黑图案的雕墙和雕柱，颇具殷商文化辉煌的装饰艺术。

高18.8米，宽10米，取甲骨文、金文中"字"形的字坊，是文字博物馆一个标志性的建筑，是人们有关文字的第一印象。其实，它何止是文字博物馆的一个建筑呢？分明是一种文化，一种力量，文字的博古和伟大全在这个矗立的"字"字中体现了。紧随字坊其后的是由28片极具代表性的青铜甲骨片组成的碑林，隐含了殷商时期最具代表性的两种元素——甲骨文

中国文字博物馆

和青铜器。这批甲骨文最大尺寸高达 1.4米、宽0.9米，总重量3吨。青铜甲骨片的正面是向天卜问吉凶祸福的东方青龙七宿、北方玄武七宿、西方白虎七宿和南方朱雀七宿共28星宿，背面则是这些甲骨卜辞的释文。28星宿，象征人与自然密切相连、“天人合一”的中国古典哲学理念。

汉字年庚几何？又是如何历经篆、隶、行、草、楷一步一步演变的？谁将中国文字统一的？承载文字的工具都有哪些？金文和甲骨文有何区别？文字在数千年的发展历史中，曾经遭遇过怎样的坎坷？如果你是个细心的参观者，慢慢地在中国文字博物馆里徜徉，肯定都能找到答案。

从发明活字印刷术的毕昇，到开发出了汉字激光照排系统的王选，再到发明五笔字型输入法的王永民……这些中国文字印刷和信息处理技术开拓者们的贡献和伟绩，在中国文字博物馆里也同样记载着。

“敬惜字纸”是中国绵延千年的传统。的确，甲骨、青铜器、简帛等曾经做过文字的载体，而在文字的传承中，付出最多、功劳最大的当属纸张。别小看那簿如蝉翼的纸片，那是历经蔡伦8年的心血发明创造出来的。它不仅是蔡伦送给中国的礼物，同时也是中国送给世界沉甸甸的礼物。从此汉字有了纸张这个传播载体，在历史的长河中穿梭更加游刃有余了。

与大多数博物馆的古板、肃穆、庄

严不同的是，中国文字博物馆融入了更多的现代科技，当声、光、电等现代技术被充分运用，高科技与人性化因素融为一体时，这部有关文字的百科全书就变得妙趣横生了。“一点一横长，口字当大梁”，让你猜猜我是谁。这是有关猜字谜的游戏，字谜不算复杂，却让你驻足片刻，若能猜出来，也会是一份小小的惊喜。不用动手，仅凭挥手这一简单动作，你就能打开那本厚厚的有关文字发展史的“大书”。“触摸”这个在手机屏幕上很流行的动作，一旦引入博物馆这种呆板的空间里，就显得活泛多了、有趣多了。随手点几下，有关文字发展的历史，就能了解得差不多了。还有那些个仿古书桌、木制小坐墩、毛笔、描红等，仿佛一瞬间，就回到了2000多年前，像坐在孔子的“私塾”中聆听有关“不学礼，无以立”“己所不欲，勿施于人”“己欲立而立人，己欲达而达人”的解读。运用现代声光电技术，温习古人的“仁义礼智信”，这是一种历史与现代的交融，在轻松愉悦的游玩中，把枯燥的历史知识全掌握了，中国文字博大精深、深邃神奇的魅力全在这里体现出来了。

作为一座全面反映、专题研究中国各民族文字、文字历史、文字文明的专题博物馆，中国文字博物馆荟萃历代中国文字样本精华，讲解中国文字的构形特征和演化历程，反映中华文明与中国语言文字的研究成果，展示了中华民族灿烂的文化和辉煌的文明。

太行之魂——王相岩

太行山绵延千里，像一条青色的巨龙，盘踞在河南、河北、山西三省辽阔的大地上。千里太行，风光旖旎，自然和人文资源十分丰富。整个太行山，有绿浪滔天的林海，刀削斧劈的悬崖，千姿百态的山石，如练似银的瀑布，碧波荡漾的深潭，雄奇壮丽的庙宇，引人入胜的溶洞，还有令人神往的美丽传说。

太行山位于河南林州西部的一段属于南太行，被称为林虑山，而王相岩就坐落在林虑山上，是林虑山的一颗名珠、一张名片，素有“太行之魂“的美誉。

王相岩历史悠久，历来都是帝王将相、达官显贵、文人贤士、名流高僧驻足或居住的地方，这里曾经留下了他们许多美丽而动人的传说。

商王武丁立志繁荣国家，却苦于无贤臣良将，即位后三年不语，为的是说服朝臣重用奴隶出身的傅说辅佐自己治理国家。傅说果然不负众望，就任宰相后，竭尽文韬武略之才能，利用三年时间，使商王朝达到了空前发展，实现了“殷道复兴”的梦想，历史上称之为“武丁中兴”。后人为了纪念在此居住过的傅说，把这个地方叫王相岩，傅说曾经生活过的村叫王相村，绝壁崖头上的千年石橡树，被称为王相树。王相岩也是东汉名士夏馥因“党锢之祸”隐居避难的场所，还是明代道士赵得秀修身养性的地方、清代兵部督抚右侍郎许三礼安度晚年的地方。因此，王相岩曾多次更名：上古称“宝泉岩”，殷商称“王相岩”，东汉称“隐居岩”，明代称“老道岩”，清代称“避暑岩”。

王相岩不仅历史悠久，传说动人，它也集太行山的“雄、奇、险、峻、秀、幽、绝”于一身，占尽了太行山的无限风光。

站在王相岩的入口处东眺，是美丽峻秀的朱雀峰，正上方那大红巨石恰似朱雀冠，在阳光的照射下闪烁着耀眼的红光，整个山体则恰如朱雀尾，似开屏的孔雀，在向人们展示着它秀美的身姿。转过身再往后望去，左边山峰犹如一条青龙，翘首极目，腾空欲飞；右边好像猛虎，昂首怒吼，虎虎生威。“左青龙，右白虎，前朱

王相岩的传说

央视网

走进林州之太行大峡谷

太行之魂

雀，后玄武”的自然环境，使王相岩成为难得的风水宝地。

王相岩，山势陡峭，如刀削斧劈般峻险；山谷幽深，千回百转；藏秀于雄，蕴巧于朴；飞瀑高悬，落差千丈；古木参天，荫翳蔽日；气势恢宏，环境优雅。

人行谷底，抬头四望，雄岩壁立，险不可攀；而峰回路转处，则是灌木林立，绿色植被郁郁葱葱，千米森林浴廊，鸟语花香，令人心清虑涤，分外舒畅。人在山中走，犹如画中行，吸一口清新湿润的空气，给自己的五脏六腑洗个澡，爽！

白云深处，半山腰间，忽现古朴农家石院，石地、石墙，石碾、石磨、石桌、石凳，石梯、石楼、石板房，石锅、石灶、石缸、石臼……就地取材的石与刀削斧劈的山体相映成趣，浑然一体。人，不知是在山中走还是在仙境中行，大有恍若隔世之感。

王相岩植被繁茂，奇珍满山。蛾耳栎、辽东栎、麻栎遍布沟谷；黄花肆无忌惮，漫山遍野地开；无边无际的绿色丛林中生长着连翘、何首乌、元胡、柴胡、灵芝等各种名贵中草药。生长在峡谷悬崖峭壁上的何首乌，每年只长玉米粒那么大，拳头大的一块要长二百多年；生长在王相岩潮湿山地枯树根上的灵芝更长寿，有的已经生长了千年以上。

春游王相岩，山花烂漫，播香散芳；夏游王相岩，丛林流绿，宛如海洋；秋来王相岩，红叶满山，瓜果飘香；冬至王相岩，瀑布成冰，林海雪原。称王相岩为“太行之魂”，一点都不为过。

• 北雄风光最胜处——天平山 •

天平山位于林虑山的中段，以雄、奇、险称雄北方。天平山有六大峰、五小峰，诸峰回环连接成整体巨嶂，高昂险峻，直刺苍穹。四方垴海拔1632米，为林虑山最高峰。

关于天平山，宋代三朝宰相韩琦曾赞叹：“林虑天平山者，天下绝胜之境也，雄伟秀拔，虽江南诸山素有名者，皆所不及。”宋朝殿中侍御史柳开曰：“虽善工亦不可图画。”

天平山神秘莫测，是历代仙释之徒和圣人雅士游赏栖息、帝王叛臣屯兵留寨之

北雄风光

地。唐吕洞宾曾隐居于此，被民间奉为仙人，墨灶寺、黑龙潭、吕谷遗迹犹存。高僧稠禅师在此修建天平寺，六峰环抱，被称为莲花佛国。历代名公臣卿如柳开、韩琦、张商英、许有壬、潘耒等慕胜而游，都曾留下许多脍炙人口的诗篇。由他们命名的慧泉、环翠亭、昆间溪、柳公溪、长老岩、羽衣轩、玩川台、窦公庵等诸景点更赋于天平山深厚的文化内涵。历史上通往山西的主要通道——晋豫雄关十八盘也在天平山，地势险要，为历代战略要冲。

天平山清溪蜿蜒，水声潺潺，三步一瀑，五步一潭，青山、密林、繁花交相辉映，妙趣天成。

站在天平山脚下仰望，巍峨挺拔的山峦、峻秀突起的山峰，让人不禁想起宋代诗人李琮的诗“太行郁嵯峨，落势壮京阙。天平岌其麓，佳气共盘结。峻发天地灵，形势及漳邺。……”

只见整个天平山，山连着山，峰牵着峰。明高启在《游天平山记》中说天平山有六大峰五小峰。六大峰为依屏峰、碧霄峰、烟云峰、连云峰、朝阳峰和罗汉峰；五小峰为海德峰、仙居峰、屏墙峰、碧霄峰和天柱峰。

天平山上有个天平寺，始建于东魏兴和年间（539～542），由高僧稠禅师创建，至今已有1400多年的历史，是林州最古老的寺庙之一。天平寺正名叫明教禅院，又名十方院，由于地处林州的天平山上，又叫天平寺。天平寺现存大佛殿3间，房顶为石拱券式，外表如正常房子，中却无梁无椽，俗称无梁殿。山门面阔3间，大门顶为圆拱券式，灰板瓦覆顶。遥想当年天平寺香客云集、烟雾缭绕的盛景，如今只剩下几间庙宇，三五香客，不知和尚云游何方，唯有菩萨还在坚守着。

驿道是古时中原通向晋地的交通要道，担负着重要的运输任务。天平山古驿道（又名雹珠路）曾为河南彰德府（今安阳市）通往山西潞安府（今山西省长治市）的官道，所以历来为兵家必争之地。约2500年前，晋将赵胜击溃齐兵于此。其后石勒、高欢、高洋、赵匡胤等都曾在这里屯兵，并留下诸多美丽神奇的传说。

有一处别样景观却是可遇不可求的，那就是天平山飞瀑。只见一道飞瀑挂在山间，它从百米高的悬崖上坠落。那瀑布好似巨龙飞腾，气势磅礴，从山崖上飞泻而下，发出震耳的轰鸣声，令人惊心动魄。被岩石撞碎的水好似万串珍珠，又好似一支支银色的箭头争先恐后地向谷底飞去。瀑布旁的大石头上镌有红色的大字“天平飞瀑”，听说它是天平山主要的景点之一，真是名不虚传，简直有“飞流直下三千尺，疑是银河落九天”的气势。瀑布从上面冲下来，已被扯成大小的几缕，不再是一幅齐整而平滑的布，它冲进潭中，溅起朵朵水花，阵阵山风吹来，把瀑布吹散开去，形成了薄薄的水雾，好似仙女的纱巾在随风舞动。眼前的一切看起来朦朦胧胧的，那雨丝般的水雾不时地飞溅到脸上、身上，让人感觉凉凉的，柔柔的，十分舒服，真是沁人心脾。

初春时节的天平飞瀑，少了夏的张扬，却仍有冬的内蕴。冰瀑，那真是大自然的又一大奇观，飞流而下的水花被寒气瞬间凝结在空中，一点一点，形成了如花翻滚似的一卷一卷永恒的雕塑，似雪又像冰，日子久了，积得多了，自然就成山了，在四周墨色的环抱中，显得更加玲珑剔透。

一处好的风景，绝不仅只是一种景致，一山有四景，季季各不同。天平山也是这样，四季各有特点。初春时节的天平山，尽管还不够青翠吐绿，山阴处还有未融化的冰雪，山石也有些青灰单调，但有白雪的陪衬，有山泉的叮咚相伴，再加上呜咽的山风，未尝不是另一种景观。

三九严寒桃花开——桃花谷

据传，曾经在三九严寒百花凋零之时，太行大峡谷中的桃花谷里却桃花盛开。

相传540年，东魏高欢篡权，兵败林滤山蚁尖寨，率领众将士从“城墙岩”“蒙眼道”“哄娘坨”退到今桃花谷一带。时值数九寒冬，冰天雪地不能行军，高欢虽下令驻洞扎营，但因后有追兵，粮草困乏，所以心急如焚，恨不能插翅飞离此地。一天夜里，高欢梦见一白发老翁说，必等到桃花盛开的时候才能拔营出发。于是他每日派兵出洞察看，看桃花开了没有。然而此时正值隆冬季节，寒风怒号，大雪纷飞，滴水成冰，哪会有桃花开。派出去的士兵如实汇报，盛怒之下的高欢下令将说实话的士兵推出洞外斩首。10天之内连斩10人。到了第11天，高欢派一名中年士卒出洞察看。这位士卒想到自己死后家中老母、妻子、儿女无人供养，不禁捶胸顿足，恸哭失声，仰天哀求：“老天爷救救我吧：桃花快开吧！”哭声感动了苍天，于是玉帝命桃花仙子为人间解难降福，顿时满山的桃花盛开。高欢高兴万分，立即下令拔营，班师行军，离开了桃花谷。

传说毕竟只是传说，而桃花谷的名

桃花雪

字却流传下来了。即使不是传说，相信许多游客也不一定是奔着那个隆冬季节的桃花来的。因为，桃花谷的美景实在是太多了。

桃花谷到底美在哪儿呢？美在它灵山秀水、不事张扬的性格。桃花谷景区并不算大，但不大的景区内却有山有水，山水相连，山清水秀。山不高，水不湍，却很有底蕴。桃花谷的水来自山顶的瀑布，飞瀑从高处跌入山涧，粉身碎骨中化作涓涓细流，不湍也不缓，但却清得可以见底，水深处如一潭碧玉，有着深不可测的浓和绿，浓得化也化不开，绿得扯也扯不断。行走在人工搭起的栈道上，抬头望天，蓝天飘着白云；环顾四周，山体碧绿青秀；而低头看水，却是一汪深不见底的绿潭。侧耳细听，潺潺的水声不断，再加上习习而来的山风，若同游的是三五知己或吟诗作赋的性情中人，在空旷的山谷中，吼上两声，歌上一曲，那就更美了。

桃花谷的美不仅在于它五步一画、十步一景，而是整个峡谷处处是景。那块被压在大山底下、仅探出半个脑袋的神龟，似乎在向游人求助："快救救我吧！我要自由。"好在它身旁还有一块夹在两山之间的石头陪着，神龟也不会过于寂寞了吧？而那块石头呢，却更有意思了，分明是被两座大山夹住了，人们偏不这么说，而是给这个地方起了个很好听的名字叫"含珠"。一个"含"字韵味无穷。

距"含珠"不远处还有一块无名巨头，不知是何年何月从周围的哪座山上滚下来的，像顽皮的孩子做了坏事，被气急的母亲赶出家门，他就守在家门口，孤零零地蹲着，不肯离去，等着心疼了的母亲再把他唤回去。任岁月变迁，这块巨石"我自岿然不动"，该长树长树，该生草生草，自自然然就在那里安家落户了，根本不去管是挡了水路还是阻了山道，大自然真是鬼斧神工啊。

九连瀑也应该是桃花谷里一个很极致的景点了，中国古老的文字十分有讲究，三以上就代表多，九自然是更多了。有人为它起名九连瀑，应该是形容瀑布的多吧。若严格从瀑布的定义去考究，把九连瀑称为瀑布还有点儿不够格。庐山也好，黄果树也罢，那里的瀑布都是十分壮观。与那些个瀑布相比，这个九连瀑就有点娇小了，水是细流，高度也有点差，难得的是，它一年四季就那么流着，涓涓的。正像有人喜欢小家碧玉，有人喜欢妖娆妩媚一样，我对九连瀑是情有独钟的，我喜欢

桃花谷瀑布

它的不事张扬和锲而不舍。

有人曾这样写文章形容桃花谷："位于太行山半腰，海拔1700余米。桃花谷四面诸峰如笋。谷上悬崖百丈，荆棘丛生。谷的西南山顶有一飞瀑高悬，深渊浅潭，清澈可鉴，水美之处竟与九寨沟中'海子'相似。此处春时山花怒放，夏时绿草如茵，秋时满山红叶。最神奇的是桃花洞周围则山桃花凌寒怒放，桃花谷因此而得名。"

我们姑且不去评论"三九严寒盛开的桃花"的虚与实。桃花谷山美水秀却是真的，俗话说，一俊遮百丑，桃花谷的美景就已经足够吸引游客了，有没有三九严寒盛开的桃花，大家也就不必在乎了。想想，也是这么个理儿。

冰火两重天——太极山

传说亿万年前，在混沌中孕育成人的盘古，历经了摧肝裂胆的毁灭与新生，挣脱混沌，开天辟地，来到了世间，创造了日月星辰、山川河流、六畜草木、花鸟虫鱼。

"混沌初开盘古先，太极两仪四象悬"，太极山正是传说中的盘古开天处。

太极山位于林州太行大峡谷中，是桃花谷景区的一个分景点。

似乎盘古青睐，不仅把开天辟地的壮举、峰峻山险的壮美留给了太极冰山，它还用神奇和深奥笼罩了这座古老的大山。

冬季，整个大地寒风刺骨、冰雪满山时，在太极冰山上却温暖如春，桃花盛开，枝繁叶茂，一派春暖花开的景象；夏季，烈日炎炎，骄阳似火，万物都被骄阳炙烤着时，太极冰山上却寒气袭人，冰冷刺骨。"冬时夏令颠倒颠"的奥秘成了千载不解的难题，给今人和后人留下了遐想的空间。

六月的午后，正是骄阳似火之时，要爬壁立陡峭的近3000个台阶才能到达第一冰窟区，对于许多人来说，并非易事。

一入山，就是几近七八十度的陡坡。好在，台阶修得很平展，中间还有助人一臂之力的铁锁链，左手右手互换着拉着铁锁链，一步一步艰难地往上攀。已经累得精疲力竭，回过头来数一数，也才上了200多个台阶。3000多个台阶啊，不知何时能爬完。无限风光在险峰，要想看到美景，还得继续攀。

终于，攀完了3000多个台阶，到达了第一冰窟区。说是窟已经看不见洞穴了，一堆乱石中，神奇的凉风扑面而来，通身湿透的人们，站在乱石中，一任冷风拂面，好不惬意。环顾四周，树木花草，郁郁葱葱，含珠带露地正向我们微笑呢。石缝中，冬日的落雪还没融化，娇羞地露着笑脸，不好意思地欢迎着我们的到来。更有意思的是那些想化未化而结下的冰，躲着藏着，扭捏作态，似乎它们也觉出了自己的不合时宜，生怕被人们发现。

怪啊，山道上来就是冰区，冰区与山道原本就是血脉相连的整体，却是冰火两重天。近前一步跨入冰区，寒风刺骨，冷气嗖嗖；退后一步，则是热气袭人，酷热难耐。

到底是为何呢？数千年了，猜测有千千万万，却没谁能准确地回答出来，算是大自然留给人类的一道难题吧。

据说，整个太极冰山中的冰窟多如星辰，均藏在深山险峻处，能近前看的也只有这两处。不仅如此，太极山上，山岭逶迤，沟壑纵横，山峰林立，千姿百态，古树名木遍布山野，山中洞窟犹如迷宫，林深幽静，群鸟栖息，野兔、山獾出没山林，好一幅生机盎然的原始森林图！

• 冬时夏令颠倒颠——冰冰背 •

冰冰背位于林州市石板岩乡西北部韩家凹。此处严冬水温气暖，盛夏水寒结冰，整个结冰面积约6000平方米。每年冬去春来，阳春三月，百草复生之际，此处开始结冰，结冰时间长达五个月之久。到八月中秋以后，似有凉意之时，这里的冰冻开始融化。冰期最盛之时，恰是盛夏季节。挥汗如雨的三伏天，一踏进这块神奇之地，立时寒气袭人，冷风刺骨。然而到了隆冬时节，别处已是银装素裹，这里却有涓涓细流从石缝中缓缓流出，热气蒸腾，沿溪水草木繁盛，叶绿枝茂，使附近的桃树以为春天来临，提前萌芽、开花，出现了“三九严寒桃花开”的奇观，被人们称为“冬时夏令颠倒颠”。由于结冰面在山的阴坡上，当地人习惯把山阴称为“背”，冰冰背就由此而得名。

要说冰冰背神奇，就神奇在这种现象出现的地方不是整座山、整个坡，而仅只有6000平方米的一块。出了这个范围，哪怕是同一纬度、同一季节，夏是夏冬是冬，一切照常。

安阳是个文化名城，历史悠久，文化底蕴丰厚，可观可圈可点的人文景观和自然景观有许多。而像冰冰背这种号称中国十大奇特景观之一，也并不多见。林虑山里也仅有两处，一处冰冰背，一处太极冰山。

关于冰冰背形成的原因，专家是如此揭秘的：该地区位于华北地台山西台隆太行台拱的中心部位，东侧有石板岩背斜，冰冰背位于背斜的西翼，由于受太平洋板块的俯冲挤压，形成了太行山隆起带，新构造运动是太行山的主体。该地区位于背斜轴的西侧，由于地壳隆起，底层以张性断裂为主，近地表为远古界较厚的脆性石英岩，在地貌上形成张性断裂谷。此外，这里形成夏天结冰、冬天溶冰的奇特自然景观，还有一些气候因素，像气体压缩条件、导气条件、储气条件和导气方向等。

在科学还不十分发达的古代，对于冰冰背的神奇就已经有种种揣测了。

一说，古时候，这里是一泓深潭。潭水供人们浇田、饮用。一年夏天，一条恶龙飞来，霎时飞沙走石，火光冲天，草木枯萎，潭水蒸干，百姓始遭祸害。人们无奈，修庙祷告，请求恶龙免降灾难。恶龙哪里肯应，仍然兴风作浪，祸害百姓。传说八仙中的铁拐李正好路过此地，看到恶龙作祟祸害百姓，于心不忍，就一杖捅到海底，命龙王放水，又从自己宝葫芦内取出一块冰，将深潭严严实实盖住，把恶龙压到了潭底，从此就出现了这种奇观。

二说，这个山就是当年镇压孙悟空的玉峰山，由于孙悟空不守法道不甘被压在山下就拼命折腾，把玉峰山的四个手指头都折腾掉了，所以现在这座山只剩下一个拇指，叫拇指峰。

三说，此地是北魏时宰相高欢为娘娘开辟的盛夏避暑宫，天长日久，由于山体滑坡，宫门被封，但宫还存在，就形成了冬暖夏凉的迷宫。

四说，当地老百姓把冰冰背的冰奉为神圣，只能看，不能动，更不能随便将洞内的冰拿到洞外扔。只要把冰冰背的冰拿出来随手一扔，立马就电闪雷鸣，飞沙走石，老百姓辛苦一年的收成就全泡汤了。无论科学发展到何种程度，无论冰冰背结冰的原因如何，仍挡不住当地老百姓对"扔冰"一说的坚信不疑。直到现在，当地老百姓无论大人小孩，谁都不敢轻易去碰冰冰背的冰，不管灵验不灵验，老百姓还是希望风调雨顺，年年都有好收成的。

• 一脚跨三省——络丝潭 •

在林虑山的自然风景区内，要想欣赏美景易，而要想找到一脚跨三省的去处难，也只有络丝潭。络丝潭风景区位于林州市任村镇卢家拐村，距红旗渠青年洞景区仅1千米。该景区横跨漳河两岸的河南、河北两省，西邻山西，是典型的一脚跨三省的地方。

若论林州的自然景观，络丝潭当属袖珍景观，面积不大，慢悠悠地游也仅需40分钟。走过红旗渠的青年洞，若累了，在此处喘口气，打个盹，既小憩片刻，也欣赏了美景，是个不错的选择哟。但千万别小觑了这个袖珍景观，它素有"小壶口""小三峡"等美誉。景观虽小，却聚集了许多可圈可点的文化内涵。

先说络丝潭这个极富诗意的名字。络丝潭原来是因为潭水深而得名的。潭水到底有多深呢？一络蚕丝深。而一络蚕丝到底是多少呢？应该是非常长了，有个十丈八丈都不止。

潭水深算得了什么呢？关键是这里的传说也美。据传，七仙女与董永分手后，日夜思夫。她又无法背逆王母娘娘与董郎相见，只能终日以泪洗面。七仙女的泪如断线珍珠，掉到这素有"小三峡"之称的峡谷里。天长日久，便滴成了一个深潭。所以，络丝潭还有一个伤心的名字，叫"泪思潭"。而所有产生爱情的地方，都是多情而浪漫的。难怪每每到了七月七，无数俊男靓女都会赶到这里相会，他们是希望自己的爱情像这里的峡谷一样深、像一络蚕丝那样长。

再说“天桥断”“小壶口”和“小三峡”。漳河源于山西，流经河南、河北至山东入卫河，是河南与河北的天然分界线。林州境内的漳河，以河为界，河以南是河南安阳的林州，而河以北则是河北邯郸的涉县，在络丝潭树有界碑。

源于山西的漳河，在太行山麓奔腾流淌，大部分经过的是石灰岩和石英岩，泥沙较少，水较清，被称为清漳。而流出太行山的漳河却穿行于山西黄土地中间，泥沙俱下，水色浑浊，人们戏称为浊漳。浊漳河素有“九峡十八断”之称，而络丝潭恰是著名胜迹“九峡十八断”中最为壮观的一断——天桥断。因而，络丝潭又名“天桥断”。叫天桥，也是有来历的。峡谷阻碍了两省的交往，为便于交往，人们就在峡谷之上架起了铁索桥。因桥就在峡谷之上，故名天桥。又因漳河“九峡十八断”的这一断恰在天桥处，因而又名“天桥断”，这一断断出了高5.8米的瀑布来。枯水期瀑宽6.2米，流量15～18米^3/秒；洪水期瀑宽30余米，最大流量达60米^3/秒。

试想，夏季多雨时节，滚滚漳河水，从上游稍宽的河面奔腾雀跃而来，不经意间，跌入了峡谷中的深潭，顷刻间，魂飞魄散的河水惊若雷鸣，涛声响彻漳河两岸。飞流旋即幻化为雾气，在峡谷中弥漫升腾，气壮如山，恰似山西黄河壶口瀑布，故又被称为林州“小壶口”。

这时，登上天桥，宛如行走在天上仙界，有腾云驾雾之感。放眼望，远处青山环绕，近处飞流直下，气势磅礴；侧观，瀑布狂奔，巨浪滔天；俯瞰，深涧幽潭，波浪起伏，情趣无限；若乘舟驾船游于峡谷中间，两岸山体陡峭壁立、层峦叠嶂、美景不断。不是三峡，胜似三峡，又有“小三峡”之赞。峡谷南侧，激流淘出深达百米天然石洞，鬼斧神工，人称神龟洞，洞中藏着千年神龟解救落水牛灵的美丽传说。

为此，有人总结说：“看了络丝潭，何须到江南？”可见络丝潭的绚丽风光是何等吸引人。你不妨也到此一看，如何？

• 柏门珠沼——珍珠泉 •

珍珠泉位于安阳市西22千米处的水冶镇。

早在1600多年前，珍珠泉这处天下名泉就被载入了史籍。传说自宋代开始，珍珠泉就有了号称“安阳八大景”之一的“柏门珠沼”奇观。

千百年来，珍珠泉这处母亲泉默默流淌的乳汁，养育了一代代安阳子民，也成就了水冶镇这一千年古镇独特的冶金文化，奠定了水冶镇的文化、商业中心地位。

珍珠泉四周地势较高，泉水自泉底细沙中袅袅上涌，串串簇簇，忽聚忽散，犹如万斛珍珠，故名“珍珠泉”。珍珠泉水很清，但用“清澈见底”形容似有不妥，因为整个潭水是碧绿碧绿的，深不见底。在碧绿的潭水上，这地方冒出一串泡泡，那地方蹿出一串水珠，池底冒出的“珍珠”涌至水面，又化作片片涟漪，恰似万花簇放，让人应接不暇。每当暮色降临，云影、夕阳与碧波交相辉映，泉边新柳古槐交织成荫，如梦如幻，如入仙界，令人心旷神怡、流连忘返。有人曾经这样形容珍珠泉：“水出平地，汇成碧辉。泉水上涌，明若珠玑，或似鲤鱼翻花，或似喷珠吐玉，貌似珍珠。串串银珠滚滚上翻，水泡错落，竞相吐艳，好像万簇礼花夜空绽放。”

据记载：珍珠泉最盛时，其水域面积达1.2万多平方米，分布在13.4万平方米的土地上，是如今珍珠泉公园的好几倍。为保护珍珠泉，历朝历代都对珍珠泉有修缮。民国时冯玉祥拨款5000块大洋，整修了泉池石栏，于马蹄泉旁边修建了九间廊房，并在壁间嵌砌了很多散存的刻石，其书法雅趣古朴，诗文意趣盎然。

不仅如此，有关珍珠泉的传说，像珍珠泉水一样，也留下了一簇簇、一串串，而最美丽最动人的则是那几个关于泉眼的来历。相传西夏国赵元昊侵犯宋朝边境，宋仁宗派韩琦带兵抵御西夏，兵马路过水冶，时值盛夏酷暑，将士们个个口干舌燥。韩琦派人四处找水，都没找到，韩琦一急，将宝剑猛插地下，不料，泉水随剑上涌，解决了将士们的燃眉之急，遂起名“拔剑泉”。韩琦战马见将士痛饮却轮不到自己，心急如焚，前蹄猛刨，泉水四溢，故名“马蹄泉”。韩琦是代皇帝西征，他休息之处也有泉水涌出，故称为“卧龙泉”。

韩琦，宋朝宰相，安阳人，曾经“相三朝，立二帝”，是安阳人的骄傲，自然人们愿意将家乡的美好事物都寄托在他身上。按安阳人的想象，珍珠泉就是韩琦给家乡带来的福祉。而若根据历史记载认真考证起来，珍珠泉的历史应该早于韩琦所在的宋代。据《安阳县志》记载：“广遂渠修于后魏，渠首即珍珠泉。”

另有唐代著名诗人李白和杜甫等曾到珍珠泉游历的传说，也说明珍珠泉的历史早于宋代。相传唐玄宗李隆基携大诗人李白出游，来到珍珠泉。李白俯望泉水，诗兴大发，不禁高吟：“泉泉泉泉泉泉泉泉泉。”连说九个“泉”字，还没等说出下句，就听身后传来：“驱逐水珠果而圆。”李白一听，惊喜应道：“和者莫非杜甫乎？”杜甫笑答：“然然然然然然。”连和六个“然”字。传说毕竟是传说，不足为信，但至少说明一点，在唐代珍珠泉就已经是名人雅士游览观光的胜地了。

“柏门珠沼”是安阳古八景中很重要的一景，也是唯一尚存的景观。珍珠泉上有一小岛，岛上有两棵相距一米的柏树，长至两米高时，合而为一，下自成门。清乾隆《彰德府志》记载：“泉上有亭，古柏森绕，虬絮异状，各表其奇。当亭一柏，独干双根。人穿行其中，谓之柏门。上干挺直于霄，门左右二枝平对，曲拳如臂。前后古柏，俨如护卫。灵泉之上有此灵木。”故有“柏门珠沼”之称。

• 河朔第一古刹——灵泉寺 •

位于安阳城西的灵泉寺有河朔第一古刹的美誉。灵泉寺位于安阳城西南约30千米的宝山之中，由高僧道凭法师于东魏武定三年（545）创建，距今已有1400多年的历史。

隋文帝为了弘扬佛法，广施佛缘，一声令下将道凭法师的徒弟灵裕法师招至都城长安，封其为全国最高僧官“国统”，统管全国寺院僧尼。隋文帝深知灵裕法师的孤傲清高，除赐绫锦300匹、衣物上千件外，还亲自将灵裕法师常住修行的宝山寺改名为灵泉寺，取灵裕之名的第一个字，冠于八山之泉的“泉”字，亲题匾额“灵泉禅寺”。隋文帝之所以给灵裕如此高的待遇，是想让灵裕法师更好地替他行使“国统”的权力。于是，全国上下僧侣、居士、普通百姓，纷至沓来，有烧香拜佛、要求普度的，也有来请示汇报工作的，灵泉寺好不热闹！“灵泉寺”被尊为“河朔第一古刹”，应该是当之无愧。

灵泉寺因其核心的地位发展异常迅速。据王迎喜教授的《安阳通史》记载：隋朝敕建的灵泉寺，到五代时因寺僧众多，寺内狭窄，又建一寺，名福会寺。

灵泉寺规模最大时，门前是一座汉白玉石桥。汉白玉石桥极为考究，桥洞顶额雕刻形象逼真、栩栩如生的二龙戏珠，桥上还建有一座石牌坊，两旁有一对威武雄壮的石狮子。寺院大门建有门楼，门楼上悬挂着隋文帝亲笔御赐的匾额“灵泉禅寺”，两旁墙壁为汉白玉浮雕。中轴线上依次为天王殿、玉皇殿等。后殿有唐代九级方石塔一对、唐碑2通。院中还有观音阁、大雄宝殿、千手千眼佛等。寺东还有3间石券庙，寺西为僧房院。寺门前还有阎王殿，东山有石碑，西山有塔林。灵泉寺东西两侧千余平方米的范围内，还分布着无数个摩崖浅窟佛造像和塔龛。

灵泉寺石窟（万佛沟）

• 灵山圣水——长春观 •

长春观位于安阳西南的白玉山间，距安阳市约25千米。长春观坐西朝东，依山而建，顺坡而行，整个道观就建在半山腰中，周围山势犹如玉龙盘绕，呈太师椅形。山后有盘古顶，左龙山，右龙洞，洹河从眼前盘桓而过，群峰拱卫，三山环抱，青山绿水，景色十分秀美。因地处山中，整个道观掩映在苍松翠柏之中，点缀于山光水色之间。冬有松柏，夏有禾苗，一年四季常青，故名长春观。

据载，长春观建于唐代，是中国北方道教圣地之一。长春观最繁盛时期在唐朝，据说有个烟霞大师十分了得，他在此住持时，香火很旺。他懂医学，经常为百姓看病，被当地百姓誉为神医道人；他识天象，精通农业，根据气象推测确定该种植什么庄稼，凡经他推荐种植的农作物没有不丰收的；他替老百姓着想，为老百姓排忧解难，深受老百姓爱戴，老百姓都将烟霞大师奉若神明。

据资料介绍，昔日的长春观建有转花楼、老君洞、玉皇殿、佛祖殿、关帝殿、菩萨庙和鲁班庙等，规模宏大。只可惜大部分建筑历经千年岁月的侵蚀，早已荡然无存了。据说，当年的转花楼规模宏伟，气势浩大，自清顺治四年（1647）开始建，至康熙三十三年（1694）竣工，历时40余年。安阳旧县志上说："长春观有转花楼十八间，神像骑异兽，状极精彩。"转花楼建在白玉山顶，背山而筑，三山环抱，上下二层。由一侧上楼，可进三面的殿宇，站在楼上向东眺望，能将四季美景尽收眼底，因"登楼转巡而可望之"而得名。

长春观的老君洞，因供奉的是道家鼻祖李耳而得名。该洞建在转花楼的下面，上楼下洞，连成一体，该洞为石券洞，是迄今保存最为完整的河南古建筑之一，高7米，阔6.3米，进深18.7米，全用1米厚的汉白玉条石砌成，无梁无柱，极为罕见。当地百姓这样形容："这座房是好房，一没柱，二没梁，山沟出了巧匠人，窗户留在门头上。"洞内供奉的道教创始人李耳，塑像巍然端坐，而其两侧的对联颇让人玩味："心存邪僻任尔烧香无点益，扶身正大见吾不拜又何妨。"真是一语破的。

而目前的转花楼等一些建筑是附近村民在原来遗址的基础上，于1987年自发修建的。重建的转花楼基部全部用汉白玉砌成，檐柱回廊仅用36根木柱撑托，十八间转花楼供奉着女娲、黄帝、轩辕及传说中的神仙像。阁内泥塑造型奇特，蜡像酷似真人，木雕形态逼真，壁画色彩艳丽，雕梁画栋、飞檐斗拱，别具匠心。各殿均有楹联，或劝世讽今，或寄意深远，或直抒胸臆，让人在欣赏古代建筑、陶醉于自然美景的同时，还能品味到深刻的文化内涵，实乃点睛妙笔。难怪无数文人雅士，凡到此一游，总情不自禁留下墨宝，例如：“灵山圣水携君游，玉楼琼阁莲步休，几番思却天将暮，不言心中真情流。”“长春妙观藏山中，玉楼琼阁凌云空，洹河绕山长流水，老聃深居屯仙境。”

据说长春观还有三宝：玉石、泉水和中草药。

先说玉石，长春观地处三山的怀抱之中，而周围的山多由汉白玉和墨玉等许多名贵石头构成。每当太阳东升，周围的石头在阳光的照耀下熠熠生辉，衬托得道观更加雄伟壮观。

再说玉泉井，该井被当地老百姓称为宝泉、神井，附近村民有个头疼脑热、小病小灾的，只要来此饮些井水，病症立马减轻。玉泉井位于海拔267米的半山腰中，井深3.7米。始建于唐，历代皆用。近年来，玉泉井的名气越来越大，慕名前来饮水的游客越来越多，一些文人墨客，甚至国际友人到此饮水还赋诗赞美：“长春观中玉泉井，常饮常驻不老春。老夫游山归家后，妻问何来少年人。”“寒山秀水育名泉，此水生来不平凡。消暑除烦调肠胃，清心明目美容颜。”玉泉井水的真实功效自然不能以文人的宣扬为证，因为自古文人善夸张。但玉泉井能治病却是事实，该井地处深山，污染小，又含有锶、钙、镁等人体需要的多种微量元素，而这些微量元素恰是肠胃病、高血压、糖尿病等的克星。只是医病者一定要有耐心，不是一瓢见效，而要长期饮之。

三说中草药，是指长春观四周的山石间生长着地骨皮、五加皮、三七等近300种中药材，可以医治许多疑难杂症。

由此看来，把长春观奉为灵山圣水之宝地一点也不为过。

长春观不仅历史悠长，文化蕴积深厚，而且自然风光也极美，是避暑休闲的好去处。长春观四周山青如黛，水流潺潺，杨柳依依，风光秀丽。长春观红墙绿瓦、亭台楼阁掩映于苍松翠柏当中，点缀于三山环抱之间。三五知己，立于转花楼上，观水光山色之美景，谈千载古刹之壮观，越千年历史之长河，观文明古迹之闪烁，岂不美哉！

• 医祖长眠地——扁鹊墓 •

汤阴扁鹊墓坐落于汤阴县城东8千米处的伏道村南，坐北朝南，墓冢呈圆形，高2米、周长16米，墓前有祠堂，俗称扁鹊庙或广应王庙。

汤阴伏道的扁鹊墓建于何时？已无从考，墓前的扁鹊庙立于何年，也无人知晓。扁鹊庙里有一块立于1248年的碑刻，上书："遂葬尸积冢，冢前立祠。"过去庙里还存有历朝历代皇帝、名臣、学士拜谒扁鹊墓、祭奠扁鹊英灵的记载。只可惜历经战乱的破坏，扁鹊庙早已不复存在，仅剩墓冢在证明着扁鹊墓的历史悠久和源远。

而今的扁鹊庙是改革开放后重新修建的，占地30多亩，坐北朝南，有前后两个大殿，前殿门楣上刻"广应王殿"，建于1998年，由伏道乡政府出资，后殿建于1994年，为民间集资所建，门楣上书"扁鹊祠堂"四个大字，左右各有两副楹联，一副为"妙术授长桑荡涤肠湔溯当年列国聘延名重诸户追伯跗，褒封崇广应丹生艾茁看今朝万民罗拜灵昭马鬣起膏肓"，将扁鹊的一生概括得出神入化。而另一副为"九头艾入方为妙药，无名子出土为灵丹"，称赞扁鹊墓的艾草和无名子的药用价值。

艾是一种草，可以入药，这在中医史书里是有记载的，直到今天，中药里仍有这味药。相传，扁鹊墓的艾与别处不同，全是九头。不仅如此，扁鹊墓的艾疗效特别好。如果妇女难产，到扁鹊墓上薅把艾，用点燃的艾叶熏孕妇脚趾，可以辅助生产。至今扁鹊墓旁还有一块专门为称赞扁鹊墓的艾而立的碑："敕命端阳致祭，追封神应王。冢旁植艾，发荣畅茂，若神灵之默相也。祭之日采之以济人，无不灵且验矣。是艾也，味苦气微温，阴中之阳。入药为使，或作汤丸以服之。于凡吐血、衄血、下血、漏血以及赤白之痢，无不能止之者。妇人无子，能暖子宫以生子；胎动作疼，善于滋养以安之；至若疗五痔、杀蛔虫、除鬼气、明目壮阳之功，不可尽述。非特此耳，或作壮而炙，则百病无不愈也。故曰：汤阴之艾，出于扁鹊之茔者，谓之仙艾，得之难而取效易焉。词曰：噫嘻！王灵如在，验观仙艾自生。端阳节庙祀阙茔，株作汤丸救命。种子疗血治痢，安胎止痛明睛，非惟用服有功成，一炙能疗百病。”

扁鹊墓的艾，曾经是明清时期的贡艾，天下闻名。即使在今天，扁鹊墓的艾也是药材商争宠的对象。

扁鹊坟头上还有另一种特别的植物，因不知道该叫它什么，人们习惯叫它无名子，当地老百姓由于对扁鹊的敬畏之情称之为“仙丹”。它大小如绿豆，状圆，刚出土为土黄，用手搓时间长了，变为赭色，与人丹十分相似。扁鹊坟头上的无名子，自扁鹊墓建立至今少说也有一千七八百年的历史，虽然周围的百姓代代来此坟头寻“仙丹”，不断刨挖，它却生生不息。令人称奇！

因扁鹊是战国时期的一位民间名医，为给老百姓治病，周游秦、魏、赵、韩、齐、楚、燕等诸国，足迹遍布战国时期的大半个中国，深受各地老百姓的爱戴。扁鹊墓也并非只汤阴伏道一处有。河北省邢台市内丘县神头村也有扁鹊墓，据传是因为神头村是扁鹊的家乡。扁鹊在汤阴伏道被害后，家乡的百姓听说了，把扁鹊的头葬于家乡，后来该村就叫神头村。此外，在山西省永济县、陕西省西安市和山东历城等地也有扁鹊墓，自然也都是各有说道和来历的。

• 千年古塔——明福寺 •

说起明福寺的始建，那已经是一千多年前的事情了。据《滑县志》记载：“明福寺建于隋仁寿四年（604），邑人杜明福施宅而建，曰明福寺。”而明福寺在岁月的更替中，早已消失殆尽，只剩下一座建于唐宝历二年（826）的塔，在如今的滑县老城西南隅孤零零地矗立着。现在的明福寺塔已经作为国家级重点文物被人们小心呵护起来了。尽管寺毁塔存，但有关明福寺的传说却在历史的漂泊中被一代代滑县人传诵着。

明福寺塔，也称千佛塔，全国重

点文物保护单位，始建于唐朝宝历二年（826），距今已有1100多年的历史。塔高九层，八角亭子顶。后遭雷击，五层以上倒塌。“民国”十八年（1929），当地人集资修复至七层，塔顶改为桃状。

明福寺塔

中华第一“华塔”——修定寺塔

修定寺塔因建在修定寺内而得名，因建于唐朝，当地人又称之为“唐塔”，位于安阳县水冶镇磊口乡的清凉山南麓。

修定寺塔素有“中华第一华塔”的美誉，因为整座塔是由精美砖石雕刻出来的，是一座不折不扣的“华塔”。

修定寺始建于北魏太和十八年（494），周围四面山势状若城垛，遂取名天城寺。东魏时，改名城山寺。北齐又改名合水寺。隋文帝时改命为修定寺。该寺于清末损毁，仅存修定寺塔。

修定寺塔是一座单层砖砌浮雕方塔，通高20米左右。塔基平面呈八角形，下为束腰须弥座。塔身残高9.5米，塔身四面宽均为8.25米，外壁用菱形、矩形、三角形、平行四边形等不同形状的浮雕3775块嵌砌而成，面积达300多平方米。

走近细看发现，每块砖雕的图案各不相同，有佛像、弟子、菩萨、天王、力士、武士、侍女、飞天、伎乐、青龙、白虎、猛狮、大象、天马、巨蟒、飞雁、帷幔、花卉和彩带等，五花八门的图案共有72种，个个形象逼真，栩栩如生。人物图案有头梳圆髻、身穿袍服的真人；有面部丰腴、足蹬云履的侍女；有凌空飘荡、轻歌曼舞的飞天；有身体矫健、身穿肚兜的童子；有英武雄壮、顶盔掼甲的武士；有头戴尖帽、紧衣长衫的胡人等。佛像手捧莲花，安详从容，很有大肚能容天下难容之事的风采；武士则手持刀枪剑戟，威武不可侵犯；侍女、伎乐尽管同是女性，形象却各不相同，展示着自己独特的魅力。动物图案有穿云破雾的蛟龙，仰天怒吼的雄狮，背负珠宝的大象，行云奔走的天马等。就连花卉彩带也如真的一样，缠在塔身的不同部位。不仅如此，这72种图案的排布也颇有讲究。横看竖看皆不相同，而不同面的墙上图案排布又很有规律。

最好看的应该是塔身的南壁，南壁开一拱券门，门口有蛟龙镇守，蛟龙雕得既威武又不失尊贵。左配青龙吞云，右配白虎吐雾。两侧侍立四臂金刚，面目狰狞，浑身筋肉隆起，两手各执兵刃，向下舞动扩张，勇武强悍。门楣上方有一组石雕佛像，中间的是三世佛，两侧的是菩萨、弟子和天官。不仅如此，门框上还有邺县令和林虑县令敬奉的题名。四隅装有马蹄形团花角柱，两侧加滚龙攀缘副柱。上檐外挑，形成雨棚，凹腰葫芦饰为顶盖，远看外貌如一顶坐北朝南华贵的方轿。

中原第一官宅——马氏庄园

马氏庄园位于安阳市西部20千米的西蒋村，是清代广东巡抚马丕瑶的府第，建于清光绪至民国初期，保存完好，占地面积20000多平方米，其中建筑面积5000多平方米，被学者称为“中州大地绝无仅有的封建官僚府第建筑标本”和“中原第一官宅”。

整个马氏庄园由南、中、北三个建

俯瞰马氏庄园

筑群组成，共分六路。每路分四个庭院，九道大门，俗称“九门相照”。整座庄园布局严谨，错落有致，古朴典雅，雄浑庄重，既有典型的北京四合院宽敞明亮的建筑风格，又有晋商大院深邃富丽的建筑艺术，还有中原地区蓝砖灰瓦五脊六兽挂走廊的建筑特色。

北区位于中街路北，坐北朝南，前后两个四合院，后院之东、西又各建一跨院，谓之“亚元扁宅”。多为硬山顶式的楼房，原为马丕瑶祖上旧宅。马氏四兄弟分家时，分给了次子马吉樟。民国初年，马吉樟任袁世凯总统府内史期间对其进行了翻修和改建。

中区在三区中规模最大，约占整个庄园的三分之二。它坐落在南街之北，亦坐北朝南，各类建筑计158间，由一路家庙和三路住宅组成，其中家庙居东，住宅区居西，四路建筑各自成体系，左右又互相呼应。

家庙正门下层辟三道拱券门，上为读书楼五间。头进四合院东西厢房各五间，曰“东塾”“西塾”。正房过厅五间，悬山顶式，前后带廊，高台基，名曰“燕翼堂”；后院厢房各三间，东为“遗衣物所”，西为“藏祭器所”。正殿五间，高大宏伟，名曰“聿修堂”，即享堂。前建月台。它的规格和布局是严格按照清光绪年间制定的《清会典》建造的。建于光绪六年（1880）至光绪十一年。

三路住宅的建筑形式及格局大同小异，均南开正门，由四个四合院组成，前

马氏庄园龙抱槐

庭后堂左右对称，由南向北逐级抬高。中路大门高大宏伟，而东、西正门则均为洞券门，只有中路建有二门，内置屏门。后院又有不同：西路主房为平房五间，而中路、东路主房则各为楼房五间，东路东厢又为三间楼房。在建筑规格上，中路为高，东路次之，西路又次之。在建筑时间上，西路较早，于光绪九年始建，中路于光绪十三年始建，东路则于光绪十五年始建。马氏兄弟分家，东路归长子马吉森所有，西路归四子马吉枢所有。

南区与中区隔街相望，原设计为三路，其中东路建成于“民国”十三年（1924），而中、西二路仅大门及临街房建成，后因时局变化，其余部分未建成。南区东路坐南向北，亦为九门相照，前后四个四合院。其中头进院和三进院较小，分别建二门、三门，门两侧各为两间廊房，东西厢房各为三间；二进院和四进院较大，其正房均为七间，东西厢房各为五间。南区的建筑规模和规格，都明显高于中、北二区，不仅建筑体量增大，大门增多，而且精美的石雕、砖雕和木雕建筑物件也大量使用。究其原因，南区为民国时期所建，已不再受封建社会的种种规定和限制。马氏四兄弟分家时，分给老三马吉梅。

庄园建筑全为砖木结构，灰瓦盖顶。屋顶多为硬山顶式，另有悬山及平顶等。其建筑特点既有北京传统四合院特色，又有中原地方民间建筑特色，又兼有山西雕刻艺术特色。另一显著特点是，无论正房、配房，均大多有前廊，有的则前后带廊，廊廊环绕、院院相通，尤其是雨雪天便于行走。

名品荟萃

——食在安阳

人说一方水土养一方人，古老的洹河不仅养育了安阳这方土地，也形成了安阳独有的名品和小吃。

穿行在安阳九府十八巷七十二胡同中，你不仅能品尝到安阳血糕的焦香，还能听到那富有安阳特色的叫卖声……

人说安阳有三宝：皮渣、粉浆饭和血糕。其实安阳可口的美食何止三宝呢？像安阳的三不沾、水冶的烧饼、曹马的芝麻糖、道口的烧鸡、老庙的牛肉和内黄的灌肠等也都是安阳人特别喜欢的美味佳肴。

• 细嚼慢咽品烧鸡 •

道口商业的繁华，随着卫河水运的衰落已成过往，但道口烧鸡香飘数百年，至今人们“咀嚼”起来仍是满口留香。

如果你不曾听说道口是中州四大商业重镇之一，那么作为与北京烤鸭、高邮鸭蛋、金华火腿并称中国四大名吃的道口烧鸡你一定听说过。道口，素有“烧鸡之乡”的美誉。“义兴张”道口烧鸡，在全国食品中独占鳌头，并且誉满神州，名扬海外。

道口烧鸡，创始于清顺治十八年（1661），被誉为“天下第一鸡”也已经有三百多年的历史了。

道口烧鸡具有五味俱佳、酥香软烂、咸淡适口、肥而不腻的特点。食用不需刀切，用手一抖，骨肉即自行分离，无论凉热，食之均余香满口。据《滑县志》记载，起初，由于技术条件差，道口“义兴张”烧鸡尚未具特色，生意并不兴隆。乾隆五十二年（1787）的一天，苦心经营着烧鸡店的张炳，因为生意不景气，闷闷不乐地在街上闲逛，却遇到多年不见的老朋友。寒暄中张炳将自己经营烧鸡铺不景气的苦恼告诉了朋友，这位在宫廷做御厨的朋友，把自己在宫廷制作烧鸡的秘诀“要想烧鸡香，八料加老汤”传给了张炳。张炳回家后，依法烹制，制出的烧鸡果然大有起色。后来，在长期的制作实践中，张炳又对佐料进行了调配，做出的烧鸡越发好吃了。张炳的烧鸡“色、香、味、形”被世人称为四绝。从此，他的烧鸡声誉大振，远近闻名，并定铺号名为“义兴张”，取“义友济兴”之意。

道口烧鸡

清嘉庆年间，嘉庆皇帝巡游路过道口，忽闻奇香而振奋，问左右人道：“何物发出此香？”左右答道：“烧鸡。”随从将“义兴张”的烧鸡献上，嘉庆尝后大喜，说道：“色、香、味三绝。”从此，道口烧鸡成了贡品。

一道美味名吃，制作工艺必有其独到之处，道口烧鸡也不例外。从选鸡、宰杀、加工到造型、油炸、用汤下料甚至煮鸡的火候和包装样样都有讲究。

“义兴张”的道口烧鸡所用的鸡全部为正宗的本地柴鸡，即本地的黄鸡或麻鸡，一般鸡龄为12～15个月，体重为1.5～2千克，不残不畸，体形丰腴。鸡太老、太嫩都不适合做烧鸡，老鸡肉质较粗，韧性太强，口感不佳；嫩鸡水分太大，加工后体内多汁，肉过于软烂，不易保存。应选用重量合适、鸡龄适中的鸡，肉质坚实而鲜嫩，且带有特殊的野味。

被“义兴张”选中做烧鸡的鸡，也不是拿来就杀的，而是先放养一段时间，消除鸡的紧张情绪。宰杀时采用颈部宰杀法，一定要快，争取一刀毙命，这样有利于放净鸡血。道口烧鸡要求血液必须放净，鸡体还不能受到损伤。鸡被宰杀剖膛后，要用高粱秆把鸡撑开，形成两头尖尖的半圆形。过油之后，鸡体外皮呈金黄色，看起来颇似一个金元宝。油炸前，先在白条鸡身上抹上蜂蜜，这样可以增加炸鸡的颜色。炸鸡多用鸡油或花生油、芝麻油，炸鸡的关键是掌握油温和火候，油温不能太高也不能太低，太高炸出的鸡颜色过深，太低颜色又过浅。

道口烧鸡的秘诀在于用汤下料，即“八料加老汤”。陈皮、肉桂、豆蔻、白芷、丁香、草果、砂仁和良姜等八种佐料一样都不能少，配比还得合理，才能彰显各自的功效。老汤是道口烧鸡味美的关键，每次煮鸡后都把卤汤留下，以备再用，汤越老越有味道，俗称“百年老汤”。

道口烧鸡的传说

鸡有了，汤也有了，煮鸡也很关键。料下锅后，把炸好的鸡一层层平放在锅内，用竹箅子压在鸡身上，再兑入循环使用的陈年老汤。一切齐备后，用盛水的大盆压在竹箅上，使汤浸到最上一层鸡。先用武火将汤烧开，五分钟后，再用文火徐徐浸煮，直到煮熟。煮鸡时间视鸡龄而定，雏鸡以两小时为宜，两年以上的要煮3～4个小时。在煮的过程中，不能翻锅，不能使煮汤落滚。

道口烧鸡包装也极讲究，包装采用透气性较好的草纸，忌讳用塑料薄膜包装。

吃道口烧鸡也是有讲究的。道口烧鸡可以趁热鲜吃，也可以放凉冷吃，热吃味道特别鲜美，咸而不腻，但不可回锅再食。吃道口烧鸡最好用手撕，一般不用刀切，因道口烧鸡肉烂，用手一抖，骨肉自行分离。

如今，张炳的子孙继承和发展了祖先的精湛技艺，使“义兴张”烧鸡一直保持着独特的风味。目前，道口烧鸡已经成为滑县的一个支柱产业，有大小烧鸡企业200余家，从业人员几千人，年产值数千万元，其中以“义兴张”“胡记”“薛记”“画记”等最为出名。

• 飘香诱人扁粉菜 •

说扁粉菜是安阳人的最爱，一点也不夸张。不信，你到安阳贴吧或安阳论坛走一遭，就能看到许多飘在异乡的安阳人，念念不忘地怀念着家乡的扁粉菜。

因为是地方名吃，在安阳经营扁粉菜的字号很多，多以姓氏命名。安阳人“邪性，认死理”，吃中了谁家的扁粉菜，就只认谁家的，无论搬多少次家，走多远的路，都只认那一口，绝不背叛。更有甚者，为了证明自己喜欢的最正宗，还不辞辛苦地把安阳凡有点名气的扁粉菜尝遍，然后评头论足地指出各家的优缺点，目的只有一个：他喜欢的全体安阳人都得喜欢。有人喜欢老崔，有人喜欢老西，还有人喜欢老靳或老七，有时还会在网上展开口水大战呢。

更有意思的是，无论是崔家、西家还是靳家，全没把自己的粉丝当盘菜。你说你的，我做我的，该放什么还放什么，该放多少还放多少，绝不会因为粉丝的一两句话做出改变。否则，今天你说东，我东改，明天你说西，我又西改，老祖宗的秘方怎么办？因为制作扁粉菜的秘籍，不在粉条不在菜，全在汤里面。

要说扁粉菜的历史很短暂，说足了也就五六十年的时间。大约60年前，由于连年的兵荒马乱和自然灾害，安阳人的日子过得十分凄苦，别说吃肉了，就连一点荤汤也难得见，逢年过节的时候，富人们厨房里堆满了大鱼大肉，穷人家只得眼巴巴地看。安阳人崔连生是个厨子，专门给富人做饭，凭着一身好手艺得到主人的青睐。有一天，他在厨房给主人做菜，想到自己家人还在地里挖野菜，就想，怎样才能用自己的手艺让家人也吃上一顿既价廉又美味可口的饭菜呢？烩菜，这个安阳传统菜肴激发了他的灵感。安阳的烩菜由来已久，富人们喜欢吃用料考究、制作精良的“海烩菜”“上烩菜”。普通人也只能吃个“行烩菜”，也就是杂烩菜。能不能在这个基础上，再开发出一种用料简单、味道可口的烩菜呢？崔连生经过多次尝试，终于用高汤、粉条、时令蔬菜、豆腐和猪血调制成了一种新型“烩菜”，这种

“烩菜”就是扁粉菜。扁粉菜一经问世就深受普通老百姓的喜爱，经久不衰。

吃扁粉菜还有个讲究，必须趁热，烫嘴更好。老板从突突冒着泡的大铁锅里把一勺菜一勺条子再加点滚汤、满满一碗扁粉菜盛出来，再垫个盘子送到你手里，旁边大婶把刚出锅的又酥又软的油饼也递过来。你右手端菜，左手拿饼，找个空地把碗放下。来不及坐下，就先弯着腰，喝口汤，咬口饼，汤香而不腻，菜绵中带香，条子是又软又滑又筋道，再加上吸溜的烫嘴劲，那才叫个爽。

扁粉菜原本就是为吃不起肉的穷人解馋的，很不登大雅之堂，时至今日，仍无大的改变。过去只当作安阳人的早餐，这两年随着喜欢的人越来越多，又被当作午餐、晚餐。做扁粉菜的大多还是一两间小门脸，粗朴的木制桌凳，盛菜的碗仍是过去的粗瓷大碗，充满乡野的味道。笔者也曾经给一些扁粉菜饭馆老板建议过，走郑州合记、萧记烩面的路子，也整几个凉盘，弄些雅间，让安阳人体体面面把外地人请进来，吃个小菜，喝个小酒，然后再来碗香飘四溢的扁粉菜。但他们却不甚热衷于改良，只说安阳人就认这个味儿。

酸酸的粉浆饭

粉浆饭是一种用制作绿豆粉皮、粉条时剩的料做的一种饭，酸酸的，那种酸味有点像是东西放置时间太长发馊后出来的味道，很不好闻。没喝过粉浆饭的人，喝第一口有点想吐的感觉，再品才会有安阳人自己说的那种，酸中带甜、甜中带香、香中有绵、回味无穷的味道来。

粉浆饭是安阳老百姓居家过日子的家常饭，是穷人吃得起的一道美食。据说在很久以前，因为天旱，百姓无水可吃。当时，只有安阳古城大西门的一家粉房店里有口水井，井深水浅，仅够维持生产。没有办法，百姓只能把粉房生产倒掉的废料——粉浆提回家做饭充饥。由于太酸，人们便配以小米、食盐、野菜等熬制。旱年过后，有人回味起粉浆饭的味道来，遂加以改良，配以花生、大豆、大油、麻油等熬制，便形成了这道安阳传统名吃。

真是一方水土养一方人，最初如泔水一样的粉浆，加工成为粉浆饭后，伴随着一代代的安阳人长大，成了安阳人口中的最爱。

• 安阳人的皮渣情缘 •

皮渣，是安阳三宝之一，说是安阳独有的。我猜想，在别的地方，也有类似的东西，只是叫法不一。

皮渣是安阳人餐桌上一道很普通的家常菜，只要是老安阳人，没有谁家不会做皮渣的。特别是春节，安阳人家里别的都可以不做，唯有皮渣是一定要做的，皮渣也成了安阳人招待客人的必备之菜。客人来了一般都要做烩菜，无论是海烩菜、上烩菜、还是行烩菜、杂烩菜，都少不了皮渣。客人临行时，没准主人还会从自家做的皮渣上切一块，让客人带回去同家里人一起尝个鲜。

还有婚丧嫁娶，红白喜事，凡安阳人办酒席，仍还是离不开皮渣的。时间长了，日子久了，入乡随俗，即使外地人，只要在安阳办婚丧嫁娶这样的红白喜事，也是要上皮渣的。渐渐地，安阳皮渣成了安阳酒席上一道必不可少的菜肴了。在这些宴席上，除了专门有一碗蒸皮渣外，无论是蒸酥肉、蒸排骨还是蒸鸡块，垫底的一定是皮渣。所以，吃安阳的宴席，你想不吃皮渣都难。

在安阳，无论你在大饭店，还是小餐馆吃饭，即使你不点皮渣这道菜，也能从邻桌的碗盘里看到皮渣这道菜。安阳还有一些专门经营蒸碗的饭店，安阳人判断这些店的好坏，多以皮渣为标准，哪个饭店皮渣做得好吃、有特点，就是好饭店，肯定能得到安阳人的青睐。

因为皮渣是安阳人餐桌上常吃的一道菜，在安阳卖皮渣的地方也很多，大超市、小商店、菜场和地摊，凡经营副食的，一般都有皮渣。而皮渣的质量却也是有好有坏，良莠不齐。吃皮渣，安阳人的嘴是很“刁”的。姜少了，葱多了，虾皮够不够量？粉芡硌不硌牙？像这些个皮渣常见“病”，只要一过安阳人的嘴，准能尝出来。还有做出来的皮渣色浅了色深了，那也是有说道的。因此，安阳人吃皮渣也是很有讲究的，像老北京人吃炸酱面一样，安阳人也只认老字号，如相州皮渣，是皮渣里的免检产品，只要一说是相州皮渣，不用多说，只管买就是了，回家无论是煮着吃、煎着吃，还是炸着吃都是既筋道，味又鲜。

要说皮渣的来历，也有一段传奇。很久以前，在安阳还叫彰德府的时候，城里住着一户穷苦人家。一天，家里一下来了好几个客人。主人要招待客人，掀掀面缸，面缸见底，看看米罐，罐里无米。这可急坏了主人，眼看快到晌午了，家里除了一把还没舍得吃完的碎粉条，一捧粉芡外，再无可招待客人的食物。无奈，主人只得把粉条放进锅里煮，仅一把粉条也不够那么多人吃啊，又找来了一把碎粉皮也放了进去，因为人多，添水也多，眼看稀了，主人又把家里剩下的粉芡也和巴和巴放进去了，这样一鼓捣，就成了一块既有粉条又有粉皮还有粉芡的砣子。等放凉了，主人把它切成小块，佐以蒜汁，没想到大家吃得津津有味，赞不绝口，紧着问："这是啥东西，这么好吃？"主人想了想，这东西是粉皮粉条的渣做的，就随口说道："这是自家做的皮渣。"自此，这种因为穷而应付客人的吃食，有了他自己的名号——皮渣。后来，人们经过改良，又加入了虾皮等佐料，成了安阳人的美食，安阳人的宝了。

安阳皮渣的吃法有多种，烹炸煎炒样样行，风味各不相同。

烹皮渣，也称酸汤皮渣，将皮渣放入高汤煮，再佐以醋、香菜和香油。吃口皮渣滑而筋道，喝口酸汤酸而爽口，尤其是吃完大鱼大肉后，喝口这样的酸汤，既解腻又利口。

炸皮渣，是将蒸好的皮渣切成薄片，用油炸了。焦黄酥脆，再蘸上蒜汁，焦香裹着蒜辣，吃起来更加爽口。

生煎皮渣，应该是皮渣中的另类。皮渣的其他做法均是先把皮渣蒸好，再二次加工，而唯有生煎皮渣是将粉条泡软后，和以粉芡，然后上油锅直接煎。这道菜说着简单，做起复杂，是一道既要水平又要技术的菜。糊的稀稠，煎的时间长短都有讲究。普通人在家里一般不做这道菜，饭店里也是有会做这道菜的专门厨师在，才做这道生煎皮渣的。

用皮渣做烩菜，方法就更多了，恕我不在此一一列举。你到安阳来，随便找个安阳人，关于皮渣的吃法都能给你说出个一二三来。因为皮渣在安阳有很好的群众缘。相信，今后安阳的皮渣会越做越好。

“血糕！”那消失在小巷中的叫卖声

安阳的名吃有三宝：皮渣、粉浆饭和血糕。

血糕是荞麦面、猪血佐以其他配料蒸制成糕的，然后切片油炸，抹上蒜汁后食用。

相传血糕创制于清乾隆年间。当时安阳暴雨成灾，庄稼淹没。灾后官府发放大量荞麦种，以解饥荒。荞麦丰收后，人们以荞麦面为食。当时县城西北皇甫屯村一王姓农民将蒸制的荞麦面糕用油炸后，拌以蒜汁食用，鲜食味美。后又在荞麦面中加入猪血，味道更浓。于是他迁居城内，以卖血糕为业，生意十分兴隆。

血糕有两种卖法，一种是卖蒸好的血糕，买回家自己炸制；另一种是做血糕的自己支个摊，炸好了供食客吃。

在安阳的街头小巷或者家属区里，偶尔你还能看到推车叫卖血糕的。听到叫卖声，会有一些上了年纪的老人，迈着缓缓的步子从家里出来，要上一块刚出锅的又焦又嫩的血糕，再蘸点蒜汁，当街吃。这种现象现如今是越来越少了。

的确，血糕并没有像粉浆饭和皮渣那样受安阳人热捧，也不是所有安阳人的钟爱之物，新一代安阳人并没有像偏爱扁粉菜似的喜欢血糕。问一下身边的年轻人，大多数回答说没吃过，甚至有的连见也没见过，不知血糕为何物。

骑车在安阳的大街小巷里找找，也难得觅见卖血糕的，更听不到那声声入耳的“血糕，又焦又脆！”的叫卖声，只有在一些夜市或小吃摊前偶尔还能见到炸血糕的，吃的也大多是中年以上的安阳人，鲜见年轻人的面孔。

如果不加以改良或创新，这种传统名吃会不会真的消失呢？

外焦里嫩的状馍

梁庄状馍在内黄是很有名的，按内黄当地人的说法，到内黄不吃状馍，和到北京不吃烤鸭一样遗憾。

状馍到底是什么馍？我询问过内黄

的多个朋友。内黄朋友多说，状馍是北方人常吃的一种大饼，内里有馅，个大如铜锣，外焦里嫩，咬一口满嘴流油地香。

状馍个头的确很大，大到一个大锅底只能铺一张馍，用大如铜锣形容还真一点也不为过。这么大个的馍，中间还夹着馅料，仅从案板弄到锅里，我觉得都应该算是个技术活儿，并且还要翻面，把两面都焙得金黄，就更难了。面没有发酵，却一点也不硬；馅料更绝，是用葱、姜、蒜和猪肉拌在一起的，却是既筋道又爽滑，口感好极了。咬一口，皮是又焦又酥，馅是滑而不腻，刚往嘴里一放油顺嘴就流出来了，确实好吃。

做状馍的皮是很有讲究的，不仅要保证外层焦酥、内层软嫩，还可以在焦酥的面皮下面灌上鸡蛋，有点像鸡蛋灌饼。状馍的馅分好多种，荤的素的全有，荤的是大葱、大姜、粉皮和大肉，素的是大葱、大姜、粉皮和鸡蛋。

千万别小看梁庄的状馍，它可是大有来头的。据说状馍是清朝时家住梁庄一书生的母亲发明的。书生要进京赶考，当娘的准备为儿子烙张大饼带在路上吃，因为心疼儿子，总怕饿着儿子，当娘的倾其所有，把家里的肉、鸡蛋、葱、姜、蒜等所有好吃的全放在饼里面，正面反面使劲焙，为给儿子解馋，还不停地往饼上放油。最后，烙出了一张又圆又大、又焦又黄又酥的大饼。后来，这位书生果然金榜题名，得了状元。为庆贺状元金榜题名，御宴上也上了这种饼。没想到，皇上品尝后也赞不绝口。因为第一个吃这种饼的人考上了状元，再加上这个饼圆圆的象征团团圆圆，烤色金黄象征前程似锦，有人就为它起了个好听的名字——状馍。

自此，状馍就在内黄梁庄一带流传开了，因为好吃，越传越广，不久，整个内黄就全传遍了。人们喜欢吃这种饼，除了它焦中有绵、酥中有咸、脆中有甜的口感外，还有个美好的喻义在里面——状元吃的馍。特别是家里有出门求学的孩子，当娘的总爱在孩子出门前，为他烙张这样的饼，希望孩子能金榜题名，取个好彩头，这就是梁庄状馍。

• 内黄灌肠 •

灌肠，是将猪血灌到猪肠里，因灌肠这种小吃最早出自内黄，所以人们往往称灌肠为内黄灌肠。

内黄灌肠最常吃的方法有两种，一种是煎灌肠，一种是烧灌肠。煎灌肠是放在油锅里煎，而烧灌肠则是放在清水里煮。

说起灌肠的来历，还有一段传奇故事呢。

民间相传灌肠是三国时期张飞发明创造的。当时，张飞家里很穷，靠给别人杀猪卖肉为生。到年底了，主家不给钱，却给了些猪血和猪肠。如何吃呢？张飞突然心生一计，将猪血灌到猪肠里，放锅里用水一煮，捞出来一尝，味道不错。从此就有了灌肠。灌肠还有个名字叫烧灌肠，为什么要叫烧灌肠呢？据说，为了保温人们就把刚出锅的热灌肠盛在梢桶里，就叫“梢灌肠”，因为“梢”“烧”同音，传着传着，人们就把又热又烧又烫嘴的灌肠叫成烧灌肠了。

另一种是煎灌肠，用大油一煎，油光锃亮的，趁热吃，既焦又热，还飘着蒜香。煎灌肠就是在当街支个摊，用柴火铁锅煎制作好的灌肠。锅黑，灌肠也黑，再加上煎出来的灌肠用那种黑蒸碗盛上，到处都是黑乎乎的，看着一点也不讲究。即使这样，凡吃过煎灌肠的外地人仍会赞不绝口，挡不住对它的怀念。因为喜欢吃煎灌肠这种食物，内黄当地老百姓还编的有民谣：“肠子猪血白面灌，小刀一拉下煎盘，小铲儿一翻撮一碗，肚里不饥能解馋。”

与支个地摊固定卖的煎灌肠不同，烧灌肠是骑着三轮车走街串巷边走边叫卖。车上放一个保温桶，再放上十个八个碗、三张小桌五个小凳，齐活儿。骑着三轮车在街巷或小区的楼下，只管喊着走着，想吃的自然会找上来。来了，把保温桶打开，满手烫地拎出一根热热的灌肠，用左手托了，因为太热还得不停地抖着。右手快速切下去，薄薄的、一片片红红的灌肠就切好了。码在碗里，趁热浇上事先已经准备好的蒜汁，蒜香随着热气立刻就飘出来了。站着或坐着吃，随你。下班的路上，碰到卖烧灌肠的，把自行车、摩托车哪怕是小汽车往路边一停，花个三五元来上一碗烧灌肠，既挡饿又解馋。烧灌肠既滑又嫩，关键是用清水煮的，香而不腻，很符合现代人的美食理念。不是想减肥吗？吃血不发胖，面也很少，并且烧灌肠里含有大量的蛋白质、铁、钙、纳等微量元素，既营养美味又能补血健脾、壮骨助消化，关键是好吃不贵。

至于说烧灌肠到底是不是张飞发明的也有争议，内黄县志上说是内黄的邱家所为，而老百姓却传说是张飞发明的。其实，谁发明了这种美食并不重要，重要的是好吃，如果不好吃，谁发明的都流传不下来。正因为烧灌肠是老百姓喜欢吃的美食，又物美价廉，才能一代一代传下来，并且还要继续传下去。

• 香喷喷的小米饭 •

在五谷杂粮中，要论普通再没有比小米普通的了。无论南方人还是北方人，甚至在一些边远的少数民族地区，都能见到小米，可以说小米是一种最普通的杂粮。若从营养价值论，它更是了不起，开胃助消化，营养价值极高。

林州地处山区，十年九旱，多数情况下靠天吃饭，而耐旱的谷子就成了林州人的当家农作物了。谷子种得多，林州人吃得最多的就是小米饭了。林州人爱吃小米饭是出了名的，而林州小米好吃也是远近闻名的。林州人不仅爱吃小米，还能把小米做出许多花样来。

小米稀饭、小米稠饭、小米干饭和小米炒饭，有关小米的文章真是让林州人做足了。

林州距安阳很近，也就百十里的路程，是安阳的主要旅游景区之一。外地同学、异地朋友来了，只要游安阳，十有八九会去林州。凡是招待外地客人，在林州无论是大饭店还是小餐馆，包括农家乐在内，别的山珍海味可能没有，但小米饭一定会有。

爬一天山，走一天山路，免不了又饥又渴，吃点什么呢？小米粥准是少不了的。别管什么时候，饭店里总有一锅小米绿豆粥在那里给你备着，好客的林州人给你端上来一碗，准是不凉不热、不稀不稠的。见到小米粥，你也不必拘礼，只管端了，呼呼噜噜地喝，若觉得一碗不过瘾，就再来一碗，热情好客的林州人是不会在乎的，三碗两碗以你自己的胃定度，一准让你喝个痛快，喝个肚儿圆。

渴止住了，如果还饿，那就吃小米稠饭吧。既然叫稠饭，顾名思义，就不能稀了。林州人的稠饭是有标准的，要筷子插下不倒。一碗稠饭端上来，任你把筷子插到碗中间，十分钟八分钟，筷子是不能倒的。小米稠饭不仅要稠，还得香，我一直弄不明白，小米稠饭的香是从何来的。最近去林州才弄明白，原来小米稠饭是用鸡汤熬制出来的，再加上白菜萝卜等很普通的蔬菜和一些黄豆、花生等，慢慢熬，直熬得豆熟了、菜烂了、小米黏稠了，才算到了火候。熬小米稠饭最难掌握的是米和水的比例，水少了太稠，要粘锅，饭就糊了；水多了，小米少了，就熬稀了，就不叫稠饭了。要把米和水放得正好，熬得浓稠适度，应该也算是个技术活儿。向“大厨们”表达钦佩的话，他们很不以为然，在他们的想象中，作为林州人，若是连小米稠饭都不会做，还能叫林州人吗？在林州别说是饭店的厨师了，随便叫一个林州人，他们都会做这种林州人的家常便饭。

在小米饭的制作中，有难度的算是小米稠饭，比较复杂的是小米干饭。做小米干饭要把小米先在锅中用水煮几分钟，在小米八成熟时捞出，再上锅蒸上十几分钟，或放火上烤，用铲子翻搅，即成小米干饭。捞小米后的米汤放入数种蔬菜，如茄子、白菜、萝卜、豆角等煮熟加调味料，即成菜汤，或下白面条，或杂面条，即成面条汤。食用时，先将干饭盛入碗里，上浇菜汤，边吃边喝。讲究的吃法是再把蒸好的小米配上时令的蔬菜炒一下，在小米即将炒好的时候，再打上个鸡蛋，然后出锅，这样喷香的小米干饭就好了。

盛一勺小米干饭放到嘴里，要细嚼慢咽，一粒粒地品尝，先是小米的香和青菜的鲜入喉，接着鸡蛋的香味也出来了，再接着小米的润和滑的口感也上了舌尖，几种味道几种口感杂糅在一起，再一点点品，慢慢地咽，那真是一种享受啊。

到林州山是必看的，小米饭也是必吃的。带朋友一次次地去，一次次地换着小米饭吃，却从未吃厌过，真是吃了这次想下次，越吃越爱吃。

『非遗』概览

——说不完的故事，道不尽的花活儿

非物质文化遗产是中华民族文化宝库中一朵鲜亮的奇葩。每一种艺术都凝聚着民间艺人的手艺和心血，它不仅是历史的见证，更是中华文化的传承。作为中华古老文明的发源地之一的安阳，非物质文化遗产种类繁多，如戏曲、民间舞蹈、木版年画和古庙会等，真是说不尽的故事，道不完的花活儿……

大平调

大平调，又名大梆戏，俗称大油梆，因用以击节的梆子特大而得名；因其音平，唱腔的调性比高调（豫剧）低，故又谓之平调。大平调是中国古老的剧种之一，主要流行于豫北、冀南、鲁西南及豫东、皖北等地。由于该剧种流行地域较广，因语言乡音不同而造成声腔风格的差异，形成了西路平、东路平、河东平三大流派。

根据《河南省戏曲史志资料辑丛》《滑台春秋》《滑县戏曲志》载述，大平调的渊源，有说是河南梆子在豫北的一个支系，有说是武安平调的东流，有说是蒲州梆子经上党到豫北的衍变，还有的说它的表演动作近似木偶，可能是木偶戏的升华等。

元朝末年，大梆戏在滑县已是一个独立剧种。清代遗民邹少天在他的《豫剧考略》中有“梆剧发源于郑卫之乡……豫北有平调，大梆剧，皆其支裔也”“唯滑县有某班，阅年最久，……则元至正以前已有此剧名矣”的记载。

明弘治十一年（1498），滑县就有大梆戏活动。时《滑台重修明福寺碑》的副碑上有“以上布施，除修葺佛塔外，敬献大梆戏、大弦戏各一台”的记载。

大平调在清朝发展到了鼎盛时期。最为红火时，大平调在滑县先后有“大兴班”“公兴班”“同乐班”等十几个班社。1955年政府对“同乐班”进行整编，命名为“滑县大平调剧团”。该剧团现已成为保护单位。

大平调在长期的发展过程中积累了丰富的剧目，据统计有600余出，现在保留下来的只有200余出。其内容主要取材于《三国演义》《水浒传》《隋唐演义》《杨家将》《包公案》等小说，多以黑脸、红脸的“袍带戏”为主，民间生活故事戏较少。常演的剧目有《下高平》《下燕京》《下江南》《反阳河》《晋阳关》《反徐州》《收姜维》《百花亭》《战洛阳》《秦香莲》《铡赵王》《赵公明下山》《金鞭记》《张飞滚鼓》《三传令》《火龙阵》等。

滑县大平调属梆子声腔体系，音乐结构为板腔体。发声一般都用真嗓，唯慢板、拐头钉等板式起板时，尾声使用极高的假嗓。主要伴奏乐器有大弦、二弦、三弦、大梆、大号等。基本板式共分头板、二板、三板、流水板等四大板类。大平调的表演风格粗犷豪放，动作幅度较大，云手划大圈，盘腿跨大步，融入了武术中小洪拳手法，尽显粗犷豪放风格。唱腔旋律不仅因板式不同而有变化，在不同行当中也各有特色，例如：生、旦角的唱腔婉转、悠扬，优美流畅；黑脸、花脸的唱腔古朴、高亢。滑县大平调的角色脸谱比较讲究，人物性格分明，例如：赵匡胤红脸五道眉、敬德黑脸四块瓦、张飞黑花倒丝钩等。

大平调内容丰富，结构紧凑多样，板式及唱腔构思巧妙，在中国戏曲艺术中独具特色。

很多老艺人为滑县大平调的发展做出了一生的贡献，例如：张发旺、王道修、高治国、王相玉等。

大平调在豫北地区戏剧艺术中占有重要地位，是古老且受群众喜爱的剧种，被视为大戏，具有极高的保护传承价值。

2007年，大平调被列入第一批国家级非物质文化遗产名录。

• 大弦戏 •

大弦戏是流行于豫北、鲁西、冀南一带的一个古老而珍稀的多声腔曲牌剧种。它源于唐高宗时期的唐朝宫廷，至今已有1000多年的历史，比号称“戏曲之祖”的昆曲还早500年。相传，在程咬金百岁寿辰时，唐高宗将其赐予程府。在程咬金任山东节度使时带入山东，后流落民间在黄河中下游逐渐演变发展丰富。

在大弦戏中很多早以为失传的唐宋大曲、宫廷音乐、原始剧目等都还在大弦戏中原汁原味地保留着，堪称中国戏曲的“活化石”。大弦戏有很高的历史文化研究价值，是中国珍贵的民族文化遗产。

唐玄宗当年把设在东都洛阳的太常寺称“梨园新院”，主要演奏民间音乐。这里的演员被称为“皇家梨园弟子”，由皇帝亲自指导演出梨园戏，这便是大弦戏的前身。唐玄宗是一个多才多艺的君主，不但能演奏竹笛、羯鼓，还能扮演滑稽的丑角，因此大弦戏艺人至今称鼓师的座位为

“九龙口”，视丑角为大辈。

谚云：“三弦不动笙不鼓，呼呼笙响锡笛吐。”三弦领先，继之以笙笛。“拨棱”“呼隆”“得拉”三声（指三弦、笙、锡笛三种乐器的模仿音），艺人称之为“三滴水”。每曲必须以三弦领头，先声夺人，故称弦戏。因它源于“御戏”，以唐宋大曲为主流唱腔曲牌，为显示其皇家御戏的规格与尊贵，冠以“大”字而称，所以称为“大弦戏”，又称“御戏”。

大弦戏最初主要演唱汉、唐“乐府”曲，以及唐宋大曲、宋元杂剧、北曲等。演奏乐器以竹笛、笙、三弦为主，表演形式简单。宋朝时期，在表演风格上加入了开国皇帝赵匡胤创建的大洪拳架式，使表演古朴浑厚，场面激烈。到了元初，乐队引进了四大扇（大铙、大镲）、尖子号、螺号，同时由竹笛改换锡笛为主奏乐器，从而形成了今天粗犷激烈的舞台气氛。音乐在原“乐府”曲牌的基础上，吸收了部分俗曲小令和其他剧种（如罗戏、卷戏）的某些成分。元末明初，大弦戏已发展成一个规模剧种。

大弦戏主要乐器为三弦、锡笛、大笛、锣笛、横笛和笙。用锡笛伴奏的称为细曲，用大笛、锣笛、横笛伴奏的称为粗曲，其中锡笛为大弦戏祖传独有的乐器。大弦戏唱腔音乐为曲牌体，主要由五大套曲和散曲组成，五大套曲为：[海里花][江头金桂]；[高黄莺][塌黄莺]；[驻云飞][驻马听]；[懒画眉][懒画杆]；[二反][皂角]。散曲有[山坡羊][步步娇]等，还有部分吸收了“青阳腔”“石牌腔”“弦索高腔”“罗罗腔”及民间俗曲小令。唱腔多于尾音处提高八度，道白多用韵白，且以三弦伴奏。在表现武戏场面时用大铙、大钹和大号，以烘托紧张、激越的气氛。唱腔换牌频繁，音节跳度较大。吐口用真嗓，行腔用假嗓。红生多用胸腔共鸣间配喉音。生旦多用鼻腔共鸣，多高音。净角多用腹腔共鸣，行腔短促，间以真假嗓结合，音域宽厚雄浑，行腔入律得体。奏文曲[懒画眉][步步娇]时，缠绵悱恻，柔和细腻；奏武曲[武耍孩][高头撵]时，则如金戈相加，战马嘶鸣，激人奋进。文场乐抑扬顿挫有致，喜怒哀乐有别；武场镲铙锣鼓，随节骤起，古朴劲烈，素有“大弦戏唱三天，小笛子还往耳朵里钻”等美誉。

大弦戏的角色行当有五生、五旦、

五花面之分，花面脸谱细腻讲究，富有个性。大弦戏至今还原汁原味地保留着传统的“跳加官”戏和宋元杂剧中的“滑稽戏”及“赤膊戏”等，其表演以梅花拳、洪拳为基架，粗犷泼辣、古朴浑厚。身段特技表演真刀真枪上阵，惊险刺激，其中的一些绝技如“削柳椽”“打五把彩”“大上吊”“睡三孔桥”“砸瓦”等更是令观众惊叹不已。

2007年，大弦戏被列入第一批国家级非物质文化遗产名录。

• 二夹弦 •

二夹弦是由民间小调衍变而来的珍稀剧种。相传在明末清初，山东省郓城县有一落拓秀才，屡次名落孙山，一家人全靠妻子纺花织布糊口。秀才夜闻妻子纺织车响，心中酸楚，就随着纺车的节奏轻轻哼唱，以解忧愁，久而久之，形成固定调式，并得到四邻的称赞。他顿生灵感，自制乐器，自编些小曲目，走街串巷，以演唱小曲为生，后发展成为民间小调“花鼓丁香”。

1897年，山东花鼓丁香艺人马振海、吴保德等人因家乡遭受水灾，逃荒到滑县万古镇樵邱村，幸会本村艺人组兴太，他们共同切磋艺技，为使民间小调在滑县古庙会戏剧舞台占有一席之地并挣钱养家，他们大胆改革，潜心钻研，在原曲调的基础上，独创板式和曲牌，自制并引进伴奏乐器。1899年农历三月三日，在万古樵邱庙会上，改编后的戏剧以二夹弦的名称登上了舞台，并获得成功。故滑县戏曲志有二夹弦源于滑县、由“花鼓丁香”演变而来的记载。

该剧种音乐唱腔结构为板腔体，板式、曲牌均为老艺人组兴太等人独创，其结构繁杂严谨。伴奏乐器有四股弦、笙、竹笛、二胡、弹拨乐器、堂鼓、战鼓、班鼓、大锣、小锣、大镲、小镲等，四股弦是主奏乐器。表演细腻，具有浓重的乡土气息，唱腔圆润，音乐委婉，舞台艺术独具风格。

1899～1955年，二夹弦发展非常迅速，以万古镇樵邱村为中心，不断向四周辐射。仅河南、山东省就有大小班社、剧团30多个。1955～1965年，二夹弦发展到了鼎盛时期，河南、山东两地处处有二夹弦剧种的足迹。

二夹弦经师徒口口相传，至今已有八代。它的历史虽然不长，但在形成发展的过程中吸收了众家之长，形成了自己独有的魅力。比如二夹弦的主伴奏乐器——四股弦就极为特殊，它形如二胡弦筒却又明显偏小，弦杆上有4根弦轴连接4根琴弦，弦弓上的两股马尾分别夹在两根弦之中，故称二夹弦。因为二夹弦发出的是双音复合，不仅比二胡单音器乐发音显得响亮，音色也更加柔美细腻，演奏的效果也更加复杂婉转，加上独特的唱腔，可以产生神奇的渲染和抒情效果。

二夹弦有自己独创的30余个曲牌，从而形成了一个丰富的唱腔音乐体系。同时，其唱腔并不拘泥于一式，它总是以剧情来引导唱腔，又以唱腔来配合剧情，让观众充分领略其独特的魅力。百余年来，艺人们为二夹弦留下了200多部剧目，最著名的当属《梁山伯与祝英台》《刘秀访将》《雷宝童投亲》《站花墙》《花园对诗》等。

2008年，二夹弦被列入第二批国家级非物质文化遗产名录。

• 落腔 •

落腔又名落子腔，也称安阳腔，主要流行于豫北及与之毗邻的晋冀鲁交界的漳河流域。1927年中华书局分省地志《河南戏剧》载："安阳腔一名落子腔，安阳最盛，南至汲、辉二县……"落腔由汉族民间曲艺"莲花落"演变而成，因此得名。1955年，内黄县成立了落腔剧团，是全国唯一的落腔艺术专业表演团体。

落腔在清朝嘉庆年间已具雏形。当时有位姓赵的艺人将内黄本地的汉族民间小曲巧妙地与"莲花落"结合，创编了大量的落腔剧目。他把当时的曲调板式固定下来，使落腔在内黄及周边地市广为传播，颇受欢迎，群众谓之"内黄落子"。

清朝道光、咸丰年间，落腔在安阳、内黄一带流行。由于落腔的剧目多取材于民间传说和家庭故事，内容通俗易懂，语言风趣幽默，乡土气息很浓，因此百姓极为喜欢。落腔活跃于广大农村的戏台之上，成为一种民间大众的娱乐项目。

清末民初，落腔盛行，豫北各地班社普遍建立。在此阶段落腔的声腔也有了较大的发展，形成了三大流派。它们分别是：以武安、涉县为西路，称武安落子；以安阳、林县、成安、临漳为中路，称落子腔；以内黄、魏县、清丰、南乐、滑县、濮阳为东路，称落腔。这三个流派各有特点，西路武安落子声腔层次多变，起伏跌宕，行腔高昂嘹亮；中路落子腔发音较平，然而唱腔粗犷，讲究偷字、闪板，擅唱花腔；东路落腔平稳古朴，吐字清晰，长于悲剧。

1956年，内黄县落腔剧团参加了河南省首届戏曲观摩会演，传统剧目《借髢髢》荣获一等奖，其主演赵清文也获得表演一等奖。赵清文勇于创新，博采众家之长，将本地"花鼓"等散曲与落腔巧妙结合起来，极大丰富了落腔的腔韵，使落腔艺术向前迈进了一大步。凭着对艺术孜孜不倦的追求，赵清文也成为落腔剧目近代最为成功的艺术家。当地群众曾有俗语"丢下和面盆，想起赵清文"，落腔成为广大民众的精神食粮。

落腔表演艺术形式古朴，音乐唱腔为曲牌板腔综合体，特技和专用乐器较多。现存有唱腔音乐6类23种，曲牌和打击乐58种，特殊身段特技2种，专用乐器2种，口述传承剧目210本。

落腔有300年的历史，是在说唱艺术中衍生发展起来的。落腔内容主要反映了民间的日常生活和下层老百姓的喜怒哀乐、婆媳关系、婚恋嫁娶、劳动生活等方面，如《借髢髢》《李天保吊孝》《吕蒙正赶斋》《姊妹易嫁》等，这些剧目充满了乡村农民的气息，鲜明地表达了人民群众的生活观念、人生态度，并揭示了平民百姓对生活中真、善、美的推崇，对假、丑、恶的鞭挞，它真实地反映了中华民族的历史生活、思想道德情操和审美理想。

2011年，落腔被列入第三批国家级非物质文化遗产名录。

淮调

安阳县淮调又名“怀调”，也称“漳河老调”。据记载，淮调声腔起源于晋、冀、鲁、豫四省交界的彰德（今安阳市）一带，属板腔体结构，是中国梆子腔戏中最古老的剧种之一。

淮调形成于明代后期，时称“女儿腔”，也称“河南调”。清康熙年间（1662～1722）达到鼎盛，淮调剧团班社林立，安阳最早的科班是府衙头皂班，距今已有300多年的历史。

淮调已传承十二代，是在豫北流行甚广、影响较大的剧种，流行地域涉及彰德府（今安阳市）、卫辉府（今河南省卫辉市）、顺德府（今河北省邢台市）、广平府（今河北省永年县）、大名府（今河北省大名县），人们称之为“五府淮调”。由于地域不同，民俗及语言音调的差异，又有“南府调”（以安阳为中心）、“北府调”（以邢台为中心）、“老淮调”（以林州等地为中心）等流派之分。

淮调的唱腔朴实粗犷，舒展奔放，浑厚有力。男生唱腔苍劲豪迈，一咏三叹，意犹未尽；女生唱腔刚柔并济，委婉妩媚，优美动听。表演既有祭祀舞蹈粗犷豪放的特点，又有古杂技功底和大洪拳架势及大扭大摆的技巧。配有四大扇、尖子号等乐器，烘托出将帅出征行军威风凛凛的豪迈气氛。另外，还有表演难度较高的“耍獠牙”“耍孩儿”“耍鞭”“耍盘子”等绝活，很受群众喜爱。

淮调音乐结构属于梆子声腔中的板式体，分［慢板］［二八板］［流水板］［三板］四大类。曲牌音乐有［唢呐曲牌］和［丝弦曲牌］两部分。主要乐器有大弦、二弦、三弦、大铙、大镲、大梆、大马号等。

淮调剧目内容以弘扬忠、义、孝、善和嫉恶惩奸、保家卫国为主，有300多出传统剧目，如《五女兴唐传》《五凤岭》《铡美案》《铡赵王》《穆桂英下山》《樊梨花投唐》等都是淮调的经典剧目。

淮调曲牌、板式构思巧妙，结构严谨，通俗易懂，在中国戏曲艺术中实属罕见，为中国戏曲音乐的起源和形成提供了资料佐证，具有科学研究价值。淮调古老的脸谱化妆特技，曲折的故事情节，优美的音乐展示，独特的表演形式，稀有的古老唱腔，都彰显着重要的文化价值。

2011年，淮调被列入第三批国家级非物质文化遗产名录。

• 内黄罗卷戏 •

内黄罗卷戏，又称大罗戏，流传已有1000多年。据《文艺百科》记载，“东柳西梆，南昆北弋”与皮黄五大声腔系统中，罗卷戏为弋阳声系之源，随着时代变迁，演变成为富有地域色彩的剧种。

关于罗卷戏的起源，一直没有确凿的典籍可考，但民间一直流传着唐太宗和罗卷戏的故事。唐太宗李世民忧虑大乱之后国家难治。魏徵进谏说要以文教治国，百姓乐于接受。于是唐太宗启用近臣祖孝孙教授音乐，自编自演一些剧目，在宫廷演唱。唐太宗亲自扮演丑角，还让魏徵出头场。所以至今戏曲上还有以“丑角”为尊、“头面官”为大的传统。因宫中观众大都是后妃贵夫人，所以一开始称“眷戏”。后来在丝竹伴奏时增加了锣鼓打击乐器，又叫“眷锣戏”。

由此，艺人们一直认罗卷戏为戏剧的正统正宗。过去，每逢庙会或春会，各种戏剧班社同地演出，只要听说有罗卷戏班来，无论到会早晚，非让它占正台不可，而其他剧种的戏班自动退让偏台演出，还得去给罗卷戏班“拜台”，而罗卷戏班从不回拜其他剧种的班社。罗卷戏的地位由此可见一斑。

内黄罗卷戏综合了宫廷的“阳春白雪”和民间的“下里巴人”特色，表演雅而不俗，粗犷朴实。罗卷戏的行当也很有特色，生、旦、净、丑样样俱全，可以表演多种性格的人物。各表演行当从不同角度把武术、杂技、舞蹈、高跷、旱船等民间艺术营养吸收进来，形成了独特的风格。生角和旦角为主要演员，真嗓演唱，乐器助腔。唱腔高亢，委婉流畅。旦角出场，需用大笛、长号、重打击乐助威，以示威风；生、旦、净、末、丑均无大段唱词，但板式变化多样。打击乐器独特，由唢呐领队主奏，大铙、大镲、尖子号配合，采取前台一唱、乐器众和这种独有的帮腔形式，为全国少数剧种之罕见。

罗卷戏的唱词有自己很独特的地方，每一大段唱词都由一组一组的三长一短的句子组成，非常类似于中国古典词曲，时至今日仍然沿袭传统。

2007年，内黄罗卷戏被列入第一批河南省非物质文化遗产名录。

• 内黄木偶戏 •

内黄木偶戏又称扁担偶，是由艺人操纵木偶表演的一种戏曲艺术形式，宋元时期称傀儡戏。

木偶戏也称扁担戏、独角戏、筒子戏，民间俗称“撑布袋口”。一支扁担、一只木箱、一个布棚、一名演员，这便是一台戏的全部班底，演唱时扁担一支、布棚一撑，即成戏台，即可表演一台戏。道具一箱便可装满，小小的舞台可以拆合，一根扁担挑着全部家当，所以人们叫它扁担戏。一个人一台戏，一个人一个剧种，一个人一门艺术。

木偶戏集戏曲、坠子书、鼓词、口技、民间工艺泥塑、彩绘为一体，一人口噙哨子说唱，五个手指控制各种人物的动作，脚踏锣鼓，手脚并用，一人便是一台戏。表演木偶戏，无论是配乐，还是口技，全靠表演者一个人。

木偶戏剧情紧凑、技法严密，能在短则三五分钟、长则半小时的演出过程中，将人物刻画得栩栩如生，惟妙惟肖，让现场观众看得目瞪口呆、津津有味、流连忘返。表演内黄木偶戏时，艺人将手掌由下至上套入木偶身上的布袋，以食指托住木偶的头部，手掌支撑木偶的身体，拇指和其他手指并用，操纵着木偶，做出舞刀、骑马、射箭、武打、杂技、翻跟头等高难度动作。一人之手，表现千军万马的气势和才子佳人的风采；一人之口，表演生旦净末丑各行当的声音。木偶戏创造了一个丰富多彩的艺术天地。

观众的欢迎和频繁的演出，促进了木偶戏种类的发展。宋代是木偶戏的全盛时期，到了元代木偶戏仍然盛行，而且演出已经达到了很高的艺术水平。明代以后，木偶戏失去了它在城市中的落脚之地，退位为城乡市集上走街串巷、聚众围观的杂耍表演。又因戏曲艺术的极大繁荣，木偶戏退缩为食戏曲余唾的小道杂艺。生存条件的恶化，使木偶戏失去了往日的辉煌。民间在操办丧葬的时候，仍然习惯用木偶戏来冲丧，明代以后基本以服务红白喜事祭奠演出为主。

内黄木偶戏最主要的绝活是“吹、唱、端”，“吹”是最难学的。“吹”的工具是口迷子，演出时要将口迷子含在嘴里模仿人声，既伴唱、又伴奏。“吹时要将口迷子尽可能往嘴的深处放，放得越深，吹得越响”。过了“吹”这一关，还需要有一副好嗓子来唱。一台戏里的生旦净末丑，声音各不同，却皆出自一人之口。最后一个绝活是“端”。老艺人说：“端木偶，要端出姿态来，端谁像谁。就拿走路来说，不同的角色走起路来是不同的。”

内黄木偶戏始于清末，当时是由河北省吴桥县传入内黄县的。到了清代，河北吴桥木偶戏异军突起，演出极盛。18世纪末，内黄蒋新张村蒋某因生活所迫，逃荒到河北吴桥，为了生计，他开始学习表演木偶戏。学成后，他回到内黄老家，将表演木偶戏的技艺传授给亲朋好友。后来，在内黄八里庄村发展到6班（6台戏）。

1949年初，以内黄八里庄袁有忠、袁有恩为代表的6班木偶戏同时外出演出，足迹遍布河南、河北、山西、山东四省交界的方圆千里之地。

1988年，内黄木偶戏参加河南省首届艺术节，袁有恩在郑州12天时间演出60场，观众数万名，被赞为“艺术节一绝”。

2009年，内黄木偶戏被列入第二批河南省非物质文化遗产名录。

• 林州四股弦 •

四股弦又名二夹弦、五调弦、五调腔，因其主奏乐器为四胡，故又称为四股弦。

四股弦是具有鲜明地方特色和浓郁乡土气息的板式体剧种，流行于豫北、冀南、晋东南和鲁西南等地。

四股弦形成于清朝同治九年（1870），孕育发展于邢台和安阳一带，在秧歌艺人唱门戏（乞讨）的基础上，吸收乱弹、京剧、河北梆子等剧种的营养，逐渐演变成为一个独立的剧种。

清光绪三十二年（1906），著名艺人张平新带着四股弦戏班进入安阳，大受百姓欢迎，从此很多艺人纷纷改学四股弦戏。1932~1936年前后，林州东岗乡杨家寨的韩福金、韩福银兄弟开始学四股弦，他们二人到安阳县水冶镇老殿同盛班学艺。兄弟二人学成后又到林州柳滩、姚村、古城、牛岭山、皇后村等地传授四股弦，在传艺过程中，融入花鼓丁香、落腔、河北梆子、老调、二夹弦、丝弦等剧种的板式腔调，形成了林州四股弦。

在内容上，四股弦起初大多是反映民间家庭生活的小戏，后逐渐转变为演出历史传统戏和连台本大戏。四股弦使用本地语言演唱，跌宕起伏，高亢激昂，具有非常浓郁的地方特色。其唱腔悠长、流畅、委婉，语言含蓄、幽默、通俗。舞台上以唱功见长，大本腔（真嗓）吐字，二本腔（假嗓）甩腔，讲究字正腔圆，咬字要狠，行腔要稳，有“一唱遮百丑”之说。四股弦剧种的表演行当生、旦、净、丑四行齐全，重视用眼睛做戏，有“一身之戏在于脸，一脸之戏在于眼”的说法。表演以刚健质朴，大方细腻为特点，刻画人物性格生动活泼，粗犷泼辣，具有浓厚的乡土气息。另外，表演中还有“帽翅功”“变脸”“耍牙”等高难度绝活。

林州四股弦声腔音乐吸收民间俗曲小令，穿插融合于唱腔板式中，通俗易懂，亲和力强。基本曲调是“四句腔”，主要板式有［二板］［三板］［流水板］［垛板］及附属性板式。曲牌音乐分弦牌、笛牌两类，主要用于烘托舞台气氛，为特定环境中的表演所专用。伴奏乐器有四胡（主弦）、高音板胡（二主弦）、高音竹笛、唢呐等。打击乐有板鼓、锣、手镲、手锣等。

林州四股弦是安阳影响较大的地方剧种之一，有极高的包容性，兼收并蓄，集各家之长，又不失其个性，是宝贵的历史文化遗产。

2011年，林州四股弦被列入第三批河南省非物质文化遗产名录。

• 汤阴跑帷子 •

汤阴跑帷子又称帷子舞、经纬舞，是活跃在豫北地区的一种古老的汉族传统民俗舞蹈表演。

跑帷子的来历在民间流传着多种说法，一说是武王伐纣时云霄、琼霄、碧霄三姊妹为兄报仇之阵法传世；另一说是春秋战国时期，齐桓公在汤阴带兵打仗，娶当地卫女为妾，卫女勤劳善良，随军为将士们缝衣做饭，深受将士拥戴。后来卫女积劳成疾病故，将士们思念卫女，就把卫女的衣物举在杆头为她奔跑招魂。这种祭祀活动继而演变为模仿行兵布阵的大型舞蹈表演活动，后发展为宽泛的乡民求神祈福活动。

跑帷子使用的道具名叫“帷子”——一根两米多长的木杆上扎着“帷帽”，“帷帽”呈圆筒状，上面挂着五颜六色的彩带和铜铃，实际上帷子象征的是一种招魂幡，表演者持帷子奔跑组成各种阵图，故名“跑帷子”。

跑帷子已有2600多年的历史，起源于殷商或春秋，成形于秦汉，盛于宋、元、明、清各代和民国初年并延续至今，具有较高的历史价值、军事价值、艺术价值和民俗价值。

跑帷子作为一种团体性汉族传统舞蹈，在舞步、阵式、道具、配乐等方面都别具一格，规模宏大，内容丰富，结构严谨，形式完美，被称为“中原奇舞”。

帷子舞由72架帷子、24面扭鼓、24根彩旗、24架銮驾、24名执侍、24个铜锣以及大号、小号、罗伞、大战鼓等组成。帷子舞的阵式有黄河阵、五星阵、八字阵等，阵阵出彩，变化多端；清泉阵、桃花阵、虹日阵等，层层花样，穿梭不断。表演时，一百多名舞者按照《易经》中的八卦阵法不断变换出一百多种阵势，气势磅礴。

演出伊始，只听三声统呼，两名衙役打扮的开道者手提大筛锣鸣锣开道，伴着洪亮而浑厚的锣声，跑帷子活动便拉开了序幕。两名壮士手持令旗身跨大马绕场开道，銮驾分站两旁助威，大号吹得震耳欲聋，锣鼓敲得惊天动地，彩旗在空中猎猎飘舞。近200名帷子手身着古代战士出征时的服装，手举由木质长杆和用彩带、布条等装饰而成的“帷子”，依照阵图排列成各种阵势和图案。每次舞蹈时，帷子手们踏着鼓点屈膝、微蹲作小步跑，富有节奏感地来回奔跑，每跑一步，帷子上的彩带铜铃就颤动一下，发出哗哗哗的响声。阳光之下，银光闪烁，彩带翻飞，舞影婆娑，其景象之美丽、场面之壮观，令人叹为观止。

跑帷子活动具有浓厚的汉族文化色彩。蕴含着古代祭祀活动中祈祷、因果报应的理念，寄托了百姓祈求风调雨顺、五谷丰登的美好心愿。

千百年来流传着一句俗语用来夸赞豫北地区三样绝活："隆化的帷子，道口的阁，彰德府里好烟火。"跑帷子作为"豫北三绝"之一，在方圆数百里享有盛誉，美名流芳。

目前，跑帷子仅存于汤阴县古贤、白营两个乡。当地群众每逢农历正月十五、十六以及农闲时期，都要自制帷子表演跑帷子。

2008年，汤阴跑帷子被列入第二批国家级非物质文化遗产名录。

• 吕村战鼓舞 •

吕村战鼓舞是安阳县吕村镇特有的民间艺术瑰宝，融音乐、舞蹈、武术、杂技为一体，以击鼓对打等动作来表现战争中面对面格斗厮杀的场景。

吕村战鼓舞历史悠久，源远流长，有很多精彩的民间传说。最早的故事来源于武王伐纣。据说周武王和姜子牙率领大军攻打到了商都城下，殷纣王一方忽然得到了"哼""哈"二位神将的帮助，"哼""哈"二将发出声音就会摄人魂魄。一时间周军人人自危，姜子牙一筹莫展，焚香向九天玄女求救。九天玄女托梦给姜子牙，告诉他用鼓破解。姜子牙立即制作了九十九面大鼓，在两军对垒时，鼓声排山倒海地响起，震耳欲聋，"哼""哈"二将的声音完全淹没在鼓声中，他们的法术就这样被破掉了，武王带领军队一举推翻了商王朝。以后各朝代"击鼓而进，鸣金收兵"就成了作战号令。

明末清初，闯王李自成兵败撤到吕村，与清军隔漳河对峙，突然天降大雨，河水暴涨，吕村百姓为了掩护义军，连夜赶制大鼓，待清军准备渡河时，突然鼓声齐鸣，喊杀声震天，吓得清军四散逃窜。从此，取名得胜鼓，逢年过节，香火庙会，人们击鼓娱乐，形成了吕村战鼓舞的特色。

吕村战鼓舞表演阵容强大，队形变化多样，龙腾虎跃，气势磅礴，催人奋进。表演时四个鼓手一组，也可由多个鼓手组合成庞大的表演阵容。由小鼓领舞，配合大铙、大锣、大镲、尖子号等铜器，烘托出热烈紧张的气氛。队形有"狮子滚绣球""霸王鞭""凤凰展翅"等。舞步有马步、对打、侧打等。打法有单槌对击、双槌同击、交替对击、进行间对击等，表现了古代武士杀敌卫国、驰骋疆场的壮观场景。表演者服装男黄女红，背上靠旗三面，模仿古代武士背后的防箭护具。

一面战鼓响四方，百面战鼓震天响，表演者的动作队形随着激越的鼓声有节奏地变化，看得人眼花缭乱，听得人激情澎湃。战鼓舞既有舞的柔美，又有鼓的刚强，堪称民间文化艺术中的一朵奇葩。

战鼓舞主题明确，气势恢宏，从音乐到动作通篇体现古代战争中武士们的军旅生活，尚武精神贯穿始终。自古以来，吕村人集体传承战鼓舞，上至八十老翁，下至七岁孩童，都能拿起鼓槌打起鼓点来。至今战鼓舞传承已有十代。

2009年，吕村战鼓舞被列入第二批河南省非物质文化遗产名录。

• 石板岩花棍舞 •

林州石板岩花棍舞俗称“打花棍”，以其舞蹈道具“花棍”而得名。

石板岩花棍舞是一种汉族民俗舞蹈，历史源远流长，来自石板岩古老的民间风俗。自明崇祯年间（1628～1644）开始，地处偏僻地区的石板岩先人，进山出山总会习惯地带上一根木棍，一则走路借力，二则防御野兽。后来人们联想到民间传说桃木棍可以驱鬼辟邪，就在走夜路的时候带上有响铃的桃木棍来助力壮胆，认为这样既可以驱鬼辟邪，又可以防御野兽，逐渐演变成逢年过节、庆祝丰收之时，百姓涌上街头舞动花棍，跳跃欢庆。久而久之，百姓总结了几套花棍舞的技法，打花棍成了石板岩的传统娱乐项目。

花棍舞所用道具是桃木制成的花棍，花棍长五尺，棍身缠裹着红绸、绿绸。棍两端挖孔洞，缀响铃，挂彩穗。舞动时会有节奏地发出叮当声，十分悦耳动听。

花棍舞表演队伍常以数十人或数百人组成，分男队女队，也有男队女队合二为一。表演时身穿彩服，头戴花巾，面涂油彩。男队女队扭着秧歌并排前进，或手托或肩背花棍，在急促的锣鼓声中跑上几圈，然后随着锣鼓乐曲，手握花棍，边扭边打，边打边舞。用花棍敲击着肩部、臂部、腿部、脚部等部位，动作时而奔放，时而舒缓，充满了浓郁的乡土风情。

花棍舞表演种类很多，有八棍、十棍、十二棍、立舞、跪舞等，演员随着锣鼓点变换队形，有圆圈形、有穿插形等。舞蹈节奏明快，并带有武术动作，整齐有力。现在，还在打花棍中融入了文明宣传内容，使花棍舞既有鲜明的地方特色又有热烈的时代气息，深受群众喜爱。

花棍舞世代相传，从根本上集中表达了人民期盼风调雨顺、五谷丰登、安居乐业的美好愿望，成为人们生活中不可或缺的组成部分。花棍舞的表演内容直接反映了当地人民的心声，表达了人民的意志和愿望，具有鲜明的艺术特色，对于研究民间历史长河中人们的精神追求来说是宝贵的历史资料。

2009年，石板岩花棍舞被列入第二批河南省非物质文化遗产名录。

• 曲沟抬阁 •

抬阁又名“台阁”，是中国最古老、最稀有的民间传统艺术之一。表演内容大多是老百姓喜闻乐见的戏剧、民间传说和经典故事。传承至今的曲沟抬阁被誉为“华夏一奇”，在中国民间艺术领域影响甚广。

人们抬着一个用竹木或铁质材料扎制成的类似“楼阁”的架子进行表演。“阁”分平阁和高阁，平阁只设一层架子，表演者或站或坐，在上面表演；高阁也称“铁枝”，制作、表演较为复杂，即在主架上再分上、中、下三架，每架的分枝上分别安排不同的表演者，可以看到天真烂漫的儿童演员在三米高台的彩台上潇洒自如地表演各种优美的动作。

经过数百年来的不断完善和创新，抬阁的“阁”逐步向高、峭、奇、险、美的方向发展，它的行走表演也从过去的人抬演变为人抬为虚、实则将阁固定在车轮上。每台阁上的演员最多达5位，并已将戏剧与杂技融为一体，将木艺、铁艺、画艺、扎艺、服装、道具、乐队等集于一身，成为一门高台行走表演艺术形式。它主要有转阁、云阁、灯阁、水阁四种表演形式。

传说，曲沟抬阁的起源和孔子有关。春秋时，群雄逐鹿，曲沟所处之地连年战事不断，故被人称作“干戈沟”。相传，孔子周游列国途经此地，见村民饥寒交迫，遂生怜悯之心。于是孔子携弟子小住几日，向村民讲仁义礼智信。村民们深受启发，他们一致要求孔子给“干戈沟”改名。孔子有感于此地民风淳厚，便使用老家曲阜之“曲”而代“干戈”，意即希望两地结下不解之缘，也希望曲沟从此再无干戈。村民为表达对孔子的感激之情和对未来美好生活的向往，击鼓相送，并选择唱歌唱得好的几位女童，由众人抬在桌上，边行边唱。起初之意是让远去的孔子仍能回望到高桌上的歌舞，后来，村民们在喜庆自娱时，沿用了这种歌舞形式。因为抬着人唱歌，故名“抬歌”。“抬歌”即是最早的抬阁。“抬歌”因与孔子有关，所以被历代曲沟人引为荣耀，使抬阁艺术历千年而不衰。

抬阁（其一）

到了明清时期，随着戏曲兴盛，艺人们将高桌装饰成楼台亭阁的样式，根据剧情需要，采取大胆夸张的手法和木工技艺，让表演的儿童看起来似乎悬在空中，通过戏装和道具的遮掩，给人们空中楼阁、云里雾里的感觉。这时，“抬歌”被更名为“抬阁”，抬阁因其造型优美、新奇、惊险而成为绝技。

明朝以前，抬阁上站的多是成年人，他们主要以唱为主，抬阁的骨架也非常简单。到了明朝，曲沟人用很大精力研究抬阁，并且确定了制作抬阁的十六字方针：真伪结合，动静结合，雅俗结合，巧拙结合。抬阁的骨架变成了铁芯子，而且铁芯子越来越复杂，渐渐承受不住成年表演者的重量。因此，表演者改为了儿童。演员的表演从“开口唱”改为“闭口扭”。每一架抬阁的表演都改为演绎一个故事，演员的人数也增加了。

抬阁的鼎盛时期是在近几十年，甚至还形成了几大派系，各社都有自己的名牌抬阁作品，如西社的《扒缸》《水漫金山》《借雨伞》等，北社的《三娘推磨》

抬阁（其二）

《铁弓缘》《织皇绫》等，东社的《游月宫》《百鸟朝凤》《白猴孝母》等，都是各自的名牌作品。随着各派系的发展，使用的道具也大量增多，动物、植物、器物、自然物等都被加以利用。随着现代科学技术的发展，声、电、光、影也用到了抬阁之上，使抬阁表演更加逼真耐看、丰富多彩。

2015年，曲沟抬阁被列入第四批河南省非物质文化遗产名录。

• 伦掌孟村九曲黄河灯盏会 •

伦掌孟村九曲黄河灯盏会，顾名思义，取“黄河九曲十八弯”之意，有“阵排天地、势摆黄河”之妙，是一种娱乐性极强的民间节日游艺活动，流行于安阳县伦掌镇孟村一带。

伦掌孟村九曲黄河灯盏会在安阳县、磁县、武安市、涉县和林州市等地的近百个乡镇影响极大。传说在元宵节期间走走“灯盏会”，可除百病，能祈吉祥，于是引得周边数万名群众慕名而来、游乐其中，气氛甚是喜庆、热烈。

关于伦掌孟村九曲黄河灯盏会的起源，村里老年人说法不一。一说灯盏会的九曲，意为阴阳太极图，原为祭祀道家鼻祖老子；也有说九曲黄河灯盏会是古代战争迷魂阵图形。传说殷商时期，姜子牙受命领兵伐纣，把殷纣王的兵马打得溃不成军。赵公明被纣王的太师请来率兵抵御，战争中不幸丧生。其妹妹云霄、碧霄和琼霄为给兄长报仇，在这里设下九曲黄河阵。后来阵破，“三霄”人亡。当地群众为了纪念蕴含着传统文化的“九曲黄河阵”，北宋时在孟村修建文王庙，议定文王生日这天兴起九曲黄河灯盏会，代代相传，延续至今。

按传统习俗，伦掌孟村九曲黄河灯盏会的灯阵是用木头椽子作灯柱，后改用钢管，按图谱栽插在八亩大小的平地上，形成一个大方阵，然后用布条或绳索将灯柱连接起来，按“太极生两仪，两仪生四象，四象生八卦，八卦成九宫”的周易九宫八卦图之方位，以富贵不断头传统图案设置而成。整个灯阵内含九个小方阵，即乾宫、坎宫、艮宫、震宫、巽宫、离宫、坤宫、兑宫及中宫九宫，迂回曲折，扑朔迷离，象征中华九州，分别由《封神演义》中的9位名将把守。这是北方先民模拟古代战阵并加以想象的一种智能游戏，中宫八卦台上还插有20面红旗、20面黄旗，犹如古代战争中的将帅指挥台。铁管为1.2米高，按规定的距离和路线插在地上，用草绳在铁管中间连接，上端置直径12厘米的圆形铁圈托灯，10杆三眼抢护风，内放优质香油，再用线绳捻成灯捻点燃即可。整个灯场设灯505盏，一般情况下，灯阵内设365盏，象征着一年有365天；山门内设50盏，中宫八卦台上设90盏。灯场中心，栽一根十米高的旗杆，上面挂有旗幡、九莲宝灯和霓虹灯装饰的太极八卦图。灯阵有入口，有出口，厢道宽2米，长约2千米，供“花会”和游人通行。

每年元宵节入夜时分，一阵清脆的鞭炮声响过，505盏香油灯一起点燃，高跷、秧歌、锣鼓等“花会”在前面表演，群众依次步入灯阵，一边欣赏“花会”表演，一边赏灯、祈福，犹如一条缓缓流动的灯河。阵内旗幡招展，锣鼓喧天；阵外人流如织，欢声一片，场面极为壮观。遇有天降瑞雪，空中飘洒着轻盈的雪花，灯场上灯火闪闪，更富诗情画意：近看横成排、竖成行，一盏盏油灯宛若朵朵莲花含苞待放；远观整个灯阵繁如星海，又如九天银河飘落人间。人们从入口进，从出口出，顺顺利利地走完连环灯阵，就意味着来年顺顺当当、平平安安。

伦掌孟村九曲黄河灯盏会风格独特，

内涵丰富，实为民间艺术之瑰宝，对研究殷商时期政治、军事、文化有参考价值，是独具特色的民间传统文化表现形式，

2009年，伦掌孟村九曲黄河灯盏会被列入第二批河南省非物质文化遗产名录。

• 滑县木版年画 •

滑县木版年画真正形成自己的风格在明正德年间（1506～1521），鼎盛于清代，因一直深藏民间而世人鲜知。滑县木版年画主要分布在滑县东南部的慈周寨前二村、前一村、林头村老店乡的马兰集和八里营乡关寨村等10多个村庄，以前二村、马兰集的年画最负盛名。2006年11月，冯骥才到滑县考察后称滑县木版年画是“普查、抢救文化遗产的一个惊人发现，半个世纪以来新发现的一个年画产品”“一种失落的文明，中州大地上一个被遗忘的历史辉煌”。

滑县木版年画具有自己的风格，在形式上，有中堂画、横幅画、对联、扇面画、袖珍画等规格；在内容上，有神像、家谱、佛教、道教、耕织、猎渔、婚庆、文武、山水、花鸟等品种；在印制上，阳刀和阴刀并用，使阳版墨线突出、阴版墨线凹陷明显、画面更加浪漫夸张；在色彩上，以大黄、大红、大绿、朱红为主，精细部分施以工笔，水墨、色彩搭配分明。画面生动完美，吉祥喜庆，气氛浓郁，适应了老百姓敬神祈福的心态和需求。

滑县木版年画线条流畅，大胆夸张，构图饱满，形象鲜明。与天津的杨柳青、苏州的桃花坞、山东的潍坊、四川的绵竹、广东的佛山、开封的朱仙镇这些著名的年画相比，它寓意深刻，色彩分明，表现更强烈，做工更原始，画面更淳朴。

滑县木版年画

滑县木版年画用料讲究，版面均用上等梨木板材，绘制原为蜡纸，现今改用宣纸。制作工具有刻刀、刷子、揎子、排笔、毛笔等。一幅版画需经定稿、素描、粘贴、雕刻、印刷、彩绘等工序。

滑县木版年画的造型多采用概括简化的表现手法，人物造型粗犷夸张，线条刚劲有力，年画艺人们用口诀传承了年画艺术造型的基本规范："年画画得好，头大身子小。"意思是说年画如果想要让人喜欢，首先在造型上要注重运用夸张手法。民间艺人根据物象的自然特征进行大胆夸张或取舍，形成鲜明的造型特点，独具艺术特色。

在历史上，滑县木版年画销售地区广阔，不仅覆盖中州，而且东至渤海之滨、西至甘肃青海、北抵东北三省。

滑县木版年画是中国农耕文化的反映，对于研究中国农耕社会的发展以及民俗风情、意识形态等都具有重要的参考价值。正如冯骥才所言："滑县的木版年画，'原生态''活态'是它最重要的品质。"因此它不仅是在艺术上完全独立的年画产地，而且是珍贵的非物质文化遗存。

2008年，滑县木版年画列入第二批国家级非物质文化遗产名录。

• 苏奇灯笼画 •

苏奇灯笼画源于安阳县永和乡，是苏奇村一种纯手工的汉族传统民俗工艺品。

苏奇灯笼画起源于中华古老的民俗活动元宵灯会。元宵灯会是孩童挑灯笼嬉戏的时刻，过去有舅舅在正月十五前给外甥送灯笼的风俗，歇后语"外甥打灯笼——照旧（舅）"就出自这一风俗，因此，画着彩画的灯笼应运而生。当地民间艺人就地取材，用高粱秆扎制成约六七寸高、四寸宽，四面或六面形体的骨架，然后再裱糊上事先印好的彩画，灯的四周以彩线装饰，中间插上蜡烛，燃着之后，小巧玲珑。烛光映出了花、鸟、虫、鱼或各种戏曲故事，当地群众说："这种灯笼有说头，有看头。"灯笼上的彩画和戏曲故事，成了大人对儿童进行启蒙教育的教材。老年人兴致勃勃地讲解戏曲故事的内容，孩子们聚精会神地听，忠与奸，善与恶，美与丑，是非清楚，爱憎分明。灯笼画成为节庆中少年儿童聚会玩要不可缺少的有益玩具。

苏奇灯笼画的制作方法基本上有两种。一种方法类似木刻水印，艺人选梨木做版，根据故事刻出主要人物主线版，然后用黑色拓印，称为“线版”；然后再填色，色彩受朱仙镇木版年画的影响，多用原色——红、黄、绿、紫，这些颜色的对比都很强烈。在着色过程中，许多艺人仍采用祖传的方法，在颜料中加添白糖和蛋清勾兑，借以增加画面的光亮程度和色彩的附着力，持久不易褪色；另一种方法是除刻出主线版外，采用多版套色的方法，这种做法和传统木版年画的印刷方法完全相同，最大的优点是可以大量印刷，有利于满足市场需要。

安阳苏奇村的木版灯笼画，内容以表现戏曲人物、民间传说为主，如今还可以见到的题材有30多个，如《古城会》《桃园三结义》《三打白骨精》《华容道》等。

20世纪70年代以后，灯笼画中陆续出现了反映现代题材的戏曲故事。如《沙家浜》《白毛女》《智取威虎山》《红灯记》《朝阳沟》等。于是除了关公、张飞、诸葛亮、孙悟空、猪八戒等历史和神话人物之外，白毛女、大春、杨子荣、少剑波、李玉和、铁梅……等现代英雄人物也成为妇孺皆知的英雄形象，学习榜样。

苏奇灯笼画除了戏曲人物造型外，还有许多当地群众喜闻乐见的花卉、飞禽瑞兽等。民间艺人经过巧妙构思，运用想象，继承了中国汉族传统文化的祈福内涵，大量使用谐音手法来表达丰富多彩的内容和吉祥、喜庆的含义，以满足人们不断追求幸福、美满、丰收、富裕的心理需求。

苏奇灯笼画是安阳县2006年发现并予以抢救保护的项目，该项目属民间文化遗产领域民间工艺美术系列，已近濒危。安阳县十分重视对苏奇灯笼画的抢救保护，积极为传承人申报省级非物质文化遗产传承人命名工作，对制作工艺进行保护、指导，并组织到各地参加展示。2007年该项目传承人苏海亮获省级非物质文化遗产传承人命名，2009年苏奇灯笼画被中国民协收入《中国木版年画集成》。

2009年，苏奇灯笼画被列入第二批河南省非物质文化遗产名录。

• 王清山烙画 •

烙画是一种古老的艺术形式，在中国有着深厚的历史渊源，是中国民间珍贵的稀有画种，堪称“中华一绝”。

烙画具有美观大方、耐用宜放、不易损坏、永不褪色的优点，有很高的欣赏和收藏价值。

烙画古称“火针刺绣”，近名“火笔画”“烫画”等，它利用碳化原理，通过控温技巧，不施任何颜料、以烙为主、套彩为辅的表现手法，在竹木、宣纸、丝绢等材料上勾画烘烫作画，巧妙自然地把绘画艺术的各种表现技术与烙画艺术融为一体，形成自己的艺术风格。

据史料记载，烙画源于西汉、盛于东汉，后由于连年灾荒战乱，一度失传，直到清光绪三年（1877），才被河南民间艺人重新发现整理，逐渐形成以河南、河北等地为代表的几大派系。烙画以前仅限于在木质材料上烙绘，如木板、树皮、葫芦等，现代大胆采用宣纸、丝绢、皮革等材质，从而丰富了烙画这一门艺术形式。

安阳市北关区烙画艺人王清山，从小受书画爱好者爷爷、父亲的影响，非常喜爱烙画。父亲是用油灯、蜡烛，在写字台、衣橱等家具上面烙画，烙画有兰花、竹子、怪石等，大都是生动简洁的粗线条。王清山在父辈粗犷的烙画技法基础上进行大胆探索和尝试，在制作烙画的工具、材料、技法和烙画内容等方面都有所发展。他把“油灯烙”换为“电烙”，比较先进的电烙笔可以随意调温，从而使这一古老的创作方式具备了前所未有的表现能力。烙画技法也发展出润色、烫刻、细描和烘晕、渲染等。另外，他还把国画颜料、水粉颜料、丙烯颜料相结合，探索出“套色烙画”和“填彩烙画”，作品经渲染、着色后，产生了更加强烈的艺术感染力。这些新技法改变了传统的“黑白”烙画习俗，使传统烙画艺术焕发出新的生机，变得绚丽多姿。

王清山巧妙自然地把国画、油画、素描等绘画艺术的表现技法与烙画艺术融为一体，形成了自己独特的风格，在把握火候、力度的同时注重“意在笔先、落笔成形”。他用烙笔表现出中国画中勾、勒、点、染、擦、白描等手法，烫出丰富的层次与色调，如同“墨分五色”一般。作品层次分明，富有立体感，酷似棕色素描和石版画，既能保持中国传统绘画的民族风格，又可达到西洋画严谨的写实效果，因而给人以古朴典雅、回味无穷的艺术享受。

王清山的作品内容多为寓意吉祥的花鸟、山水、人物等，在力求继承传统花色的基础上不断丰富、创新。王清山的代表作品有《周恩来画像》《荷塘秋色》《荷下情侣》《红旗渠》等。其作品图案或清新雅致，或古色古香、富丽堂皇，实现了古典与现代的融合，表现出作者深厚的艺术创作功底。

2015年，安阳市北关区王清山的烙画被列入第四批河南省非物质文化遗产名录。

• 汤阴剪纸 •

剪纸是中国民间历史悠久的传统艺术，在世界上久负盛名，它起源于黄河流域的中原地区，逐步传播到各地。剪纸是劳动人民为满足自身精神生活需要而创作发展并广为流传的一种优美的艺术形式，是一种民族文化的展现，积淀着古老的艺术传统、社会意识、民族文化和人们的审美观念。

汤阴是中国剪纸艺术发祥地之一，素以“剪纸之乡”著称。早在明清时期，人们就拿用纸剪成的窗花、亮方、天棚角花、枕套花、鞋花、喜花来装饰美化生活。

汤阴剪纸以其功能用途、技法推测，当出现在唐代之前。在技法上，汤阴剪纸是用毛边纸刻剪出之后，再用点染法上色，颜色以红、黄、蓝、绿、黑为主，其外观与唐三彩用色有很多相似之处。在用途上，汤阴剪纸是用来祈祷消灾，祛邪除恶的祭祀用品。唐代大诗人李商隐在《人日即事》中写道：“镂金作胜传荆俗，翦彩为人起晋风。”其中，人日是正月初七，称作人庆节或人胜节，民间有剪纸祭祀的习俗。

汤阴剪纸从技法和材料上可分为单色剪纸、套色剪纸和点色剪纸，其中以点色剪纸最具特色。点色剪纸作品使用毛边纸镂刻，以点染法上色，色彩鲜艳，红、

汤阴剪纸

黄、蓝、绿、粉红等色彩搭配巧妙，使作品中的花草、水果、鸟兽等活灵活现。采用撞色法，凭借自然浸润由绿到黄、由红到粉，色彩过渡微妙，耐人寻味，形象和色彩不拘泥于物象，完全凭经验即兴、想象。

汤阴剪纸内容丰富，题材广泛，构图布局严谨，线条细腻，形象夸张，寓意吉祥。大刀阔斧中可见风格典雅，细微秀美中显出情趣风采，妙在稀疏处不空虚，巧在稠密处可透风，可谓内容和形式的和谐统一。汤阴剪纸融传统技艺和现代意识为一体，形成了独特的艺术风格，彰显着“家家有巧手，户户剪窗棂”的淳朴风情。

汤阴剪纸艺术特点鲜明，题材技法相对完整，保留了原生态的豫北民间艺术特点。多以人民群众喜爱的吉祥、祈福题材为主，具有浓厚的乡土气息和地方特色，被专家誉为豫北剪纸的代表。典型作品有《狮子滚绣球》《凤凰穿牡丹》《丹凤朝阳》《鸳鸯戏水》等。

汤阴剪纸保留了中国乡土社会原生态文化艺术形式，积淀着古老的艺术传统，展示着民族文化的秀美。1998年，河南省文化厅命名汤阴为河南省民间艺术之乡，2003年被文化部命名为“中国民间艺术（剪纸）之乡”。

2015年，汤阴剪纸被列为第四批河南省非物质文化遗产名录。

• 秦氏绢艺 •

滑县的秦氏绢艺，始创于明崇祯年间，历经四百年的文化洗礼和秦家历代艺人的创新和发展，现已成为华夏一绝、艺术瑰宝。

绢艺，就是用绢质材料手工制作的工艺品。秦氏绢艺制作工艺复杂，用料非常讲究，仅绢就分为大缎子、平缎子、约缎、绫子、纺绸、乔其纱、洋纺等。制作绢艺所用的工具有几十种。所有工序均为手工制作，做工细腻，始终保持不变质、不褪色、不变形。

秦氏绢艺之所以成为中国绢艺中的佼佼者，是因为这门技艺的传承人均具有深厚的艺术修养和扎实的工艺训练。秦氏绢艺的第11代传人秦三杰苦心研究绢艺，先后到上海国画研究院学习了 4 年绘画，接受了国画大师张大壮，瓷盘画家吴维鸿，雕塑家林鸿喜、佘刚旭、郑才守等人的亲自指教。为了彻底熟悉蝈蝈，他在云南考察了 4 年，在西双版纳认识了不同颜色、不同种类的蝈蝈。秦三杰积累了丰富的绢艺经验，并把这门绝活技艺毫无保留地传授给了子孙。第12代传人秦志胜很小的时候就跟父亲秦三杰学习绢艺，在父亲的影响下，他不断学习绘画、雕塑，为继承绢艺打下了扎实的艺术和鉴赏功底。

秦氏绢艺件件栩栩如生，活灵活现，均能以假乱真。《蝈蝈白菜》是秦氏绢艺的代表作。细看绢蝈蝈，只见它大眼圆瞪，翅薄剔透，后腿强有力地蹬着地面，腿刺清晰可见，细如发丝的长须骄傲地翘起，就连白肚子上的鳞片也细致整齐。手触之，后腿坚硬如铁，大肚虚软，捏而瘪。蝈蝈造型生动，有觅食的、备战的、喝水的、休息的，形态各异，妙趣横生。一只绢蝈蝈通常由6种绢制成，须、头部、身体、翅膀、腿、鳞片材质各不相同。单是须便有40道工序，它抽自雪白的绢丝，最终形成由粗渐细、带有绒毛的赭石色硬须。制作一只“蝈蝈”需要20天的时间，118道工序。再看白菜，色彩鲜艳，层次分明，水灵灵的菜叶严实地裹在一起，就连白菜的根和须也都做得相当逼真。这样一棵白菜做起来有48道工序。这样细腻逼真的蝈蝈与白菜，达到了“似真非真强似真”的境界。

秦氏绢艺作品有40多个品种，几乎囊括了绢艺的所有门类。有人物、景物、花卉、果蔬、动物、昆虫等，其中以果蔬、花卉、昆虫题材见长。作品构思巧妙，结构严谨，讲究“气、韵、味、趣”，气正、韵高、味厚、趣雅，给人自然真实之感和美的享受。

秦氏绢艺作品先后荣获首届中国民间艺术高层论坛金奖、第十三届中国艺术博览会银奖、首届河南省非物质文化遗产民间艺术精品展演金奖等数十个奖项，并获得了中国民间文艺的最高奖——第八届中国民间文艺“山花奖·民间工艺美术作品奖”。作品被国家博物馆、中国工艺美术馆、中国农业博物馆等数十家博物馆永久收藏，并远销海外几十个国家和地区，2010年参加了上海世博会的展出。

2007年，秦氏绢艺被列入第一批河南省非物质文化遗产名录。

• 内黄梅花拳 •

内黄梅花拳是中国传统武术的拳派之一，它文武并重，是中国文武双修的唯一拳派。

梅花拳以“梅花”为名，负载着众多文化含义：从拳势特点来看，梅花拳有五种基本架势，习练时五种架势循环往复，宛如梅花灿烂开放，故名“梅花拳”；此外，“梅先春而开，佛先世而觉”的佛学说有之，“拳分五势，道留五行”的道学说有之，“梅开五瓣，儒制五常”的儒学说亦有之，还有“梅报春不争春，拳侠义不贪财图名”“梅花香自苦寒来，顶霜傲雪吐艳开”的励志说及“反清复明”说等，仁智各见。

内黄梅花拳是明末清初由梅花拳第四代传人邹志刚、孟友德传入，邹孟二师一人传拳、一人传掌。康熙年间内黄县后化村的王登榜、内黄县丁庄村的杨炳先后拜邹志刚、蔡光瑞为师，正式习练梅花拳。同出一门、情同手足的王登榜、杨炳师兄弟，经常在一起研文习武，切磋技艺，拳术长进极快。传说康熙帝曾向王登榜学会“一路刀”，康熙赠送其一对宫灯，上写“帝王师”。杨炳得梅花拳真传后，冬练三九，夏练三伏，武艺达到炉火纯青的地步。《内黄县志》和《彰德府志》称杨炳

“虎项猿臂，技勇绝伦，作文雄壮，下笔立就”。

康熙五十一年（1712）冬，杨炳在壬辰科武殿试中被康熙帝点为探花，受任御前侍卫兼京营都司。后因政绩卓著，又加封通议大夫。“朝为田舍郎，暮为保国将”的杨炳得中探花进京后，“每与同朝比武较艺侥幸俱捷”留下美名。杨炳借机在兵营内和市井上悄然传授内黄梅花拳，但他却没有公开拳名。至今，北京梅花拳习练者还称其练的是“老杨拳”。

为使内黄梅花拳永世相传、发扬光大、规范发展，乾隆七年（1742），已逾70岁的杨炳写了梅花拳发展史上具有里程碑意义的重要论著《习武序》。《习武序》汲取了中国古代兵法精华，又揉进儒家、佛家、道家、易学的深奥思想和法则，具有独特的理论特色，被包括梅花拳在内的广大习武者奉为瑰宝，在山东、河北、河南等地广为流传。内黄梅花拳的特点：

拳势特点：蓄劲如开弓，发劲如放箭，静以观动，动以观静，功中有拳，拳中有功，气随意发，力随气使，内外兼练，一气贯穿。

步法特点：桩步起落求稳，行步往复求速，静如处女守身，动如鹄鹰攫兔。进退随情，起落随形，变化有法，动静有术。

功法特点：手随脚出，步随身换，登桩也然，落地也然，刚柔相济，体用兼备，一巧破千斤，一力降十点。

内黄梅花拳自开创以来，就有“文场”“武场”之分，而且“文场”指导“武场”。梅花拳“文场”是以德育人，有一整套规诫，敛束身心；“武场”是传教拳理，演练击技。故梅花拳弟子“虽有武功彰其外，实有文德居其内”，能如“宋将岳武穆上马如无敌天神，下马如有道贤人”。这也是内黄梅花拳“文武一体”“文武双修”最显著的特点。

内黄梅花拳，花开四方，香逸万里，始创至今，虽历经三百多年，内黄县仍有近百个村子有梅花拳习练者，多者百余人，少者十几人。梅花拳以内黄为中心，遍布冀鲁豫等地，辐射全国30多个省市自治区和全球20余个国家和地区。

2009年，内黄梅花拳被列入第二批河南省非物质文化遗产名录。

城市名片

——安阳的骄傲和自豪

“洹水安阳名不虚，三千年前是帝都。”安阳这座兴起于公元前14世纪的古老帝都，在历史行进的3300年中曾经有七个朝代在此建都，建都历史长达380年。悠久的历史和灿烂的文明不仅滋养了安阳这块土地，同时也形成了安阳独有的“三根文化”（文字之根、文化之根和人祖之根），“三根文化”犹如中华民族的三根支柱，撑起了安阳文明的天空，这文化不仅是安阳的瑰宝，同时它也是我们整个中华民族的宝贵财富。

安阳不仅有“三根文化”，同时还有“两种精神”，一种是民族英雄岳飞的“尽忠报国”精神，另一种是“自力更生、艰苦创业、团结协作、无私奉献”的红旗渠精神。这两种精神同样是中华民族宝贵的精神财富。

“三根文化”是殷商盛都安阳最靓丽的名片，而“两种精神”则是烛照中华民族前行的火炬。

甲骨文，中华民族的文字之根

从殷墟出土的甲骨文则是目前我们国家发现的最古的文字，也是最成熟的文字。所谓甲骨文就是刻在龟甲和兽骨上的文字。近百年来，在安阳共出土了15万多片甲骨，发现4700多个甲骨文单字，被识别的有1500字左右。仅从这些被识别的甲骨文来看，其所记载的内容极为丰富，涉及商代社会生活的诸多方面，不仅包括政治、军事、文化、社会习俗等内容，还涉及天文、历法、医药等科学技术。这些字已具备了象形、会意、形声、指事的造字方法，展示了中国文字的独特魅力。

一种文字承载着一个国家、一个民族的历史和文化，国家、民族因文字而传承发展，文字也因国家民族的发展而延续。

甲骨文是世界四大古文字之一，它和古埃及的象形文字、巴比伦的楔形文字以及美洲印第安人的玛雅文字齐名并称，也是世界文明的象征。而后三种都随着时间的推移已经不再使用，中断了传承，而唯有甲骨文一直传承至今，成为中华民族的文字之根。

中国的汉字从甲骨文开始，发展至今，已经有3300多年的历史，其间历经金

殷墟甲骨文

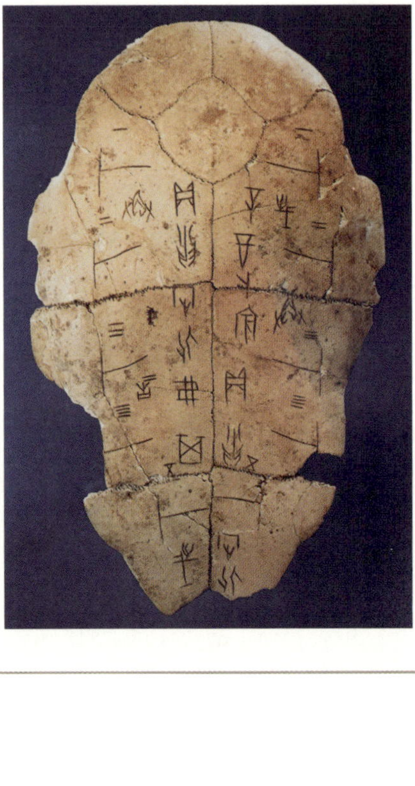

文、大篆、小篆、隶书、楷书字形的变化，成为我们今天所使用的汉字。应该说，甲骨文具有顽强的生命力，它不仅成为世界上十多亿华夏儿女通用的文字，而且还远播至日本、朝鲜、越南等国家和地区，形成了包含30多种文字的汉字文化圈。甲骨文还与信息时代的因特网接轨，进入了崭新的21世纪。

中国社会科学院考古研究所徐广德研究员这样说：甲骨文不仅仅是一个文明的符号、文化的标志，它印证了包括《史记》在内的一系列文献的真实，把有记载的中华文明史向前推进了近五个世纪。五个世纪，多么了不起的500年！

3000多年了，甲骨文虽然经历了金文、篆书、隶书、楷书等不同书写形式的转变，但是以形、音、义为特征的文字和基本语法至今也没有变，成为今天世界上五分之一人口仍在使用的方块字。千万不能小看这小小的方块字啊！它对中国人的思维方式、审美观念等都产生着重要的影响。走遍华人世界，即使方言难以交流，方块字写在纸上，便一目了然了，亲不亲，文字根！书写博大精深中华文明的功臣当属甲骨文！这就是甲骨文的魅力！

• 羑里城，中华民族的文化之根 •

羑里城位于安阳市汤阴县城北4千米处，位于汤河与羑河之间的旷野上，说是城，实际就是一个高5米、长106米、宽103米的一个土台。

3000年前的殷商时期，周文王姬昌曾经在这里被囚7年，是司马迁《史记》中记载“文王拘而演周易”的地方，也有中国最早的国家监狱之称。

姬昌为何被拘呢？

说来话长，商朝末年，殷纣王不仅荒淫无道，并且十分暴虐，当时的老百姓都十分怨恨他。而位于殷商西部的一个小诸侯国在姬昌的治理下，日益强盛起来了。殷纣王担心会对自己的江山形成威胁，就将姬昌看成是眼中钉，一直想找个理由拔掉他。

恰在这时，九侯王的女儿被纣王纳入后宫，因为不喜淫乐，纣王就把她杀了，把九侯也剁成了肉酱。西伯昌（周文王姬昌）、九侯、鄂侯当时被世人称为“三

羑里城（郭平摄）

公”，也是三位敢主持正义、仗义执言之人，鄂侯替九侯的女儿争辩几句，也被做成了肉干。西伯昌听说后，对殷纣王这种行径极为不满，却被喜欢告密的小人崇侯虎知道了，并告发到殷纣王那里，殷纣王借机就将姬昌囚禁在了羑里。

姬昌被囚禁在羑里达7年之久。为了防止姬昌起义，纣王还在羑里城北7.5千米的愁思岗设下重兵，在城南的伏道埋下伏兵，并将对付九侯和鄂侯的“炮烙”和“辟尸”刑具架在羑里，以示警告。这还不算，纣王还派人将姬昌大儿子伯邑考杀死，将他的肉煮熟了送给姬昌吃。姬昌明明知道是自己儿子的肉，为了麻痹纣王，只得强忍悲愤吃下去。就是在这样的环境下，姬昌发愤治学，潜心研究，将伏羲易经的八卦演为64卦、384爻，并提出“刚柔相济，变在其中”的朴素的辩证观点，丰富了易经的思想和文化内涵，使之成为中国传统文化的经典《周易》。

《周易》内容恢宏，博大精深，涵盖了卜筮、哲学、科学、史学等多种复杂成分，中国古代哲学、史学、文学、历法、气功等各种伦理思想和学术流派都能从《周易》中找到根源。《周易》对中国的传统文化儒、释、道均有一定的影响，是儒家尊崇的“五经”之首，也是道家宣扬的“三玄”之一。几千年来，上至帝王将相，下至普通百姓，都在研究《周易》，他们从《周易》中都能找到治国安邦的策

羑里城演易坊

略、克敌制胜的法宝，以及趋吉避凶的良方。不仅如此，《周易》的“天行健，君子以自强不息”“刚柔相济，变在其中”等思想还含有朴素的辩证法观点，使人们从中寻觅到了认识自然、改造自然的规律。不仅如此，中国的《周易》同西方的《圣经》、印度的《吠陀经》和阿拉伯的《古兰经》被称为世界文化的四大经典书籍。因此，《周易》不仅是中华民族文化的源头，它同时也是世界文化的优秀遗产。

时至今日，已经有几千年历史的易经，仍然在我们这个现代化的社会中发挥着作用，《周易》的思想渗透在我们如今生活的方方面面，它不仅奠定了中国传统文化的基础，同时也成为中华文化取之不尽、用之不竭的源泉。

• 颛顼、帝喾，中华民族的人祖之根 •

大约在4000多年前，人类由氏族社会向奴隶社会过渡时，中国上古时代的“五帝”中的二帝颛顼、帝喾就曾经在安阳附近活动并建都。据载，颛顼都帝丘，帝喾都亳城，此两处均在内黄境内。

虽然“三皇五帝”在中国古代历史上

属传说时期的人物，但在被后人奉为信史的《史记》中，对“五帝”却有详细的记载。在《史记·五帝本纪》中对于颛顼是这样说的：“帝颛顼高阳者，黄帝子孙而昌意之子也。静渊以有谋，疏通而知事；养材以任地，载时以象天，依鬼神以制义，治气以教化，絜诚以祭祀。”

据记载，颛顼最主要的功绩是第一次按日月运行而定四时，创造了“颛顼历”，我们今天的夏历就是在此基础上发展而来的。为教化人民，他还制定了各种礼仪制度，使社会秩序得以稳定。颛顼还将他所统治的地区划分为九个州——兖、冀、青、徐、豫、荆、扬、雍、梁，不仅命名，还划分了区域。这在当时应该是十分了不起的。黄帝时代虽然统一了中原地区，但和蚩尤部族长期形成对立局面。直至颛顼，才形成各民族真正统一。

相传，颛顼是五帝中的第二帝，帝喾是第三帝，颛顼是叔，帝喾是侄。

对于帝喾，《史记·五帝本纪》是这样记载的：“帝喾高辛者，黄帝之曾孙也。”“高辛生而神灵，自言其名，普施利物，聪以知远，明以察微。顺天之义，知民之急，仁而威，信而惠，修身而天下服，取地之材而节用之，抚教万民而利诲之，历日月而迎送之，明鬼神而敬事之。其色郁郁，其德嶷嶷，其动也时，其服也士。帝喾溉执中而遍天下。日月所照，风雨所至，莫不从服。”由此可见，帝喾也是一位万民诚服的帝王。

颛顼、帝喾的陵墓就在今天的内黄县梁庄镇。据载，自1986年至今，内黄县人民政府曾经三次组织专家对二帝陵进

颛顼像

帝喾像

二帝陵祭祖大典

行大规模的发掘，出土有“汉砖铺设的多条甬道，唐代建殿基址，宋代建筑基址和水井，元代修建的护陵墙，明代修建的拜殿、院门和神道，清代修建的配殿、山门、御桥。颛顼陵前墙嵌有元天历二年（1329）“颛顼帝陵”和清嘉庆二十四年（1819）“颛顼陵”两通标志碑。帝喾陵前墙嵌有明嘉靖七年（1528）“帝喾陵”标志碑。在拜殿前和配殿前后的沙下清理出元、明、清历代御祭碑165通。在颛顼帝喾故都顿丘（帝丘），即“颛顼帝喾陵”东南2千米的大城村，至今仍保存有夯筑城墙和载有“卫邑顿邱”“颛顼之墟”的碑刻。

以上资料不仅仅说明二帝陵的真实可信，同时，也表明中国历朝历代对于二帝的崇敬之情。据《宋史 · 礼志》记载：“天禧四年，谕中书省，礼部定议，合祀帝王三十五，滑祀颛顼、高辛。”由此可见，宋代已将祭祀二帝陵列为定制。

有关颛顼、帝喾的埋葬处，历来都是有争议的。对此，笔者曾经做过认真的查证，目前最可信的有三处，一处在河南内黄，一处在山东聊城，还有一处在河南商丘。聊城的“聊王庙”为“颛顼庙”，而商丘的则是“帝喾陵”。而将二者合二为一的则只有内黄这一处。

在内黄的二帝陵中，颛顼陵居东，帝

二帝陵

龙凤柏的传说

喾陵居西，两陵相距60米。颛顼陵南北长66米，东西宽53米，高约26米；帝喾陵略小且居后两米。

据载，昔日的二帝陵规模宏大，建筑雄伟，碑碣林立，松柏蓊郁。二帝陵园从下至上有御桥、山门、庙院、陵墓、碑林及纵横其间的甬道，占地面积350多亩。陵墓四周有围墙，称“紫禁城”。当地老百姓形容二帝陵之大，总爱用二帝“头枕付禺山，脚蹬硝水河”。只可惜，内黄地处黄河故道，河水多次泛滥，再加上风沙肆虐，到清朝同治年间（1862～1874），陵墓和建筑群就已经全部被黄沙掩埋于地下了。

而今的二帝陵是内黄县人民政府于2000年重新修建而成的，前为祭祀区，修有山门、祭拜殿、二帝塑像、棂星门、碑廊、配殿等。后为陵寝区，总占地约350亩。陵园外，芳草萋萋，林涛奔涌；陵园内，松柏参天，庄严肃穆，同时，透出了帝王陵园的沧桑与威严。

• 红旗渠，自力更生、艰苦奋斗的象征 •

红旗渠是20世纪60年代，林县（今河南省林州市）人民在极其艰难的条件下，从太行山腰兴建的“引漳入林”工程，被人称为“人工天河”。

红旗渠工程于1960年2月动工，至1969年7月支渠配套

除险英雄任羊成

工程全面完成，历时近十年。该工程共削平了1250座山头，架设151座渡槽，开凿211个隧洞，修建各种建筑物12408座，挖砌土石达2225万立方米，红旗渠总干渠全长70.6千米，干渠、支渠分布全市乡镇。

自古林州就缺水，水贵如油是林州历史的见证。据史料记载，从明朝正统元年（1436）到中华人民共和国成立的1949年，林县发生自然灾害100多次，大旱绝收30多次。有时大旱连年，河干井涸，庄稼颗粒不收。“人相食”这骇人听闻的事情，在514年里就发生过5次。

林州缺水，林州历代的官员都在找水。元代潞安巡抚李汉卿筹划修建了天平渠，明代林县知县谢思聪组织修建了谢公渠，但是这些工程都只能解决部分村庄的用水问题，不能从根本上改变林县缺水的状况。

红旗渠

1959年10月10日，林县县委召开会议作决定把浊漳河的水引到林县来，时任中共林县县委第一书记的杨贵发出了“重新安排林县河山”的号召。专门研究“引漳入林”工程。

1960年3月6日，林县“引漳入林”委员会在盘阳村召开全体会议，会上把“引漳入林”工程正式命名为“红旗渠”，意思就是高举红旗前进。从此，修渠工作正式开始。

一

修渠？谈何容易！

水源在哪里？如何个修法？资金在哪里？技术又怎么样？更别说1960年，当时我们这个国家正处在最困难时期，中央三令五申，要求停止一切大的工程项目，减轻农民负担。这时候再动员林县人民开工修渠，岂不是顶风犯上吗？

杨贵书记曾经找人测算过，即使精打细算，修建红旗渠至少也需要7000万元资金，7000万元对于林县这个十年九旱，缺吃少穿的地方政府来说，简直是个天文数字，若只依靠一个林县，渠真的能修起来吗？若不依靠林县又能依靠谁呢？依靠上级吗？上级能在三令五申停止一切大工程的背景下允许开工，就已经十分不易了，更何况在如此困难的情况下，上级能注资1000万元实属难得。

技术更是难题，全县连测量员算上，懂技术的也超不过30位，更何况若从山西把漳河水引进来，要削平一千多座山头，凿通两百多条隧洞，长度达到1500千米，这么庞大的一个水利工程，仅靠这30个人和两台水平测试仪、一台经纬仪能行吗？如此浩大的工程，仅靠人的两只手去完成，可能吗？

即使以上所有的困难，靠着艰苦创业的精神和愚公移山的斗志都能解决，但水源该如何解决呢？

千困难万困难，都大不过老百姓没水吃的困难。思来想去，县委班子还是决定：修渠！

为寻水源，杨贵书记将县委班子分成四队人马，在林县及周边的地区进行了详详细细地考查，在请示河南省委领导后，省委领导大力支持。得到河南省委的批示、拿着省委书记写给山西省委领导的亲笔信，赶到太原时，已经是1960年的大年二十九了，林县县委的同志连年都顾不上过了！

“同意林县兴建引漳入林工程，建议林县引漳入林工程从平顺侯壁断下引水，并按此设计。”短短数语，胜过新年最丰盛的大餐。

二

“天旱把雨盼，雨大冲一片，卷走黄沙土，留下石头蛋”的历史，已经让林县人吃了太多太多的苦头了，“宁愿苦战，也不愿苦熬，宁愿流血，也不愿流泪”。有好书记带领，我们还怕什么呢？干！与天斗，与地斗，凭着林县人“一不怕苦，二不怕死”的精神，还能有战胜不了的困难？！

十万大军进太行，别说其他，仅吃和住该如何解决呢？

天寒地冻的正月里，民工只能住在悬崖边上，有的地方非常窄，连个平坦的地方都找不到，没办法，只能用石头一砌，绳子一揽，头朝里脚朝外睡觉，免得掉进漳河里。

吃什么呢？早上一个菜窝头、一碗野菜汤，中午一碗野菜汤、一个菜窝头，晚上不用干活，只能吃“天池捞月亮”。修渠民工惟一特殊的是他们一天有1斤多的粮食补助。想想把十几斤重的大锤连抡600下的姑娘们吧，1斤多的补助能敌得上

红旗渠青年洞

什么呢？吃不饱饭可怎么干活呢？于是，吃饭时他们只喝稀的，把干的留到干活时再吃。“红军不怕远征难，我们不怕风雪寒。饥了想想过草地，冷了想想爬雪山，渴了想想上甘岭，千难万难只等闲。为了渠道早送水，争分夺秒抢时间。”

这，就是林县人！

红旗渠，它到底意味着什么呢？

意味着把挖出来的土方，打成一道宽2米、高3米的土墙，它就能从广州经北京再到哈尔滨！意味着林县把漳河移过来了！意味着林县人自己造了一条天河，从此再也不必为水发愁了！意味着林县人民是不可战胜的！

十年，整整十万人的风餐露宿啊，红旗渠终于通水了！

十年，整整十万人的血和汗啊，才换来了红旗渠汩汩而流的甘泉！

十年，整整一代人啊，把世世代代林县人的梦想实现了！

红旗渠啊，红旗渠！你流淌的哪里是水啊？分明是林县人民的血和汗！

红旗渠啊，红旗渠！你何止灌溉着万顷良田，你还滋养着林县的子孙后代！

红旗渠啊，红旗渠！你哪里是条渠，分明是座碑，是座镌刻着林县人民“自力更生，艰苦奋斗”的丰碑！

红旗渠啊，红旗渠！在中国人民的心目中，你永远是杆不倒的旗帜，激励着全国人民义无反顾地向前向前永向前！

三

而完成这项巨大工程，创造出世界奇迹的人，到底是谁？

他们只是一群普普通通的农民，一群永远都值得我们敬仰和崇拜的林县人。吴祖太，严格意义上说，他不是林县人，仅是当时在林县工作的一名“大学生”。然而，正是这位年轻的学生担负起了整个红旗渠的设计重任。可以说没有这个外乡人，就不可能有今天的红旗渠。因为红旗渠是个水利工程，他需要精密的勘测和设计，他的一丁点误差都可能造成红旗渠失之毫厘、谬以千里。

吴祖太真正感动林县人的还不仅仅是他过硬的技术，而是他大无畏的牺牲精神。当他听说，刚刚开凿的王家庄隧洞有几处裂纹时，连饭也顾不上吃，就赶了过去，他是怕把危险留给修渠的民工啊，却从没想过危险正在向他逼近。

去逝时才刚刚27岁的吴祖太，他是为林县的红旗渠牺牲的，他的英魂永远地留在了红旗渠。

刘合锁是一位有情有义的汉子，是他替林县人民担负起了照顾吴祖太父母的重任，尽心尽力，不是亲儿，胜似亲儿。

在《百家讲坛》上主讲《红旗渠的故事》的李蕾说：“红旗渠不仅仅只是个水利工程，它不仅仅是一条冰冷的渠，它有着鲜活的人情，深厚的亲情，在这条渠里面更有着真挚的奉献精神。”

在修建红旗渠的大军中，在大难临头时，奋不顾身，牺牲自己保全别人的人有千千万，李改云、王师存、路银……可以说修渠的十万林县人个个都是好样的！

“太行山赋予了林县男人们一种豪气，同时它也赋予了林县姑娘们一种坚韧。”男人们能抡锤打钎，姑娘们也同样能，一把铁锤十四五斤重，姑娘照样可以连抡600下。双手握钎共四个人同时打，这是怎样的一种绝技啊！虎口震裂了，胳膊震肿了，肿得连袄袖都伸不进去。手裂了，输液的时候，针从手背扎进去，药水又从手心流出来……

这，就是修红旗渠的铁姑娘队啊！

任羊成，这个铮铮铁骨的林县男儿，整日游走在悬崖峭壁上，这位红旗渠除险队的队长，把自己的生命拴在裤腰带上，石头落下了，正好砸中他的门牙，将四颗门牙连同鲜血从嘴里吐出后，照样向山下喊话，又连续作业了六个小时。除险中任羊成从山崖上摔了下来，恰巧掉在一个圪针丛里才得以活命。当人们把任羊成抬到工地附近的老乡家中，大娘用缝衣针为他挑圪针，每挑一下就钻心地疼一次，就这样，疼着疼着任羊成竟睡着了，他的确太累了！

四

在林县的历史上，曾经有三次修渠的经历。第一次是元代官员李汉卿，历经三年主持修成天平渠；第二次是明代县令谢思聪，历经四年主持修成谢公渠。如今，你如果有机会去林州的洪谷山，仍然会看到谢公祠里香火不断，重情重义的林县人世世代代都不会忘记曾经给过林县一滴水的恩人。第三次修渠便是杨贵书记带领林县人民修建红旗渠。在林县老百姓心里有座碑，那是专属于好书记杨贵的丰碑。

其实，在林县人民的心中，红旗渠的功劳碑可不只有杨贵书记这一座。

据《红旗渠志》记载，在修建红旗渠的过程中，一共牺牲了81人，其中最大的60岁，最小的仅有17岁，他们永远都是我们林县人引以为骄傲和自豪的英雄，是林县老百姓永远都供奉在心里的“神”。正如余秋雨所说：“实实在在的为民造福的人升格为神，神的世界也就变得通情达理，平适可亲了。”

• 岳飞庙，“尽忠报国”民族精神的烛照 •

岳飞（1103～1142），字鹏举，宋相州汤阴县（今河南省安阳市汤阴县）人，南宋抗金名将，中国历史上著名军事家、战略家，宋代民族英雄。

岳飞生活的年代，正是宋王朝受女真族欺凌被迫南迁的动荡时代，为了守住自己的国土，岳飞和他所率领的岳家军同金军进行了大小数百次战斗，所向披靡，令金军闻风丧胆，金军中流传“撼山易，撼岳家军难”。1140年，岳飞挥师北伐，先后收复郑州、洛阳等地，又于郾城、颍昌大败金军，进军朱仙镇。

以宋高宗、秦桧等为首的投降派只一意求和，根本没考虑岳家军在节节取胜。当时金军求和的条件之一就是要杀死岳飞，于是，宋高宗和秦桧不仅断了岳飞的援军，并以十二道“金牌”下令岳飞退兵，岳飞在孤立无援之下被迫班师。在宋金议和过程中，岳飞遭受秦桧、张俊等人的诬陷，被捕入狱。1142年1月，岳飞被冠以“莫须有”的“谋反”罪名，与长子岳云和部将张宪同被杀害，岳飞终年39岁。

作为岳飞的故里，河南汤阴建有“宋岳忠武王庙”，原名“精忠庙”。

该庙位于汤阴县城内西南角。始建年代不详，今址是明景泰元年（1450）重建。历代曾多次作修葺、增建。至今占地4300余平方米，六进院落，房屋建筑100余间，规模仅次于杭州岳飞庙。

岳飞庙主体建筑坐北朝南，临街大门为精忠坊，面向西，是一座建造精美的木结构牌楼。牌楼正中镌刻明孝宗朱祐樘赐额“宋岳忠武王庙”6个大字，两侧分别刻“忠”“孝”两个大字，遒劲有力，忠孝两全也是对岳飞最高的评价。该牌楼称“精忠坊”，又称“棂星门”。

跪碑不跪飞的传说

整个岳飞庙，建筑布局严谨，殿堂雄伟，亭阁秀丽，碑碣如林，2001年被定为国家级重点保护文物。

岳飞一生忠贞爱国，他精神的核心就是“尽忠报国”，可以概括为五个字：忠、孝、严、廉、强。忠：尽忠报国，捍卫统一；孝：事母至孝，教子有方；严：惜将爱兵，严明军纪；廉：坚守清廉，生活简朴；强：好学进取，自强不息。

岳飞用他短暂而光辉的一生，诠释了一位华夏儿女忠于祖国，报效国家的英雄气节！

后　记

2018年版的记忆中原丛书是一套，共18本，涵盖了包括安阳在内的河南省直辖的18个地级市，力图全面系统地反映河南厚重的文化和历史。《殷商盛都——安阳》是其中之一。

因其意义重大，从省委宣传部到各地市宣传部对此都非常重视。中共安阳市委宣传部还专门成立了以宣传部长常保利为主任的编委会，全面统筹协调该项工作。经反复斟酌，将此重任交付于我。

我诚惶诚恐，生怕自己才疏学浅，辜负了各级领导的信任和重托。于是，找来安阳各个方面的专家，组成创作组，共同来完成这项重任。

具体分工是这样的，杨林战负责《要事回放》《名人扫描》、孔德铭负责《考古探秘》、葛晓明负责《“非遗”概览》章节的撰写，其余章节内容、各章的卷首语及统稿均由我来完成，市委宣传部文艺科科长李学义除做了大量的组织协调工作外，还为本书提供了部分图片。

2018版的《记忆中原丛书》是关乎整个河南形象的大书，河南科技出版社自然十分重视，还成立了由历史学家和文学家等组成的专家组，专家组对该丛书的出版也极为负责，对于各个地市该写什么和怎么写不仅列出了大纲，还做了明确的要求。要说像这样的“命题作文”应该是比较好做的。其实不然，2011年，河南科技出版社已经出版发行过《中原文化记忆丛书》。如今，河南科技出版社没有再版上一套丛书，而是组织一班人马重打炉灶另开张，可见志在超越！

《殷商盛都——安阳》能得以顺利出版，除了要感谢河南科技出版社、中共安阳市委宣传部、安阳市文化广电新闻出版局、安阳市旅游局等各级领导的大力支持外，还要感谢2011年版《中原文化记忆丛书》中的《文化古都——安阳》的主编赵文龙先生及全体参编人员，如果没有《文化古都——安阳》铺路，也就没有如今的《殷商盛都——安阳》。

此外，感谢所有编辑出版过有关安阳的各类书籍的编者和作者，你们书中的许多资料我们均参考了，为避免挂一漏万，在此就不一一列举了。

周艳丽

2018年5月3日